W0057871

Begleitbuch zur Ausstellung

„Vertrieben – und vergessen?“

Pommern in der deutschen und europäischen Geschichte

Herausgegeben von der
Pommerschen Landsmannschaft – Landesgruppe NRW e.V.

„Ich liebe die Pommern wie meine Brüder […],
denn sie sind brave Leute, die mir jederzeit
in der Verteidigung des Vaterlandes sowohl im Felde
wie auch zu Hause mit Gut und Blut beigestanden haben.
Für die Pommern galt und gilt: Ein Mann, ein Wort!"

Friedrich der Große, 1780

Vertrieben – und vergessen? Pommern in der deutschen und europäischen Geschichte. Wanderausstellung; Begleitbuch.

[Die Ausstellung wurde von der Pommerschen Landsmannschaft e.V. und vom Land Nordrhein-Westfalen finanziert. Hrsg. Pommersche Landsmannschaft e.V.]

1. Auflage, Mönchengladbach, 2014.

ISBN 978-3-00-041842-6

Herausgeber

Pommersche Landsmannschaft – Landesgruppe NRW e.V.
Neustraße 5
44787 Bochum

Wissenschaftliche Bearbeitung

Heimatpolitischer Arbeitskreis
der Pommerschen Landsmannschaft – Landesgruppe NRW e.V.
www.pommersche-landsmannschaft.de

www.pommern-ausstellung.de

Die Herausgabe dieser Veröffentlichung wurde ermöglicht durch
die finanzielle Unterstützung von
Herrn Klaus Moerler,
Herrn Karl-Christian Boenke und
der Pommerschen Landsmannschaft e.V., Lübeck-Travemünde

Wir gedenken in Ehrfurcht und Dankbarkeit unserer Vorfahren,
die einst unseren Dörfern und Städten in Pommernn das Gesicht gaben.
Unsere Erinnerung an Flucht und Vertreibung aus der heimatlichen Geborgenheit
hinterläßt uns Bilder, die wir nicht vergessen.

Die Ehrfurcht vor der Vergangenheit
und die Verantwortung gegenüber der Zukunft
geben fürs Leben die richtige Haltung.
Dietrich Bonhoeffer

Kapitel I

Pommersche Geschichte

Zu Tafel 2: Pommern bis 1000 n. Chr.

Im Gebiet des späteren Pommern gibt es schon seit über 10.000 Jahren menschliches Leben. Das zeigen archäologische Funde aus der Steinzeit: Feuersteine, Äxte, Beile sowie aus Hirschgeweihen hergestellte Gerätschaften erlauben Einblicke in diese ferne Zeit. So wissen wir, dass die „Urzeit-Pommern" der großen Familie der Megalithkultur zugehörig sind, die seit etwa 4.000 v. Chr. die Tiefebene zwischen den Niederlanden und der Weichsel prägt. Das altgriechische Wort „megalith" bedeutet „großer Stein". Die Träger dieser Kultur bauen aus unbearbeiteten Steinen große Steinblöcke, die an neuzeitliche Grenzsteine erinnern und in unterschiedlichen Formen (etwa als Reihe oder Kreis angeordnet) aufgestellt werden. Die zweite bedeutende Verwendung dieser Steine ist der Bau von sogenannten „Hünengräbern", von denen es auch in Pommern etliche gibt. Durch die Verschmelzung der Megalithkultur mit der jungsteinzeitlichen Schnurkeramik, die im frühzeitlichen Pommern in der Variante der Oderschnurkeramik auftritt, entsteht ein Kulturkreis im Ostseeraum.

Zur Zeit des Römischen Weltreiches machen sich Autoren wie Tacitus daran, die Völkerschaften im Norden und Osten des Imperiums zu beschreiben und ihnen Namen zu geben. In der üblichen antiken Vorgehensweise, großen Kulturräumen einen einheitlichen Oberbegriff zu geben, wird zwischen den Kelten Westeuropas und den eurasischen Skythen der Begriff „Germanen" etabliert. Diese Zusammenfassung einer anfangs kaum überschaubaren Stammesvielfalt unter einem Oberbegriff wird durch Erkenntnisse der Archäologie und der Sprachwissenschaft bestätigt. So sprechen die Völker Mitteleuropas und Skandinaviens in Folge der ersten germanischen Lautverschiebung offenbar ähnliche Sprachen, die sich von Regionen unterscheiden, in denen es nicht zu dieser Lautverschiebung kam. Neben der Unterscheidung nach Stämmen lassen sich größere Stammesgruppen wie die Rhein-Weser-Germanen oder die Nordgermanen abgrenzen. Die um Christi Geburt an der pommerschen Küste Lebenden werden als Weichselgermanen bezeichnet und in zwei Gruppen unterteilt: zwischen Weichsel- und Odermündung sind es die Gotonen, westlich der Oder die Rugier. In der Spätantike entstehen aus den kleineren Stammeseinheiten größere Völker. Ein Teil der Rugier und die Gotonen gehen in den Goten auf. In der Zeit der Völkerwanderung verlassen die Goten den Oder-Weichsel-Raum. Um das Jahr 600 n. Chr. ist die Region damit vermutlich nur noch dünn besiedelt.

Im 7. Jahrhundert kommen aus dem Gebiet zwischen Karpaten, oberer Weichsel und Dnjepr stammende Slawen an die pommersche Ostseeküste. Die mitunter bereits eine beachtliche Größe annehmenden Siedlungen entstehen meist um eine mittelalterliche Herrschaftsanlage mit Burg. Auch hier gibt es zunächst viele kleinere Völkerschaften wie zum Beispiel Zirzipanen, Tollenser oder Wolliner, die nach und nach in größeren Einheiten aufgehen. Die verbliebenen germanischen Siedlungsrudimente vermischen sich dabei mit den ankommenden slawischen Neusiedlern. Dadurch entstehen um das Jahr 1000 n. Chr. im späteren Pommern zwei Großgruppen, die jeweils über die künftigen Grenzen hinausreichen: im Westen der an das östliche Mecklenburg angrenzende Verbund der Lutizen, im Osten die bis zum Weichselmündungsgebiet siedelnden Pomoranen. Die slawische Bezeichnung „Po morje“, die zeitgenössisch zu „Pomorani“ latinisiert wird, bedeutet „die am Meer Wohnenden“, im Kontrast zu den Polanen, den „auf dem Land Wohnenden“. Die Grenze zwischen Pomoranen und Polanen bilden die Flüsse Warthe und Netze. Auf der Insel Rügen und an der gegenüberliegenden Küste leben die slawischen Ranen. Später wird der Begriff Pomorani dann von den Bewohnern auf die Region übertragen, und das Land am Meer erhält seinen Namen.

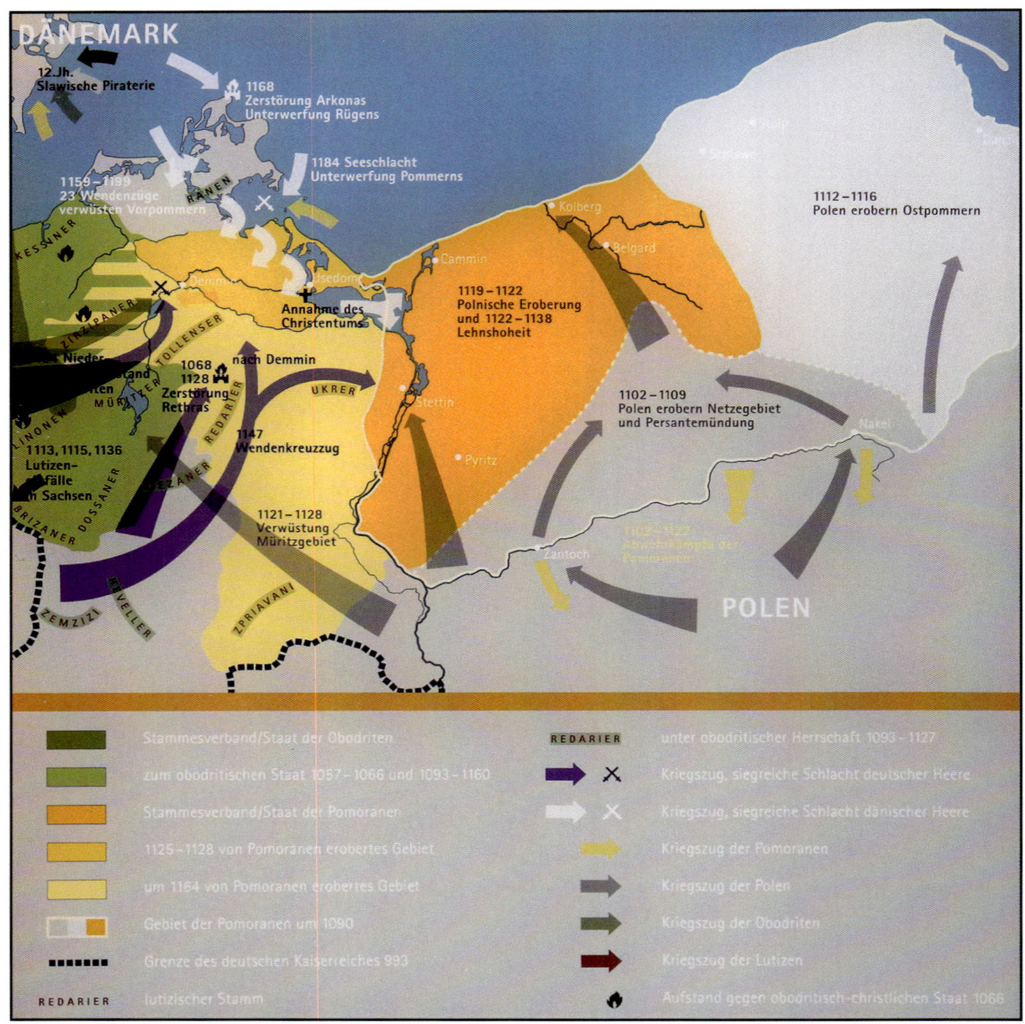

Aus Tafel 2 und 3: Die Siedlungsgebiete im späteren Pommern im 11. und 12. Jahrhundert

Quelle: Pommersches Landesmuseum Greifswald

Im Gebiet des späteren Pommern gibt es schon seit über 10.000 Jahren menschliches Leben. Das zeigen archäologische Funde aus der Steinzeit: Feuersteine, Äxte, Beile sowie aus Hirschgeweihen hergestellte Gerätschaften erlauben Einblicke in diese ferne Zeit.
So wissen wir, dass die „Urzeit-Pommern" der großen Familie der Megalithkultur zugehörig sind, die seit etwa 4.000 v. Chr. die Tiefebene zwischen den Niederlanden und der Weichsel prägt. Das altgriechische Wort „megalith" bedeutet „großer Stein". Die Träger dieser Kultur bauen aus unbearbeiteten Steinen große Steinblöcke, die an neuzeitliche Grenzsteine erinnern und in unterschiedlichen Formen (etwa als Reihe oder Kreis angeordnet) aufgestellt werden. Die zweite große Verwendung ist der Bau von sogenannten „Hünengräbern", von denen es auch in Pommern etliche gibt. Durch die Verschmelzung der Megalithkultur mit der jungsteinzeitlichen Schnurkeramik (die im frühzeitlichen Pommern in der Variante der Oderschnurkeramik praktiziert wird) entsteht der nordische Kulturkreis.

Zur Zeit des Römischen Weltreiches machen sich Autoren wie Tacitus daran, die Völkerschaften im Norden und Osten des Imperiums zu beschreiben und ihnen Namen zu geben. In der üblichen antiken Vorgehensweise, großen Kulturräumen einen einheitlichen Oberbegriff zu geben, wird zwischen den Kelten Westeuropas und den eurasischen Skythen der Begriff „Germanen" etabliert. Diese Zusammenfassung einer anfangs kaum überschaubaren Stammesvielfalt unter einen Oberbegriff wird durch Erkenntnisse der Archäologie und der Sprachwissenschaft bestätigt. So sprechen die Völker Mitteleuropas und Skandinaviens in Folge der ersten Germanischen Lautverschiebung offenbar zunehmend ähnliche Sprachen.

Neben der Unterscheidung nach Stämmen lassen sich größere Stammesgruppen wie die Rhein-Weser-Germanen oder die Nordgermanen abgrenzen. An der pommerschen Küste leben um die Zeitenwende die Weichselgermanen. Zwischen Weichsel- und Odermündung sind es die Gotonen, westlich der Oder die Rugier. Auf der Gemarkung des späteren Lübsow im Kreis Greifenberg scheint zu dieser Zeit ein regionaler Herrschaftsschwerpunkt zu sein. Hier befinden sich mehrere Fürstengräber mit römischen, aber auch germanischen Grabbeilagen. In der Spätantike entstehen aus den kleineren Stammeseinheiten größere Völker. Ein Teil der Rugier und die Gotonen gehen in den Goten auf, die offensichtlich von den Letzteren auch ihren Namen haben. In der Zeit der Völkerwanderung verlassen die Goten den Oder-Weichselraum. Um das Jahr 600 n. Chr. ist die Region damit vermutlich nur noch von sehr wenigen Menschen bewohnt.

Im 7. Jahrhundert kommen aus dem Gebiet zwischen Karpaten, oberer Weichsel und Dnjepr stammende Slawen an die Ostseeküste. Auch hier gibt es zunächst viele kleinere Völkerschaften wie zum Beispiel Zirzipanen, Tollenser oder Wolliner, die nach und nach in größeren Einheiten aufgehen. Die verbliebenen germanischen Siedlungsrudimente vermischen sich dabei mit den ankommenden slawischen Neusiedlern. Dadurch entstehen um das Jahr 1000 n. Chr. im späteren Pommern zwei Großgruppen, die jeweils über die künftigen Grenzen hinausreichen: im Westen der nach Ostmecklenburg hineinreichende Verbund der Lutizen, im Osten die bis zum Weichselmündungsgebiet siedelnden Pomoranen. Die slawische Bezeichnung „Po morjane", die zeitgenössisch zu Pomorani latinisiert wird, bedeutet „die am Meer Wohnenden", im Kontrast zu den Polanen (→ Polen), den „auf dem Land Wohnenden". Die Grenze zwischen Pomoranen und Polanen bilden die Flüsse Warthe und Netze. Auf der späteren Insel Rügen und der gegenüberliegenden Küste leben die Ranen, deren Name vermutlich von den germanischen Vorbewohnern Rugier abgeleitet ist.

Die Siedlungsräume sind durch große Wälder getrennt, wie das slawische Pommern generell von großen Waldlandschaften geprägt ist. Die mitunter bereits eine beachtliche Größe annehmenden Siedlungen entstehen meist um eine typische mittelalterliche Herrschaftsanlage mit Burg (Castrum). Später wird der Begriff Pomorani dann von den Bewohnern auf die Region übertragen, und das Land am Meer erhält seinen Namen.

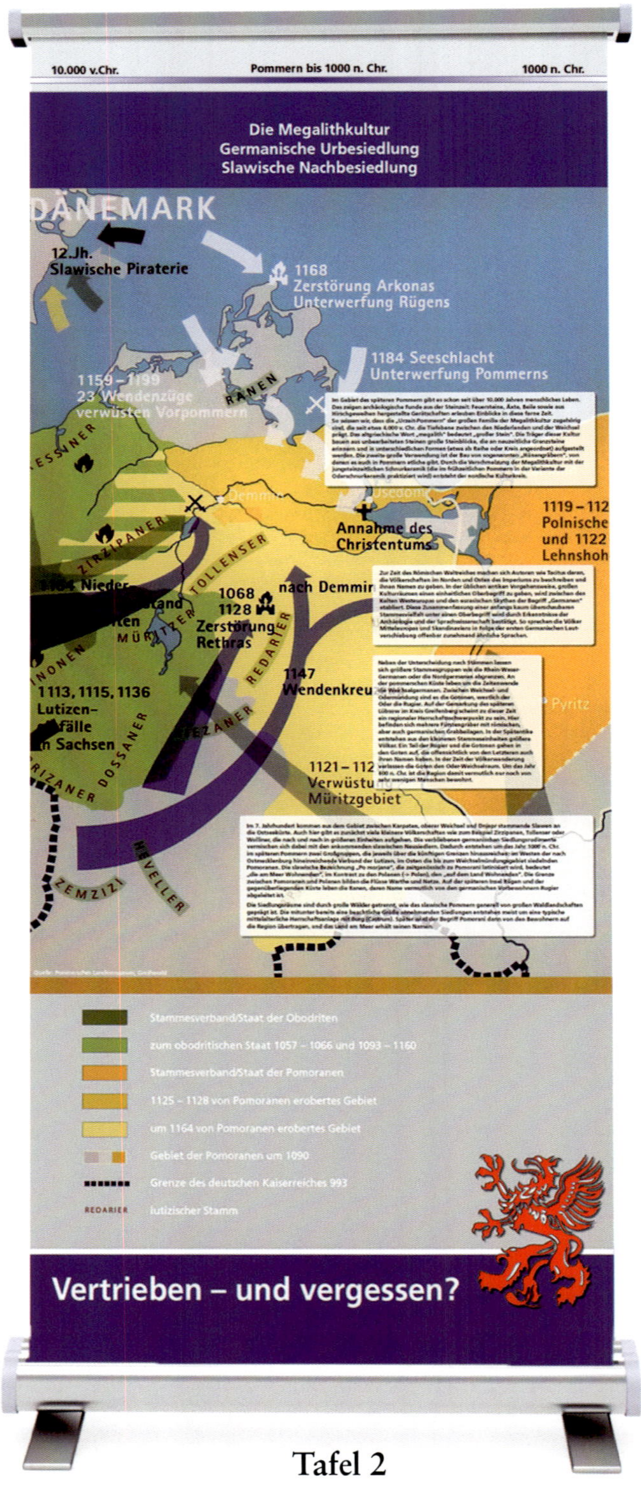
10.000 v.Chr.
Pommern bis 1000 n. Chr.
1000 n. Chr.
Die Megalithkultur
Germanische Urbesiedlung
Slawische Nachbesiedlung
DÄNEMARK
12.Jh.
Slawische Piraterie
1168
Zerstörung Arkonas
Unterwerfung Rügens
1184 Seeschlacht
Unterwerfung Pommerns
1159–1199
23 Wendenzüge
verwüsten Vorpommern
RANEN
Annahme des
Christentums
ZIRZIPANER
TOLLENSER
nach Demmin
1068
1128
Zerstörung
Rethras
REDARIER
DOSSANER
HEVELLER
ZEMZIZI
Stammesverband/Staat der Obodriten
zum obodritischen Staat 1057 – 1066 und 1093 – 1160
Stammesverband/Staat der Pomoranen
1125 – 1128 von Pomoranen erobertes Gebiet
um 1164 von Pomoranen erobertes Gebiet
Gebiet der Pomoranen um 1090
Grenze des deutschen Kaiserreiches 993
REDARIER
lutizischer Stamm
Vertrieben – und vergessen?

Tafel 2

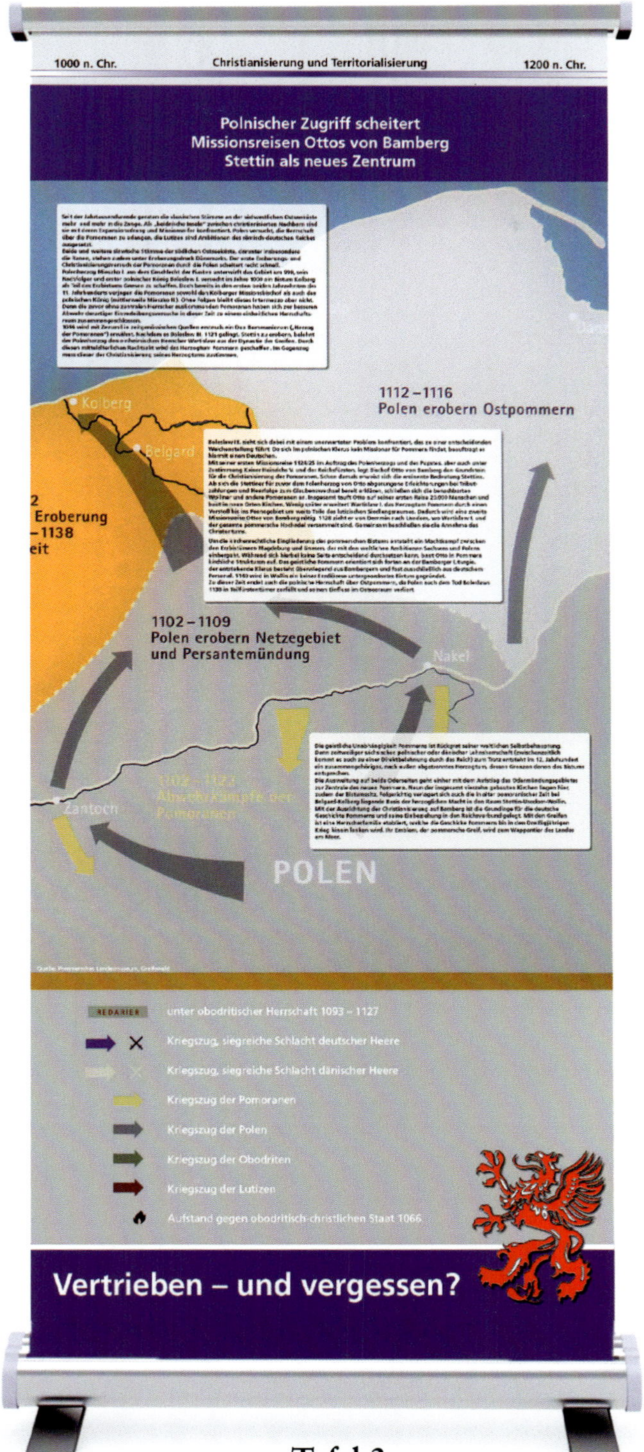

1000 n. Chr. — Christianisierung und Territorialisierung — 1200 n. Chr.

Polnischer Zugriff scheitert
Missionsreisen Ottos von Bamberg
Stettin als neues Zentrum

Kolberg
Belgard
Nakel
Zantoch

1112–1116
Polen erobern Ostpommern

1102–1109
Polen erobern Netzegebiet
und Persantemündung

POLEN

REDARIER — unter obodritischer Herrschaft 1093–1127
Kriegszug, siegreiche Schlacht deutscher Heere
Kriegszug, siegreiche Schlacht dänischer Heere
Kriegszug der Pomoranen
Kriegszug der Polen
Kriegszug der Obodriten
Kriegszug der Lutizen
Aufstand gegen obodritisch-christlichen Staat 1066

Vertrieben – und vergessen?

Tafel 3

Seit der Jahrtausendwende geraten die slawischen Stämme an der südwestlichen Ostseeküste mehr und mehr in die Zange. Als „heidnische Inseln" zwischen christianisierten Nachbarn sind sie mit deren Expansionsdrang und Missionseifer konfrontiert. Polen versucht, die Herrschaft über die Pomoranen zu erlangen, die Lutizen sind Ambitionen des römisch-deutschen Reiches ausgesetzt. Beide und weitere slawische Stämme der südlichen Ostseeküste, darunter insbesondere die Ranen, stehen zudem unter Eroberungsdruck Dänemarks. Der erste Eroberungs- und Christianisierungsversuch der Pomoranen durch die Polen scheitert recht schnell. Polenherzog Mieszko I. aus dem Geschlecht der Piasten unterwirft das Gebiet um 990, sein Nachfolger und erster polnischer König Boleslaw I. versucht im Jahre 1000 ein Bistum Kolberg als Teil des Erzbistums Gnesen zu schaffen. Doch bereits in den ersten beiden Jahrzehnten des 11. Jahrhunderts verjagen die Pomoranen sowohl den Kolberger Missionsbischof als auch den polnischen König (mittlerweile Mieszko II.). Ohne Folgen bleibt dieses Intermezzo aber nicht. Denn die zuvor ohne zentralen Herrscher auskommenden Pomoranen haben sich zur besseren Abwehr derartiger Einverleibungsversuche in dieser Zeit zu einem einheitlichen Herrschaftsraum zusammengeschlossen. 1046 wird mit Zezumil in zeitgenössischen Quellen erstmals ein Dux Bomeraniorum („Herzog der Pomeranen") erwähnt. Nachdem es Boleslaw III. 1121 gelingt, Stettin zu erobern, belehnt der Polenherzog den einheimischen Herrscher Wartislaw aus der Dynastie der Greifen. Durch diesen mittelalterlichen Rechtsakt wird das Herzogtum Pommern geschaffen. Im Gegenzug muss dieser der Christianisierung seines Herzogtums zustimmen.

Boleslaw III. sieht sich dabei mit einem unerwarteten Problem konfrontiert, das zu einer entscheidenden Weichenstellung führt: Da sich im polnischen Klerus kein Missionar für Pommern findet, beauftragt er hiermit einen Deutschen. Mit seiner ersten Missionsreise 1124/25 im Auftrag des Polenherzogs und des Papstes, aber auch unter Zustimmung Kaiser Heinrichs V. und der Reichsfürsten, legt Bischof Otto von Bamberg den Grundstein für die Christianisierung der Pomoranen. Schon damals erweist sich die eminente Bedeutung Stettins. Als sich die Stettiner für zuvor dem Polenherzog von Otto abgerungene Erleichterungen bei Tributzahlungen und Heerfolge zum Glaubenswechsel bereit erklären, schließen sich die benachbarten Wolliner und andere Pomoranen an. Insgesamt tauft Otto auf seiner ersten Reise 20.000 Menschen und baut in neun Orten Kirchen. Wenig später erweitert Wartislaw I. das Herzogtum Pommern durch einen Vorstoß bis ins Peenegebiet um weite Teile des lutizischen Siedlungsraumes. Dadurch wird eine zweite Missionsreise Ottos von Bamberg nötig. 1128 zieht er von Demmin nach Usedom, wo Wartislaw I. und der gesamte pommersche Hochadel versammelt sind. Gemeinsam beschließen sie die Annahme des Christentums.

Um die kirchenrechtliche Eingliederung des pommerschen Bistums entsteht ein Machtkampf zwischen den Erzbistümern Magdeburg und Gnesen, der mit den weltlichen Ambitionen Sachsens und Polens einhergeht. Während sich hierbei keine Seite entscheidend durchsetzen kann, baut Otto in Pommern kirchliche Strukturen auf. Das geistliche Pommern orientiert sich fortan an der Bamberger Liturgie, der entstehende Klerus besteht überwiegend aus Bambergern und fast ausschließlich aus deutschem Personal. 1140 wird in Wollin ein keiner Erzdiözese untergeordnetes Bistum gegründet. Zu dieser Zeit endet auch die polnische Herrschaft über Ostpommern, da Polen nach dem Tod Boleslaws 1138 in Teilfürstentümer zerfällt und seinen Einfluss im Ostseeraum verliert.

Die geistliche Unabhängigkeit Pommerns ist Rückgrat seiner weltlichen Selbstbehauptung. Denn zeitweiliger sächsischer, polnischer oder dänischer Lehnsherrschaft (zwischenzeitlich kommt es auch zu einer Direktbelehnung durch das Reich) zum Trotz entsteht im 12. Jahrhundert ein zusammengehöriges, nach außen abgetrenntes Herzogtum, dessen Grenzen denen des Bistums entsprechen. Die Ausweitung auf beide Oderseiten geht einher mit dem Aufstieg des Odermündungsgebietes zur Zentrale des neuen Pommern. Neun der insgesamt vierzehn gebauten Kirchen liegen hier, zudem der Bistumssitz. Folgerichtig verlagert sich auch die in alter pomoranischer Zeit bei Belgard-Kolberg liegende Basis der herzoglichen Macht in den Raum Stettin-Usedom-Wollin. Mit der Ausrichtung der Christianisierung auf Bamberg ist die Grundlage für die deutsche Geschichte Pommerns und seine Einbeziehung in den Reichsverbund gelegt. Mit den Greifen ist eine Herrscherfamilie etabliert, welche die Geschicke Pommerns bis in den Dreißigjährigen Krieg hinein lenken wird. Ihr Emblem, der pommersche Greif, wird zum Wappentier des Landes am Meer.

Zu Tafel 3: Christianisierung und Territorialisierung

Die Siedlungsräume von Lutizen, Ranen und Pomoranen sind durch große Wälder getrennt. Generell ist das slawische Pommern von Waldlandschaften geprägt. Rings um diese Völker leben christianisierte Nachbarn, mit deren Expansionsdrang und Missionseifer sich Pommern zunehmend konfrontiert sieht. Während Polen versucht, die Herrschaft über die Pomoranen zu erlangen, sind die Lutizen Ambitionen des römisch-deutschen Reiches ausgesetzt. Diese beiden und weitere Völker der südlichen Ostseeküste, insbesondere die Ranen, stehen zudem unter dem Eroberungsdruck Dänemarks.

Der erste Eroberungs- und Christianisierungsversuch der Pomoranen durch die Polen scheitert recht schnell. Polenherzog Mieszko I. aus dem Geschlecht der Piasten unterwirft das Oder-Weichsel-Gebiet um 990, sein Nachfolger und erster polnischer König Boleslaw I. versucht im Jahre 1000 in Kolberg ein neues Bistum des Erzbistums Gnesen zu installieren. Doch bereits in den ersten Jahrzehnten des 11. Jahrhunderts verjagen die Pomoranen sowohl den Kolberger Missionsbischof als auch den polnischen König (mittlerweile Mieszko II.). Ohne Folgen bleibt dieses Intermezzo aber nicht. Denn die zuvor ohne einen zentralen Herrscher organisierten Pomoranen schließen sich zur besseren Abwehr derartiger Einverleibungsversuche in dieser Zeit zu einem einheitlichen Herrschaftsraum zusammen. 1046 wird mit Zezumil in zeitgenössischen Quellen erstmals ein Dux Pomeranorum („Herzog der Pomeranen“) erwähnt. Nachdem es dem Polenherzog Boleslaw III. 1121 gelingt, Stettin zu erobern, belehnt er den einheimischen Herrscher Wartislaw aus der Dynastie der Greifen mit der umliegenden Region. Im Gegenzug muss Wartislaw der Christianisierung seines Herzogtums zustimmen. Boleslaw III. sieht sich dabei mit einem Problem konfrontiert, das zu einer entscheidenden Weichenstellung führt: Da sich im polnischen Klerus kein Missionar für Pommern findet, beauftragt er einen Deutschen. Mit seiner ersten Missionsreise 1124/25 im Auftrag des Polenherzogs, aber unter Zustimmung des römisch-deutschen Kaisers Heinrich V.

und der Reichsfürsten, legt Bischof Otto von Bamberg den Grundstein für die Christianisierung der Pomoranen. Schon damals erweist sich die herausragende Bedeutung Stettins. Als sich die Stettiner im Gegenzug für Erleichterungen bei Tributzahlungen und Heerfolge gegenüber dem Polenherzog zum Glaubenswechsel bereit erklären, schließen sich umgehend die benachbarten Wolliner und andere Pomoranen an. Insgesamt tauft Otto auf dieser ersten Reise 20.000 Menschen und baut Kirchen in neun Orten.

Wenig später erweitert Wartislaw I. das Herzogtum Pommern durch einen Vorstoß bis ins Peenegebiet um weite Teile des lutizischen Siedlungsraumes. Dadurch wird eine zweite Missionsreise Ottos von Bamberg nötig, diesmal nicht im Auftrag des Polenherzogs. 1128 zieht Otto in Absprache mit dem Magdeburger Erzbischof über das Müritzgebiet nach Demmin und weiter nach Usedom, wo Wartislaw I. und der versammelte pommersche Hochadel die Annahme des Christentums beschließen. Die Ausweitung der Greifenherrschaft auf beide Oderseiten geht einher mit dem endgültigen Aufstieg des Odermündungsgebietes zur Zentrale des neuen Pommern. Neun der insgesamt vierzehn gebauten Kirchen liegen hier. Folgerichtig verlagert sich auch die in alter pomoranischer Zeit bei Belgard-Kolberg liegende Basis der herzoglichen Macht in den Raum Stettin-Usedom-Wollin. Um die kirchenrechtliche Eingliederung des pommerschen Bistums entbrennt ein Machtkampf zwischen den Erzbistümern Magdeburg und Gnesen, der mit den weltlichen Ambitionen Sachsens und Polens einhergeht. Während sich hierbei keine Seite entscheidend durchsetzen kann, baut Otto von Bamberg in Pommern kirchliche Strukturen von unten auf. Das geistliche Pommern orientiert sich fortan dementsprechend an der Bamberger Liturgie, der entstehende Klerus besteht überwiegend aus Bambergern und fast ausschließlich aus deutschem Personal. 1140 wird schließlich in Wollin ein Bistum gegründet, das keiner Erzdiözese zugeordnet, sondern unmittelbar dem Papst unterstellt wird. Die geistliche Unabhängigkeit Pommerns ist Rückgrat seiner weltlichen Selbstbehauptung. So entsteht im 12. Jahrhundert ein zusammengehörendes, nach außen abgetrenntes Herzogtum, dessen Grenzen denen des Bistums entsprechen. Zu dieser Zeit endet auch die polnische

Herrschaft über Ostpommern, da Polen nach dem Tod Boleslaws 1138 in Teilfürstentümer zerfällt und somit auch seinen Einfluss im Ostseeraum verliert. Späterer sächsischer oder dänischer Lehnsherrschaft zum Trotz – zwischenzeitlich kommt es auch zu einer Direktbelehnung durch den Kaiser – bleibt Pommern bis in den Dreißigjährigen Krieg ein Herzogtum mit eigenen Fürsten, die stets um ihre Handlungsspielräume bemüht sind.

Zu Tafel 4: Deutsche Ostsiedlung

Mit der Ausrichtung der Christianisierung auf Bamberg ist die Grundlage für die deutsche Geschichte Pommerns und seine Einbeziehung in den Reichsverbund gelegt. Eine ähnlich maßgebliche Bedeutung für die Umgestaltung slawischer Stammesgebiete zu deutschen Herzogtümern hat die Ostsiedlung. Dass beide Phänomene in wechselseitigem Zusammenhang stehen, wird am Beispiel Pommerns besonders deutlich. Schließlich stammen die ersten neuen Siedler in Pommern aus deutschen Mönchsorden. Sie werden im Bistum, dessen Bischofssitz 1175 von Wollin nach Cammin verlegt wird, für neu gegründete Klöster wie Kolbatz oder Eldena und für die vielen entstehenden Kirchen gebraucht.

Anfang des 13. Jahrhunderts herrschen die Herzöge Wartislaw III. und Barnim I. über Pommern mit Ausnahme des dänisch beherrschten Fürstentums Rügen (Insel und gegenüberliegende Küste) und der östlichen Gebiete um Schlawe, Stolp, Lauenburg und Bütow, in denen sich mit den Ratiboriden eine Nebenlinie der Greifen etabliert hat. Der im Ostseeraum lange Zeit führende Sachse Heinrich der Löwe wird von Kaiser Friedrich Barbarossa letztlich geschlagen. Entscheidend ist hier der Verlust des zuvor vom Welfen beherrschten Lübeck 1181, wodurch die Stellung des Kaisers im Nordosten des Reiches massiv gestärkt wird und es infolge dessen erstmals zur Belehnung eines Pommernherzogs durch den Kaiser kommt: Friedrich Barbarossa ernennt Bogislaw I. zu seinem „Herzog von Slawien“. Damit wird der Pommernherzog zum Reichsfürsten erklärt und reichsunmittelbar. 1231 belehnt Barbarossas Nach-Nachfolger Kaiser Friedrich II. hingegen den

1175
Deutsche Ostsiedlung
1295
Voraussetzungen
Zuwanderung
Städtegründungen
Quelle: Archiv Stralsund
Ostsee
Dänemark
Preussen
Polen
Böhmen
Ungarn
Vertrieben – und vergessen?

Tafel 4

Nicht nur die Christianisierung verändert Mitteleuropa im allgemeinen und Pommern im besonderen. Eine ähnlich maßgebliche Bedeutung für die Umgestaltung slawischer Stammesgebiete zu deutschen Herzogtümern hat die Ostsiedlung. Beide Phänomene stehen in wechselseitigem Zusammenhang. Das wird am Beispiel Pommerns besonders deutlich. Schließlich stammen die ersten neuen Siedler unter den Lutizen und Pomoranen aus den deutschen Mönchsorden. Sie werden für das Bistum Wollin, das 1175 nach Cammin verlegt wird, für neu gegründete Kloster wie Kolbatz oder Eldena und für die vielen entstehenden Kirchen gebraucht. Die verschiedenen Siedlungsanreize sind eine Folge des Bevölkerungswachstums im Altreich.

Anfang des 13. Jahrhunderts herrschen Herzog Wartislaw III. und Herzog Barnim I. über Pommern mit Ausnahme des dänischen Fürstentums Rügen (Insel und gegenüberliegende Küste) und der östlichen Gebiete um Schlawe, Stolp, Lauenburg und Bütow, in denen sich mit den Ratiboriden eine eigene Herrscherfamilie etabliert hat. 1231 belehnt Kaiser Friedrich II. die Markgrafen von Brandenburg aus dem Hause der Askanier mit Pommern. Wartislaw III. und Barnim I., dadurch zu Unterherrschern abgesunken, wollen dem Expansionsdrang der Askanier durch verstärkten Landesausbau entgegentreten. Sie betreiben eine Politik, die auf Vermehrung ihrer Untertanen durch Einwanderung ausgerichtet ist. In der jetzt beginnenden Phase der Städtegründungen gehen die Greifenherzöge unterschiedliche Wege. Das hängt damit zusammen, dass ihr Herr-schaftsgebiet spätestens seit der Belehnung durch die Markgrafen klar voneinander abgegrenzt ist. Während Wartislaw III. ein Streifen von Demmin über Wolgast, die Inseln Usedom und Wollin sowie das nördliche Hinterpommern bis Kolberg unterstellt sind, befindet sich das ursprüngliche Herzogtum Barnims I. hauptsächlich südlich des Stettiner Haffs, nach Westen bis Anklam reichend bis südöstlich von Stargard. Unterschiedlich sind daher auch die Siedlerströme: In den Küstenstreifen unter Wartislaws Herrschaft (und auch in das Fürstentum Rügen) kommen Westfalen und Nordniedersachsen über Mecklenburg, während die Einwanderer in Barnims Einflusszone aus dem Harz und anderen Teilen des südlichen Niedersachsen stammen und über Brandenburg nach Pommern einwandern.

„Stadtluft macht frei!" Dieser Ausspruch hat seinen Ursprung in der deutschen Stadt des Mittelalters, in der die Bürger Freiheiten und Mitbestimmungsmöglichkeiten genießen, die den abhängigen Bauern fremd sind. Im Osten sind diese Freiheiten noch größer, da hier Siedler mit dem Versprechen einer rechtlichen Besserstellung angeworben werden. Vorbilder der „freien Stadt" der deutschen Ostsiedlung sind Lübeck im Norden und Magdeburg für den südlicheren Raum. Entsprechend der küstennahen Lage seines Herrschaftsbereiches versieht Wartislaw III. Städte seines Herzogtums wie Greifswald, Demmin und (gemeinsam mit Barnim) Wolgast und Wollin mit lübischem Stadtrecht. Barnim I. hingegen verleiht Stettin 1243 eine abgewandelte Form des Magdeburger Rechts. Mit diesem „Stettiner Recht" versieht Barnim auch die weiteren Städte seines ursprünglichen Herrschaftsbereiches wie Anklam, Greifenhagen, Gollnow oder Pyritz. Nach dem Tod Wartislaws übernimmt Barnim I., der „Städtegründer Pommerns", auch dessen Herzogtum; weitere Städte auch nach lübischem Recht, wie etwa 1274 Cammin, entstehen. Auch der Bischof von Pommern (z.B. gemeinsam mit Wartislaw 1255 Kolberg), einzelne Adlige sowie Fürst Wizlaw von Rügen, der 1234 Stralsund lübisches Recht verleiht, treten als Städtegründer auf. Mindestens 32 aller 72 pommerschen Städte werden zwischen 1231 und 1278, dem Todesjahr Barnims, gegründet. Etwa ein Drittel als völlige Neugründungen, bei deren Namensgebung oft die Vorsilbe Greif- mit einer Angabe zur Entstehung oder Lage kombiniert wird (Greifenberg, Greifenhagen). Die anderen zwei Drittel sind deutsche Neusiedlungen, die in oder direkt neben bereits bestehenden slawischen Siedlungen entstehen. Hier werden die Namen weitergeführt und eingedeutscht.

Trotz der anfangs getrennten Siedlungsweise vermischt sich über Generationen hin die lutizische und pomoranische Vorbevölkerung mit den niederdeutschen Siedlern zu einer neuen ethnischen Gruppe. Nachdem die Christianisierung das Pommern geschaffen hat, entstehen in Folge der Ostsiedlung die Pommern.

Markgrafen von Brandenburg mit Pommern, seitdem wird Pommern bis zur Auflösung des Heiligen Römischen Reiches (Deutscher Nation) 1806 ununterbrochen dazugehören, zeitweise durch Direktbelehnung, zeitweise indirekt. Ziel der Pommernherzöge ist stets die Direktbelehnung als Reichsfürsten. Schon Wartislaw III. und Barnim I., 1231 zu Untervasallen abgesunken, verfolgen dieses Ziel und wollen dem Expansionsdrang der Brandenburger durch verstärkten Landesausbau entgegentreten. Sie betreiben eine Politik, die auf Vermehrung der Bevölkerung durch Einwanderung und wirtschaftlichen Aufstieg durch Import überlegener Techniken der Bewirtschaftung aus dem Altreich ausgerichtet ist, wie sie in dieser Zeit östlich der Elbe üblich wird. Zu Hilfe kommt den ostelbischen Fürsten der Bevölkerungsüberschuss im Reich, der auch dort zum weiteren Landesausbau führt – eine Entwicklung, die heute an vielen Orten mittelalterlichen Ursprungs beiderseits der Elbe zu erkennen ist. Um Menschen aus dem Reich in den eigenen Herrschaftsbereich zu locken, sind indes weitere Anreize nötig. Die zuvor in der Regel abhängigen Siedler werden mit dem Versprechen einer rechtlichen Besserstellung angeworben. Freiheiten und Mitbestimmungsmöglichkeiten der mittelalterlichen Stadt („Stadtluft macht frei“) sollen daher auf den Osten übertragen und ausgeweitet werden. Vorbilder der „freien deutschen Stadt“ der Ostsiedlung werden Lübeck und Magdeburg.

Während Wartislaw III. einen Streifen von Demmin über Wolgast, die Inseln Usedom und Wollin sowie das nördliche Hinterpommern bis Kolberg regiert, befindet sich das ursprüngliche Herzogtum Barnims I. hauptsächlich südlich des Stettiner Haffs, nach Westen bis Anklam reichend, bis südöstlich von Stargard. Unterschiedlich sind auch die Siedlerströme: In den Küstenstreifen unter Wartislaws Herrschaft (und auch in das Fürstentum Rügen) kommen Westfalen und Nordniedersachsen über Mecklenburg, während die Einwanderer in Barnims Einflusszone aus dem Harz und anderen Teilen des südlichen Niedersachsens stammen und über Brandenburg nach Pommern einwandern. Entsprechend der küstennahen Lage versieht Wartislaw III. Städte seines Herzogtums wie Greifswald, Demmin, Wolgast und Wollin mit lübischem Stadtrecht. Barnim I. hingegen verleiht Stettin 1243 eine ab-

Die deutsche Ostsiedlung im Mittelalter.

gewandelte Form des Magdeburger Rechts. Mit diesem „Stettiner Recht“ versieht Barnim auch die weiteren Städte seines ursprünglichen Herrschaftsbereiches wie Anklam, Greifenhagen, Gollnow oder Pyritz. Nach dem Tod Wartislaws übernimmt Barnim I. auch dessen Herzogtum; weitere Städte nach lübischem Recht entstehen, wie etwa Cammin im Jahre 1274. Barnim wird bis heute der „Städtegründer Pommerns“ genannt. Auch der Bischof von Cammin (z.B. gründet er gemeinsam mit Wartislaw II. 1255 Kolberg), einzelne Adlige sowie Fürst Wizlaw von Rügen, der 1234 Stralsund lübisches Recht verleiht, treten als Städtegründer in Pommern auf.

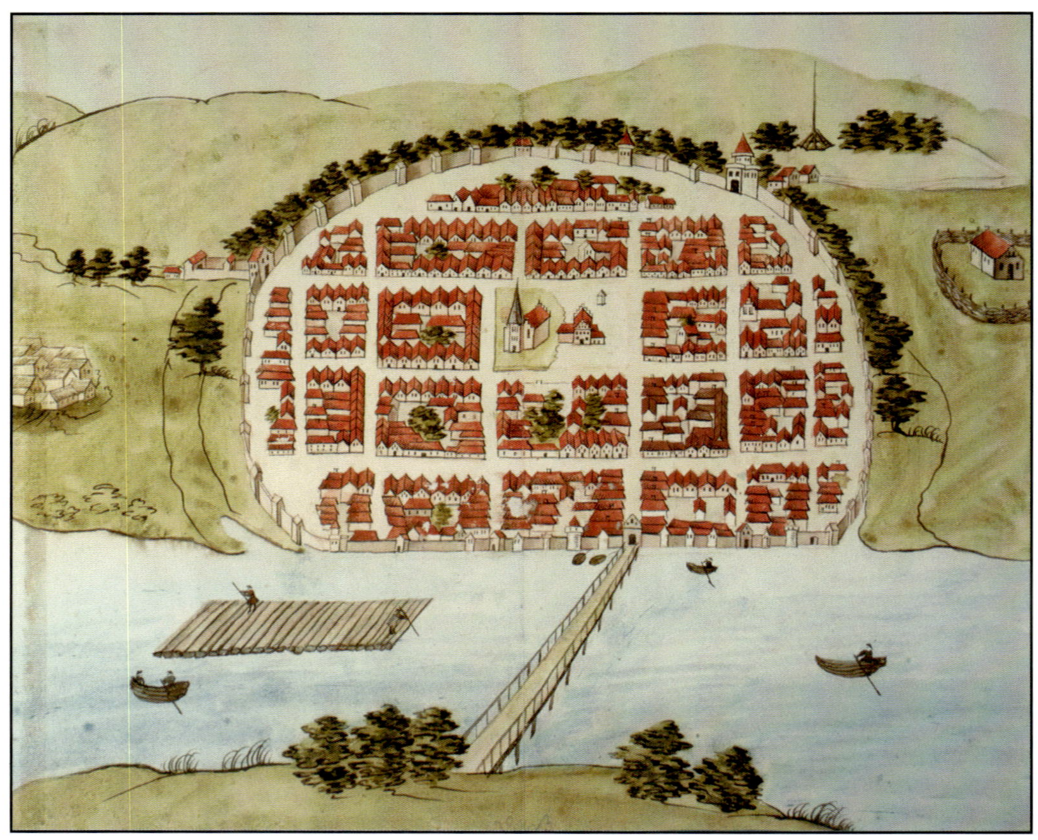

Aus Tafel 4: Plan vom frühneuzeitlichen Greifenhagen (Anfang des 17. Jahrhunderts) aus der Stralsunder Bilderhandschrift

Quelle: Stadtarchiv Stralsund

Mindestens 32 aller 72 pommerschen Städte werden zwischen 1231 und 1278, dem Todesjahr Barnims, gegründet. Etwa ein Drittel als völlige Neugründung, bei deren Namensgebung oft die Vorsilbe „Greif“ mit einer Angabe zur Entstehung oder Lage kombiniert wird (Greifenberg, Greifenhagen u.a.). Die anderen zwei Drittel sind deutsche Neusiedlungen, die in oder direkt neben bereits bestehenden slawischen Siedlungen entstehen. Hier werden in der Regel die ursprünglichen Ortsnamen weitergeführt und eingedeutscht. Trotz der anfangs getrennten Siedlungsweise vermischt sich über die Generationen die lutizische und pomoranische Stammbevölkerung mit den niederdeutschen Siedlern zu einem Neustamm mit deutscher Kultur und niederdeutscher Sprache. Nachdem die Christianisierung *das* Pommern geschaffen hat, entstehen in Folge der Ostsiedlung *die* Pommern.

Zu Tafel 5: Pommern im Spätmittelalter

Mit dem Tod des großen Städtegründers Barnim endet 1278 die Phase der Herausbildung Pommerns zu einem Herzogtum, die von Christianisierung und Landesausbau geprägt ist. Da es mehrere gleichrangige Erbfolgeberechtigte gibt, wird erneut das Erbrecht der Greifendynastie angewendet, das die Teilung der Herrschaft vorsieht. 1295 wird die Nord-Süd-Teilung, wie sie bis zum Tode Wartislaws III. zwischen diesem und Barnim I. galt, erneuert. Bogislaw IV. wird Herrscher des nördlichen Teils, der nun „Pommern-Wolgast“ genannt wird. Das südlichere „Pommern-Stettin“ wird fortan von Otto I. beherrscht. Die Teilungslinie, die von West nach Ost entlang der Grenze zwischen Lübischem und Stettiner Stadtrecht verläuft, bleibt mehrere Jahrhunderte bestehen. Im gesamten Mittelalter wird Pommern hingegen niemals entlang der Oder geteilt. Zeitweilig kommt es zu weiteren Teilungen innerhalb des nördlichen Pommern-Wolgast, die mit der Ausweitung der Greifenherrschaft nach Westen und Osten einhergehen. Nach dem Aussterben der Rügenfürsten und einem siegreichen Erbfolgekrieg gegen Mecklenburg wird 1354 das Territorium Pommerns dauerhaft um das Fürstentum Rügen erweitert. Hier im pommerschen Westen etabliert sich zeitweise ein Teilherzogtum Pommern-Barth.

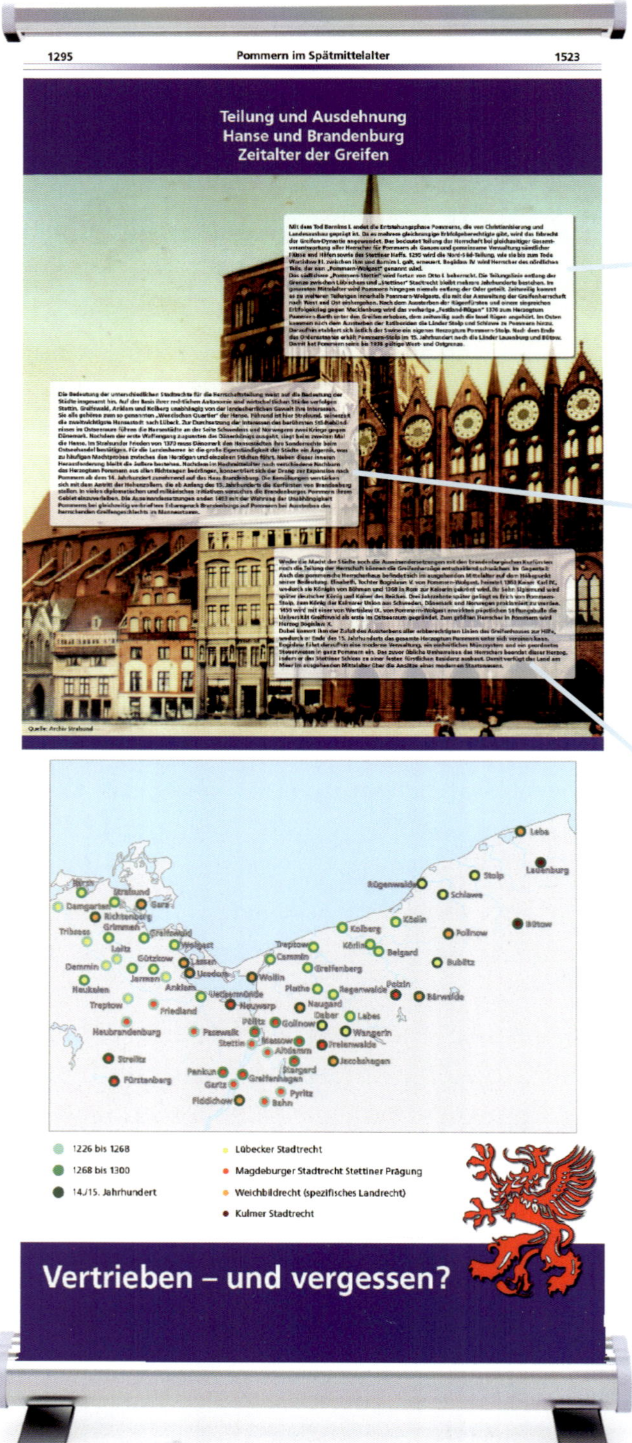
1295
Pommern im Spätmittelalter
1523
Teilung und Ausdehnung
Hanse und Brandenburg
Zeitalter der Greifen
Quelle: Archiv Stralsund
Leba
Lauenburg
Stolp
Schlawe
Rügenwalde
Bütow
Köslin
Kolberg
Pollnow
Belgard
Bublitz
Treptow
Körlin
Cammin
Greifenberg
Wollin
Plathe
Regenwalde
Polzin
Bärwalde
Naugard
Daber
Labes
Gollnow
Wangerin
Freienwalde
Jacobshagen
Massow
Altdamm
Stargard
Greifenhagen
Gartz
Penkun
Pyritz
Bahn
Fiddichow
Stettin
Pölitz
Pasewalk
Ueckermünde
Neuwarp
Anklam
Usedom
Lassan
Wolgast
Greifswald
Gützkow
Jarmen
Loitz
Demmin
Grimmen
Richtenberg
Stralsund
Garz
Barth
Damgarten
Tribsees
Neukalen
Treptow
Friedland
Neubrandenburg
Strelitz
Fürstenberg
1226 bis 1268
1268 bis 1300
14./15. Jahrhundert
Lübecker Stadtrecht
Magdeburger Stadtrecht Stettiner Prägung
Weichbildrecht (spezifisches Landrecht)
Kulmer Stadtrecht
Vertrieben – und vergessen?

Tafel 5

Mit dem Tod Barnims I. endet die Entstehungsphase Pommerns, die von Christianisierung und Landesausbau geprägt ist. Da es mehrere gleichrangige Erbfolgeberechtigte gibt, wird das Erbrecht der Greifen-Dynastie angewendet. Das bedeutet Teilung der Herrschaft bei gleichzeitiger Gesamt-verantwortung aller Herrscher für Pommern als Ganzes und gemeinsame Verwaltung sämtlicher Flüsse und Häfen sowie des Stettiner Haffs. 1295 wird die Nord-Süd-Teilung, wie sie bis zum Tode Wartislaw III. zwischen ihm und Barnim I. galt, erneuert. Bogislaw IV. wird Herrscher des nördlichen Teils, der nun „Pommern-Wolgast" genannt wird. Das südlichere „Pommern-Stettin" wird fortan von Otto I. beherrscht. Die Teilungslinie entlang der Grenze zwischen Lübischem und „Stettiner" Stadtrecht bleibt mehrere Jahrhunderte bestehen. Im gesamten Mittelalter wird Pommern hingegen niemals entlang der Oder geteilt. Zeitweilig kommt es zu weiteren Teilungen innerhalb Pommern-Wolgasts, die mit der Ausweitung der Greifenherrschaft nach West und Ost einhergehen. Nach dem Aussterben der Rügenfürsten und einem siegreichen Erbfolgekrieg gegen Mecklenburg wird das vorherige „Festland-Rügen" 1376 zum Herzogtum Pommern-Barth unter den Greifen erhoben, dem zeitweilig auch die Insel Rügen angehört. Im Osten kommen nach dem Aussterben der Ratiboriden die Länder Stolp und Schlawe zu Pommern hinzu. Daraufhin etabliert sich östlich der Swine ein eigenes Herzogtum Pommern-Stolp. Nach dem Ende des Ordensstaates erhält Pommern-Stolp im 15. Jahrhundert noch die Länder Lauenburg und Bütow. Damit hat Pommern seine bis 1938 gültige West- und Ostgrenze.

Die Bedeutung der unterschiedlichen Stadtrechte für die Herrschaftsteilung weist auf die Bedeutung der Städte insgesamt hin. Auf der Basis ihrer rechtlichen Autonomie und wirtschaftlichen Stärke verfolgen Stettin, Greifswald, Anklam und Kolberg unabhängig von der landesherrlichen Gewalt ihre Interessen.

Sie alle gehören zum so genannten „Wendischen Quartier" der Hanse. Führend ist hier Stralsund, seinerzeit die zweitwichtigste Hansestadt nach Lübeck. Zur Durchsetzung der Interessen des berühmten Städtebündnisses im Ostseeraum führen die Hansestädte an der Seite Schwedens und Norwegens zwei Kriege gegen Dänemark. Nachdem der erste Waffengang zugunsten des Dänenkönigs ausgeht, siegt beim zweiten Mal die Hanse. Im Stralsunder Frieden von 1370 muss Dänemark den Hansestädten ihre Sonderrechte beim Ostseehandel bestätigen.

Für die Landesherren ist die große Eigenständigkeit der Städte ein Ärgernis, was zu häufigen Machtproben zwischen den Herzögen und einzelnen Städten führt. Neben dieser inneren Herausforderung bleibt die äußere bestehen. Nachdem im Hochmittelalter noch verschiedene Nachbarn das Herzogtum Pommern aus allen Richtungen bedrängen, konzentriert sich der Drang zur Expansion nach Pommern ab dem 14. Jahrhundert zunehmend auf das Haus Brandenburg. Die Bemühungen verstärken sich mit dem Antritt der Hohenzollern, die ab Anfang des 15. Jahrhunderts die Kurfürsten von Brandenburg stellen. In vielen diplomatischen und militärischen Initiativen versuchen die Brandenburger, Pommern ihrem Gebiet einzuverleiben. Die Auseinandersetzungen enden 1493 mit der Wahrung der Unabhängigkeit Pommerns bei gleichzeitig verbrieftem Erbanspruch Brandenburgs auf Pommern bei Aussterben des herrschenden Greifengeschlechts im Mannesstamm.

Weder die Macht der Städte noch die Auseinandersetzungen mit den brandenburgischen Kurfürsten noch die Teilung der Herrschaft können die Greifenherzöge entscheidend schwächen. Im Gegenteil: Auch das pommersche Herrscherhaus befindet sich im ausgehenden Mittelalter auf dem Höhepunkt seiner Bedeutung. Elisabeth, Tochter Bogislaws V. von Pommern-Wolgast, heiratet 1363 Kaiser Karl IV., wodurch sie Königin von Böhmen und 1368 in Rom zur Kaiserin gekrönt wird. Ihr Sohn Sigismund wird später deutscher König und Kaiser des Reiches. Drei Jahrzehnte später gelingt es Erich von Pommern-Stolp, zum König der Kalmarer Union aus Schweden, Dänemark und Norwegen proklamiert zu werden. 1456 wird mit einer von Wartislaw IX. von Pommern-Wolgast erwirkten päpstlichen Stiftungsbulle die Universität Greifswald als erste im Ostseeraum gegründet. Zum größten Herrscher in Pommern wird Herzog Bogislaw X.

Dabei kommt ihm der Zufall des Aussterbens aller erbberechtigten Linien des Greifenhauses zur Hilfe, wodurch er Ende des 15. Jahrhunderts das gesamte Herzogtum Pommern unter sich vereinen kann. Bogislaw führt daraufhin eine moderne Verwaltung, ein einheitliches Münzsystem und ein geordnetes Steuerwesen in ganz Pommern ein. Das zuvor übliche Umherreisen des Herrschers beendet dieser Herzog, indem er das Stettiner Schloss zu einer festen fürstlichen Residenz ausbaut. Damit verfügt das Land am Meer im ausgehenden Mittelalter über die Ansätze eines modernen Staatswesens.

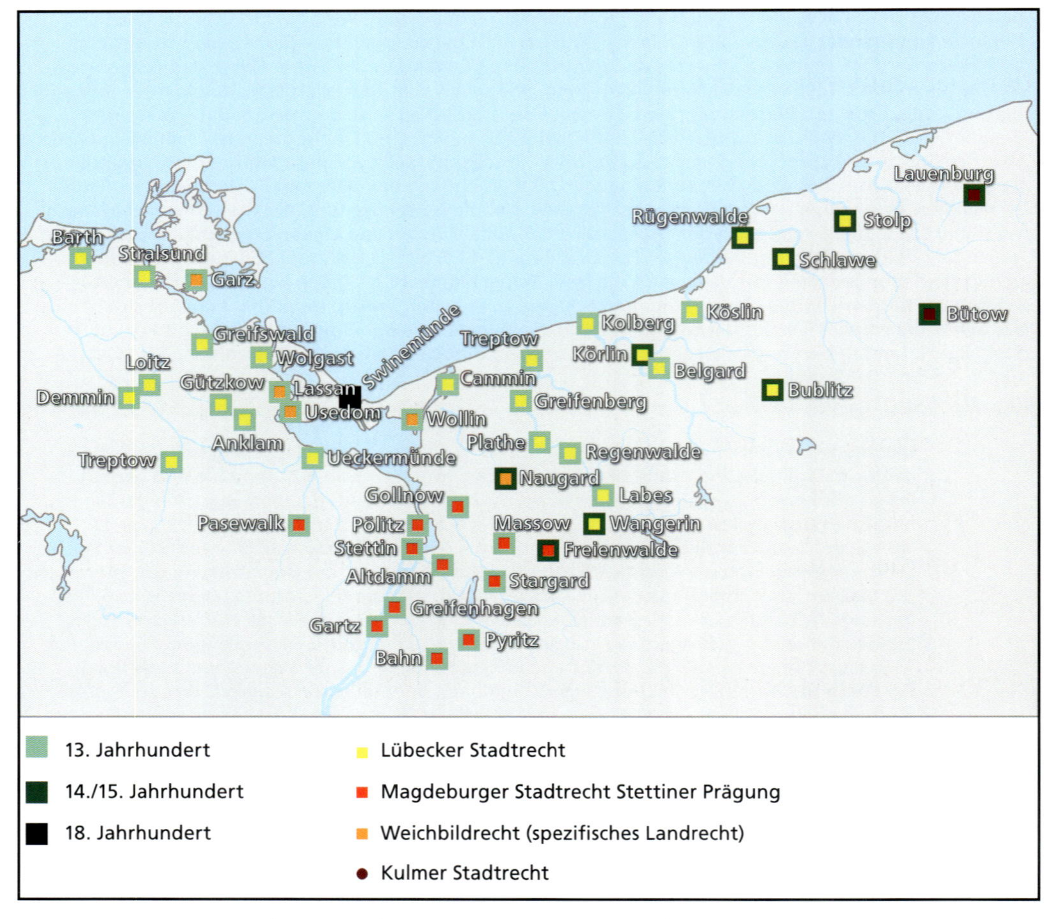

Städtegründungen im pommerschen Raum im Spätmittelalter

Im Osten kommen nach dem Aussterben der Ratiboriden die Länder Stolp und Schlawe zu Pommern hinzu, während die weiteren ratiboridischen Besitzungen, die Länder Lauenburg und Bütow, zunächst an den Deutschen Orden fallen. Im östlichen Herrschaftsbereich der Greifen etabliert sich daraufhin östlich der Swine ein eigenes Herzogtum Pommern-Stolp. Im 15. Jahrhundert erhält Pommern-Stolp auch Lauenburg und Bütow. Damit hat Pommern seine bis 1945 größte West- und Ostausdehnung erreicht.

Die Zersplitterung der Herrschaftsbereiche im Spätmittelalter darf nicht darüber hinwegtäuschen, dass dennoch eine Gesamtverantwortung aller Greifen-Herrscher über ganz Pommern besteht. Dabei weist die Tatsache, dass die Haupttrennungslinie zwischen Nord- und Südpommern entlang der Stadtrechte-Grenze verläuft, auf die zeitgenössische Bedeutung der Städte insgesamt hin. Auf der Basis ihrer rechtlichen Autonomie und wirtschaftlichen Stärke verfolgen Stettin, Greifswald, Anklam oder Kolberg ihre Interessen unabhängig von der landesherrlichen Gewalt. Die pommerschen Städte gehören der Hanse an, deren regionales Zentrum die Stadt Stralsund ist, die seinerzeit eine der wichtigsten Hansestädte nach Lübeck ist. Zur Durchsetzung ihrer Interessen im Ostseeraum führen die Hansestädte zwei Kriege gegen Dänemark an der Seite Schwedens und Norwegens. Nachdem der erste Waffengang zugunsten des Dänenkönigs ausgeht, siegt beim zweiten Mal die Hanse. Im Frieden zu Stralsund von 1370 muss Dänemark daraufhin den Hansestädten Sonderrechte beim Ostseehandel bestätigen.

Für die Landesherren ist diese große Eigenständigkeit der Städte mitunter ein Ärgernis, was zu Machtproben zwischen den Herzögen und einzelnen Städten führt. Neben dieser inneren Herausforderung bleibt die äußere bestehen. Nachdem im Hochmittelalter noch verschiedene Nachbarn das Herzogtum Pommern aus allen Richtungen bedrängten, konzentriert sich der Drang zur Expansion nach Pommern ab dem 14. Jahrhundert zunehmend auf das Haus Brandenburg. Die brandenburgischen Bemühungen verstärken sich mit dem Antritt der Hohenzollern, die ab Anfang des 15. Jahrhunderts die Kurfürsten von Brandenburg stellen. In vielen diplomatischen und militärischen Initiativen versuchen die Brandenburger, Pommern ihrem Gebiet einzuverleiben. Die Auseinandersetzungen enden 1493 mit der Wahrung der Unabhängigkeit Pommerns bei gleichzeitig verbrieftem Erbanspruch Brandenburgs auf Pommern bei Aussterben des Greifengeschlechts (Eventualnachfolge). Doch weder die Macht der Städte noch die Auseinandersetzungen mit den brandenburgischen Kurfürsten noch die Teilung der Herrschaft untereinander können die Greifenherzöge zu dieser Zeit entscheidend schwächen. Im Gegenteil: Auch das pommersche Herrscherhaus

Aus Tafel 5: Nikolaikirche und Rathaus von Stralsund
Quelle: Stadtarchiv Stralsund

befindet sich im ausgehenden Mittelalter auf dem Höhepunkt seiner Bedeutung. Elisabeth, die Tochter Bogislaws V. von Pommern-Wolgast, heiratet 1363 Kaiser Karl IV., wodurch sie letztlich zur Kaiserin des römisch-deutschen Reiches wird. Ihr Sohn Sigismund wird später deutscher König und Kaiser des Reiches. Drei Jahrzehnte später wird Bogislaw, der Sohn Wartislaws I. von Pommern-Stolp, König Erik der „Kalmarer Union“ aus Schweden, Dänemark und Norwegen. 1456 wird mit einer päpstlichen Stiftungsbulle in Greifswald eine der ersten Universitäten im Ostseeraum gegründet.

Zu Tafel 6: Die Reformation in Pommern

Zum letzten großen Greifenherrscher in Pommern wird Herzog Bogislaw X. Diesem kommt der Zufall des Aussterbens aller weiteren erbberechtigten Linien des Greifenhauses zu Hilfe, wodurch er Ende des 15. Jahrhunderts das gesamte Herzogtum Pommern unter sich vereinen kann. Bogislaw führt daraufhin eine moderne Verwaltung, ein einheitliches Münzsystem und ein geordnetes Steuerwesen in ganz Pommern ein. Das zuvor übliche Umherreisen des Herrschers beendet dieser Herzog, indem er das Stettiner Schloss zu einer festen fürstlichen Residenz ausbaut. Damit verfügt das „Land am Meer" im ausgehenden Mittelalter über die Ansätze eines modernen Staatswesens. Den Durchbruch bei der Modernisierung bringt dann die Reformation, mit der insgesamt eine völlig neue Zeit in Europa beginnt. Pommern ist sowohl an der Verbreitung der lutherischen Lehre entscheidend beteiligt als auch von der Durchdringung durch die Reformation mit am stärksten betroffen.

Doch zunächst sieht es nicht unbedingt danach aus. Zwar gibt es auch Kritik an Privilegien der Kirche, zumal manche Geistliche diese auch in Pommern für wirtschaftliche Vorteile missbrauchen. Herzog Bogislaw X. versucht zwar, durch eine landesherrliche Kirchenherrschaft die Macht des Bistums Cammin einzugrenzen – doch das zentrale Ziel zu dieser Zeit ist das Abschütteln aller brandenburgischen Ansprüche durch eine Erhöhung Pommerns zum reichsunmittelbaren Herzogtum. Da diese nur durch den Kaiser des Heiligen Römischen Reiches vorgenommen werden kann, sehen sich Bogislaw X. und seine Nachfolger Georg I. und Barnim IX. zur Loyalität gegenüber Kaiser und römischer Kirche verpflichtet. Das Wormser Edikt von 1521, in dem Martin Luther geächtet und seine Schriften verboten werden, wird daher auch in Pommern verkündet, nicht zuletzt, weil der Kaiser in Worms gegen den Einspruch Brandenburgs einen Lehnsbrief für Pommern ausstellt, das Land somit reichsunmittelbar macht. (Im Grimnitzer Vertrag verzichtet Brandenburg dann endgültig auf die Lehnshoheit über Pommern, behält aber die Eventualerbfolge. 1530 empfangen daher die Herzöge Pommern als reichsunmittelbares Herzogtum von Karl V.)

Die Versammlung der protestantischen Reichsstände in Speyer 1529 findet folgerichtig ohne die Greifenherzöge statt. Doch während sie nach außen die Ablehnung der neuen Lehre demonstrieren, halten sich die Herzöge im Inneren auffällig zurück. In religiöse Konflikte greifen sie nur ein, wenn es zu Unruhen kommt. Dass diese Auseinandersetzungen letztlich zugunsten der Lutheraner entschieden werden, liegt insbesondere an Johannes Bugenhagen. Der 1485 in Wollin geborene Geistliche leitet ab 1517 eine Schule am Kloster Belbuck bei Treptow, die sich zu einer theologischen Ideenschmiede entwickelt. Bugenhagen, der 1518 im Auftrag Herzog Bogislaws X. das erste pommersche Geschichtsbuch, die Pomerania, vorlegt, kommt 1520 mit Luthers Schrift *„Über die babylonische Gefangenschaft der Kirche"* in Berührung. Von diesem Werk zeigt er sich so beeindruckt, dass er nach Wittenberg reist, um bei Luther seine theologischen Studien fortzusetzen. „Doctor Pomeranus" nennt Luther seinen pommerschen Mitstreiter, der zu einem der drei wichtigsten Reformatoren neben Philipp Melanchthon und Luther selbst wird. So sind etwa die reformierten Kirchenordnungen Lübecks, Braunschweigs und Hamburgs und die Einführung der Reformation in Dänemark das Werk Bugenhagens.

Das Bistum Cammin erweist sich einen Bärendienst, als es Bugenhagens Wittenberg-Reise nutzen will, um dessen theologisches Umfeld zu schwächen. Die Verhaftung des reformationsfreundlichen Treptower Stadtpfarrers Johann Kureke zieht zwar tatsächlich eine Zerstreuung des Treptow-Belbucker-Kreises nach sich, doch das führt wiederum dazu, dass sich die Bugenhagen-Schüler auf die pommerschen Städte verteilen und dort die neue Lehre nach und nach durchsetzen. Die Städte ziehen in Eigenregie Kirchen- und Klosterbesitz ein. Das Bistum wird so entmachtet, aber keine landesweite Organisation an dessen Stelle gesetzt. Der Sieg der Reformation vollzieht sich dadurch unter teilweise chaotischen Umständen. Schließlich sehen sich die Herzöge zum Handeln gezwungen. Der Landtag von Treptow, auf dem auch Bugenhagen anwesend ist, beschließt 1534 die Einführung der Reformation in ganz Pommern. Bugenhagen schreibt im Auftrag der Greifenherzöge eine neue Kirchenordnung. 1535 tritt diese in ganz

Pommern mit Ausnahme Stralsunds – das zuvor bereits eine eigene lutherische Kirchenordnung eingeführt hat – in Kraft, im gleichen Jahr treten die Greifenherzöge dem protestantischen Schmalkaldischen Bund bei. Die Kirchenhoheit des Landesherrn, die eine Evangelische Landeskirche mit sich bringt, stärkt den Herzog als mächtigen und eigenständigen Territorialherren. Der theologische Umsturz hat ihm den seit Jahrhunderten erstrebten weltlichen Zugriff auf geistlichen Besitz und kirchliches Personal ermöglicht. Durch die Reformation wird zudem eine einheitliche pommersche Landeskirche möglich, da bis dahin Rügen zum Bistum Roskilde und Festlandsrügen mit Stralsund zum Bistum Schwerin gehört haben. Andererseits birgt die konfessionelle Spaltung, in der sich das Reich nach der Reformation befindet, eine latente Gefahr für das militärisch wenig ausgebaute Land. Es deutet sich bereits zu dieser Zeit an, dass ein großer Religionskrieg verheerende Folgen für Pommern hätte.

Neben der Reformation kommt es in Pommern zu dieser Zeit zu einer weiteren epochalen Neuerung, als 1531 wieder eine Herrschaftsteilung erfolgt. Für die Teilherzogtümer werden zwar die alten Namen „Pommern-Wolgast" und „Pommern-Stettin" verwendet, die Linie zwischen Wolgast und dem südöstlich davon gelegenen Stettin wird aber nicht mehr wie bis dato üblich durch die Südküste des Haffs markiert. Stattdessen sollen die Flüsse Swine und Randow nun die Grenze zwischen Pommern-Wolgast und Pommern-Stettin sein. Damit wird erstmals ein Westteil Pommerns von einem Ostteil abgegrenzt, später wird man von Vorpommern und Hinterpommern sprechen.

Zu Tafel 7: Der Dreißigjährige Krieg in Pommern

Was Wolgast/Vorpommern und Stettin/Hinterpommern vereint, sind die schweren Zeiten, die ganz Pommern im späten 16. und frühen 17. Jahrhundert erleiden muss. Der Zusammenbruch des Stettiner Bank- und Handelshauses Loitz 1572 zieht eine Finanzkrise der ganzen Region nach sich. Der pommersche Adel, insbesondere in Hinterpommern, gerät als Bürge des Bankhauses in wirtschaftliche Schwierigkeiten. Durch den (auch) daraus resultierenden zunehmenden Einzug des landwirtschaftlichen Besitzes der bis dahin wirtschaftlich relativ freien Landwirte („Bauernlegen") geraten diese in Armut und Abhängigkeit. Die sozialen Spannungen wachsen auch in den Städten, denn auch die Herzöge sind in finanziellen Nöten und versuchen die Städte mit immer neuen Abgaben zu belegen. Häufig kommt es zu Unruhen durch wütende Bürger. Besonders schwer hat es Stettin, das zusätzlich in einen langjährigen Handelskrieg mit Frankfurt an der Oder verwickelt ist. Von den Kurfürsten von Brandenburg unterstützt, verteuert Frankfurt den Warenverkehr von Polen und Schlesien nach Pommern über Warthe/Netze und Oder, blockiert ihn mitunter völlig. Immer drakonischere Hexenprozesse verschärfen die Konflikte nach innen. In dieser krisenhaften Situation besiegelt der Dreißigjährige Krieg die Katastrophe. Als er 1618 ausbricht, ist Pommern völlig unbewaffnet, der strikte Neutralitätskurs des Herzogs Bogislaw XIV. daher die einzige Möglichkeit. Dieser ist aber nur so lange durchzuhalten, wie sich das Kriegsgeschehen fernab des Landes abspielt.

Als das kaiserliche Heer unter Wallenstein 1627 Mecklenburg und Brandenburg erobert, ist der pommersche Versuch, sich aus dem Krieg herauszuhalten, gescheitert. Wallenstein strebt das „Dominium maris Baltici" – die Ostseeherrschaft – als entscheidenden Schlag gegen das protestantische Norddeutschland an. Ohnmächtig muss das nicht verteidigungsfähige Herzogtum Pommern in die Kapitulation von Franzburg einwilligen. Bogislaw XIV. verpflichtet sich zur Unterbringung und zum Unterhalt von 22.000 kaiserlichen Soldaten. Auch deren Sold hat Pommern nun zu zahlen.

Erratum

Infolge eines technischen Fehlers ist beim Umbruch der Seiten 75/76 der Text unvollständig wiedergegeben worden.

Die vollständige Fassung lautet:

„Der Konflikt verschärft sich zudem dadurch, dass Frankreich den neuen polnischen Staat in sein Kalkül deutschfeindlicher Politik einbaut. Die Bedrängung an der deutschen Ostgrenze ist Teil des Konzeptes, mit dem Paris seine Ostgrenze schützen und möglichst weiter nach vorn schieben will."

Mit der Reformation beginnt in den deutschen Landen eine völlig neue Zeit. Pommern ist sowohl an der Verbreitung der lutherischen Lehre entscheidend beteiligt als auch von der Durchdringung durch die Reformation mit am Stärksten betroffen. Doch zunächst sieht es nicht unbedingt danach aus. Zwar gibt es auch im „Land am Meer" Kritik an Privilegien der Kirche, da manche Geistliche diese zu wirtschaftlichen Vorteilen missbrauchen. Zwar versucht bereits Herzog Bogislaw X. durch eine landesherrliche Kirchenherrschaft die Macht des Bistums Cammin einzugrenzen;
doch zentrales Ziel der Greifenherzöge ist die Abschüttelung aller brandenburgischen Ansprüche durch die eigene Reichsunmittelbarkeit. Da diese nur durch den Kaiser des Heiligen Römischen Reiches verliehen werden kann, sehen sich Bogislaw X. und seine Nachfolger Philipp I. und Barnim IX. zur Loyalität mit Kaiser und römischer Kirche verpflichtet. Das Wormser Edikt von 1521, in dem Martin Luther geächtet und seine Schriften verboten werden, wird daher auch in Pommern verkündet. Die Versammlung der protestantischen Reichsstände in Speyer 1529 findet ohne die Greifenherzöge statt. Doch während sie nach außen die Ablehnung der neuen Lehre demonstrieren, halten sich die Herzöge im Inneren auffällig zurück. In religiöse Auseinandersetzungen greifen sie nur ein, wenn es zu Unruhen kommt.

Dass diese Auseinandersetzungen zugunsten der Lutheraner entschieden werden, liegt insbesondere an Johannes Bugenhagen. Der 1485 in Wollin geborene Geistliche leitet ab 1517 eine Schule am Kloster Belbuck bei Treptow, die sich zu einer theologischen Ideenschmiede entwickelt. Bugenhagen, der 1518 im Auftrag des Herzogs das erste pommersche Geschichtsbuch, die Pomerania, vorlegt, kommt 1520 mit Luthers Schrift „Über die babylonische Gefangenschaft der Kirche" in Berührung. Von diesem Werk zeigt er sich so beeindruckt, dass er nach Wittenberg reist, um bei Luther seine theologischen Studien fortzusetzen. „Doctor Pomoranus" nennt Luther seinen pommerschen Mitstreiter, der zu einem der drei wichtigsten Reformatoren neben Philipp Melanchthon und Luther selbst wird. So sind die reformierten Kirchenordnungen Lübecks, Braunschweigs und Hamburgs das Werk Bugenhagens.
Das Bistum Cammin erweist sich einen Bärendienst, als es Bugenhagens Wittenberg-Reise nutzen will, um dessen theologisches Umfeld zu schwächen. Die Verhaftung des Treptower Stadtpfarrers Johann Kureke zieht zwar tatsächlich eine Zerstreuung des Treptow-Belbucker-Kreises nach sich, doch in der Folge verteilen sich die Bugenhagen-Schüler auf die pommerschen Städte und setzen dort nach und nach die neue Lehre durch. Die Städte ziehen in Eigenregie Kirchen- und Klosterbesitz ein. Das Bistum wird so entmachtet, aber keine landesweite Organisation an dessen Stelle gesetzt. Der Sieg der Reformation führt dadurch zu mitunter chaotischen Zuständen. Schließlich sehen sich auch die Herzöge zum Handeln gezwungen.

1531 wird Pommern wieder geteilt. Dieser fast schon übliche Vorgang bringt jedoch eine epochale Neuerung. Für die Teilherzogtümer werden zwar die alten Namen verwendet, die Linie zwischen Wolgast und dem südöstlich davon gelegenen Stettin wird aber nicht mehr durch die Südküste des Haffs markiert. Stattdessen sollen die Flüsse Swine und Randow nun die Grenze zwischen Pommern-Wolgast und Pommern-Stettin sein. Damit wird erstmals ein Westteil Pommerns von einem Ostteil abgegrenzt, später wird man von Vorpommern und Hinterpommern sprechen. 1534 laden beide Teilherrscher zum Landtag. Dass dieser in Treptow stattfindet und Bugenhagen eingeladen ist, zeigt schon vorab die Entschlossenheit Philipps I. und Barnims IX. zum Umsteuern in ihrer Religionspolitik.
Der Landtag beschließt die Einführung der Reformation in ganz Pommern. Bugenhagen schreibt im Auftrag der Greifenherzöge eine neue Kirchenordnung. 1535 tritt diese in Pommern mit Ausnahme Stralsunds (das eine eigene lutherische Kirchenordnung schon eingeführt hat) in Kraft, im gleichen Jahr treten die Greifenherzöge dem protestantischen Schmalkaldischen Bund bei. Die Kirchenhoheit des Landesherrn, die eine Evangelische Landeskirche mit sich bringt, stärkt den Herzog im Vergleich zu früher als mächtigen und eigenständigen Territorialherren. Der theologische Umsturz hat ihnen den seit Jahrhunderten erstrebten weltlichen Zugriff auf geistlichen Besitz und kirchliches Personal ermöglicht. Andererseits birgt die konfessionelle Spaltung des Reichs eine Gefahr für das militärisch wenig ausgebaute Land. Es deutet sich bereits zu dieser Zeit an, dass ein großer Religionskrieg verheerende Folgen für Pommern hätte. Ein knappes Jahrhundert lässt sich dieser noch vermeiden.

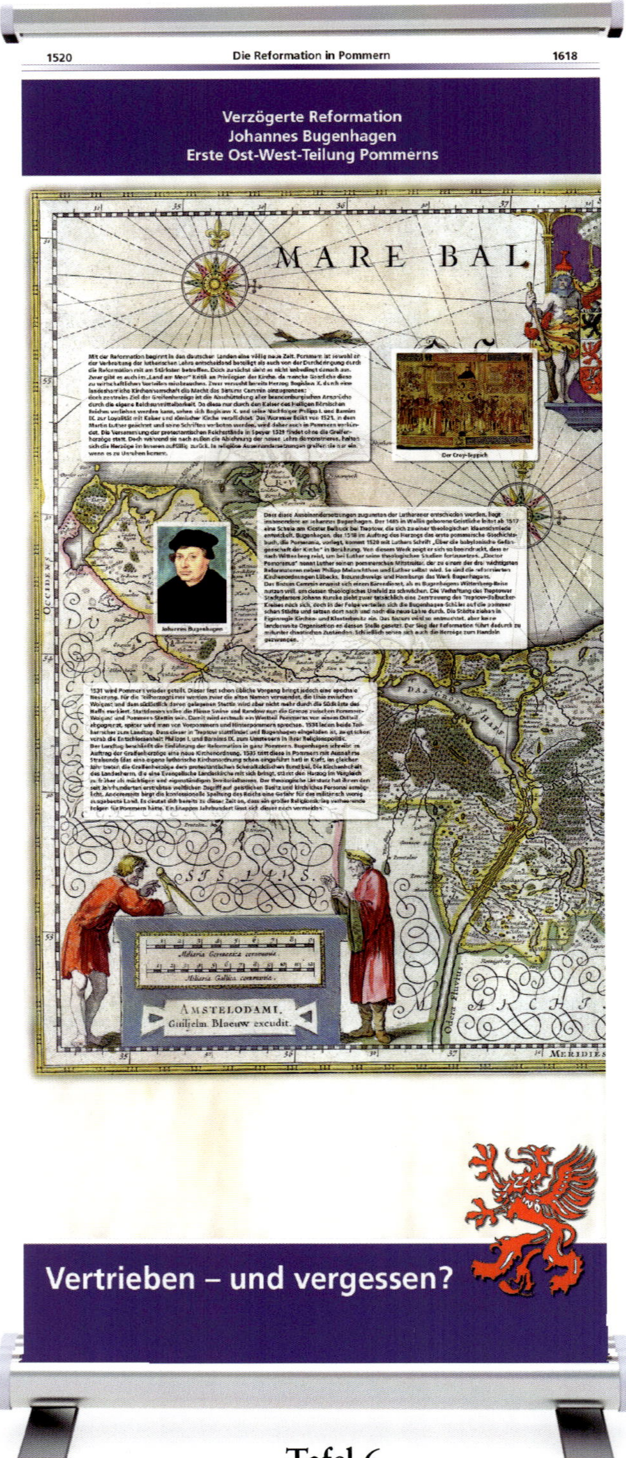
1520
Die Reformation in Pommern
1618
Verzögerte Reformation
Johannes Bugenhagen
Erste Ost-West-Teilung Pommerns
MARE BAL
Der Croy-Teppich
Johannes Bugenhagen
AMSTELODAMI,
Guiljelm. Blaeuw excudit.
Vertrieben – und vergessen?

Tafel 6

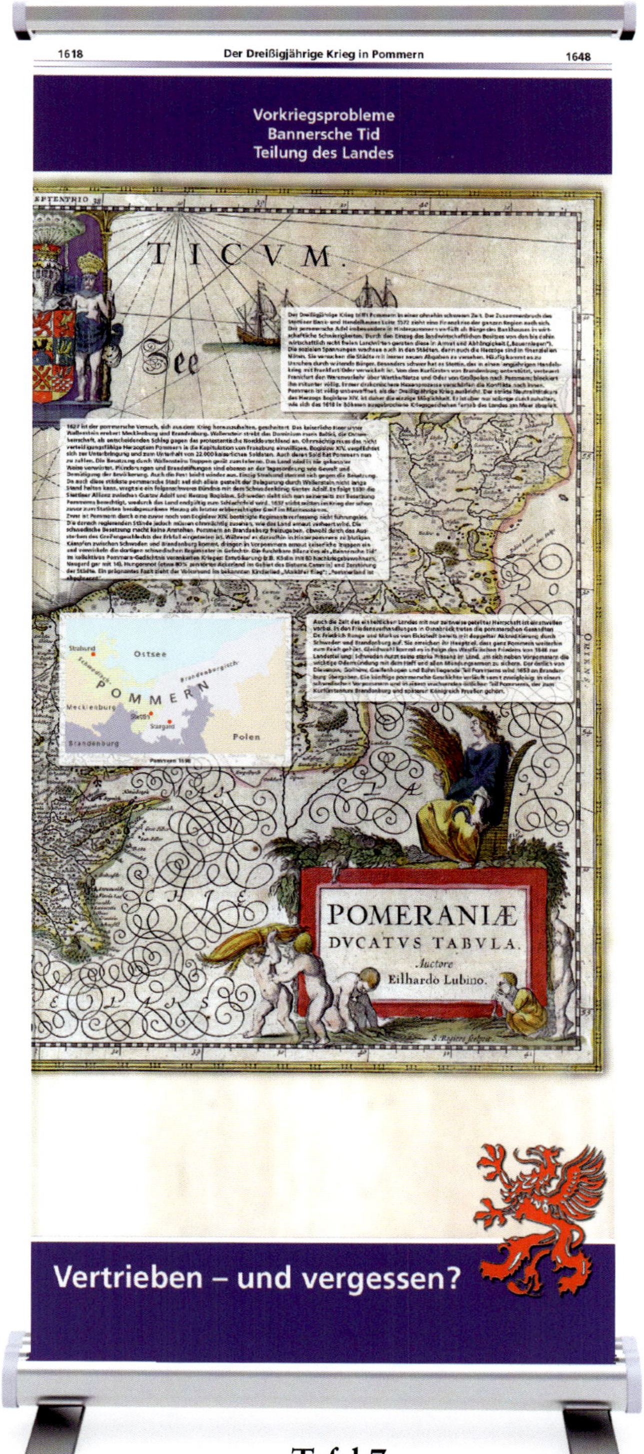

1618 Der Dreißigjährige Krieg in Pommern 1648

Vorkriegsprobleme
Bannersche Tid
Teilung des Landes

TICVM.

See

Ostsee

POMMERN

Mecklenburg

Brandenburg

Polen

POMERANIÆ
DVCATVS TABVLA.
Auctore
Eilhardo Lubino.

Vertrieben – und vergessen?

Tafel 7

Der Dreißigjährige Krieg trifft Pommern in einer ohnehin schweren Zeit. Der Zusammenbruch des Stettiner Bank- und Handelhauses Loitz 1572 zieht eine Finanzkrise der ganzen Region nach sich. Der pommersche Adel insbesondere in Hinterpommern verfällt als Bürge des Bankhauses in wirtschaftliche Schwierigkeiten. Durch den Einzug des landwirtschaftlichen Besitzes von den bis dahin wirtschaftlich recht freien Landwirten geraten diese in Armut und Abhängigkeit („Bauernlegen“). Die sozialen Spannungen wachsen auch in den Städten, denn auch die Herzöge sind in finanziellen Nöten. Sie versuchen die Städte mit immer neuen Abgaben zu versehen. Häufig kommt es zu Unruhen durch wütende Bürger. Besonders schwer hat es Stettin, das in einen langjährigen Handelskrieg mit Frankfurt/Oder verwickelt ist. Von den Kurfürsten von Brandenburg unterstützt, verteuert Frankfurt den Warenverkehr über Warthe/Netze und Oder von Großpolen nach Pommern; blockiert ihn mitunter völlig. Immer drakonischere Hexenprozesse verschärfen die Konflikte nach innen. Pommern ist völlig unbewaffnet, als der Dreißigjährige Krieg ausbricht. Der strikte Neutralitätskurs des Herzogs Bogislaw XIV. ist daher die einzige Möglichkeit. Er ist aber nur solange durchzuhalten, wie sich das 1618 in Böhmen ausgebrochene Kriegsgeschehen fernab des Landes am Meer abspielt.

1627 ist der pommersche Versuch, sich aus dem Krieg herauszuhalten, gescheitert. Das kaiserliche Heer unter Wallenstein erobert Mecklenburg und Brandenburg. Wallenstein strebt das Dominium maris Baltici, die Ostseeherrschaft, als entscheidenden Schlag gegen das protestantische Norddeutschland an. Ohnmächtig muss das nicht verteidigungsfähige Herzogtum Pommern in die Kapitulation von Franzburg einwilligen. Bogislaw XIV. verpflichtet sich zur Unterbringung und zum Unterhalt von 22.000 kaiserlichen Soldaten. Auch deren Sold hat Pommern nun zu zahlen. Die Besatzung durch Wallensteins Truppen gerät zum Inferno. Das Land wird in nie gekannter Weise verwüstet. Plünderungen und Brandstiftungen sind ebenso an der Tagesordnung wie Gewalt und Demütigung der Bevölkerung. Auch die Pest bricht wieder aus. Einzig Stralsund stemmt sich gegen die Besatzung. Da auch diese stärkste pommersche Stadt auf sich allein gestellt der Belagerung durch Wallenstein nicht lange Stand halten kann, wagt sie ein folgenschweres Bündnis mit dem Schwedenkönig Gustav Adolf. Es folgt 1630 die Stettiner Allianz zwischen Gustav Adolf und Herzog Bogislaw. Schweden sieht sich nun seinerseits zur Besetzung Pommerns berechtigt, wodurch das Land endgültig zum Schlachtfeld wird. 1637 stirbt mitten im Krieg der schon zuvor zum Statisten herabgesunkene Herzog als letzter erbberechtigter Greif im Mannesstamm.

Zwar ist Pommern durch eine zuvor noch von Bogislaw XIV. bestätigte Regimentsverfassung nicht führungslos. Die danach regierenden Stände jedoch müssen ohnmächtig zusehen, wie das Land erneut verheert wird. Die schwedische Besatzung macht keine Anstalten, Pommern an Brandenburg freizugeben, obwohl durch das Aussterben des Greifengeschlechts der Erbfall eingetreten ist. Während es daraufhin in Hinterpommern zu blutigen Kämpfen zwischen Schweden und Brandenburg kommt, dringen in Vorpommern erneut kaiserliche Truppen ein und verwickeln die dortigen schwedischen Regimenter in Gefechte. Die furchtbare Bilanz des als „Bannersche Tid“ im kollektiven Pommern-Gedächtnis verankerten Krieges: Entvölkerung (z.B. Köslin mit 80 Nachkriegsbewohnern, Naugard gar mit 14), Hungersnot (etwa 80% zerstörtes Ackerland im Gebiet des Bistums Cammin) und Zerstörung der Städte. Ein prägnantes Fazit zieht der Volksmund im bekannten Kinderlied „Maikäfer flieg“: „Pommerland ist abgebrannt“.

Auch die Zeit des einheitlichen Landes mit nur zeitweise geteilter Herrschaft ist einstweilen vorbei. In den Friedensverhandlungen in Osnabrück treten die pommerschen Gesandten Dr. Friedrich Runge und Markus von Eickstedt bereits mit doppelter Akkreditierung durch Schweden und Brandenburg auf. Sie erreichen ihr Hauptziel, dass ganz Pommern weiterhin zum Reich gehört. Gleichwohl kommt es in Folge des Westfälischen Friedens von 1648 zur Landesteilung: Schweden nutzt seine starke Präsenz im Land, um sich neben Vorpommern die wichtige Odermündung mit dem Haff und allen Mündungsarmen zu sichern. Der östlich von Dievenow, Gollnow, Greifenhagen und Bahn liegende Teil Pommerns wird 1653 an Brandenburg übergeben. Die künftige pommersche Geschichte verläuft somit zweigleisig: In einem schwedischen Vorpommern und in einem wachsenden östlichen Teil Pommerns, der zum Kurfürstentum Brandenburg und späteren Königreich Preußen gehört.

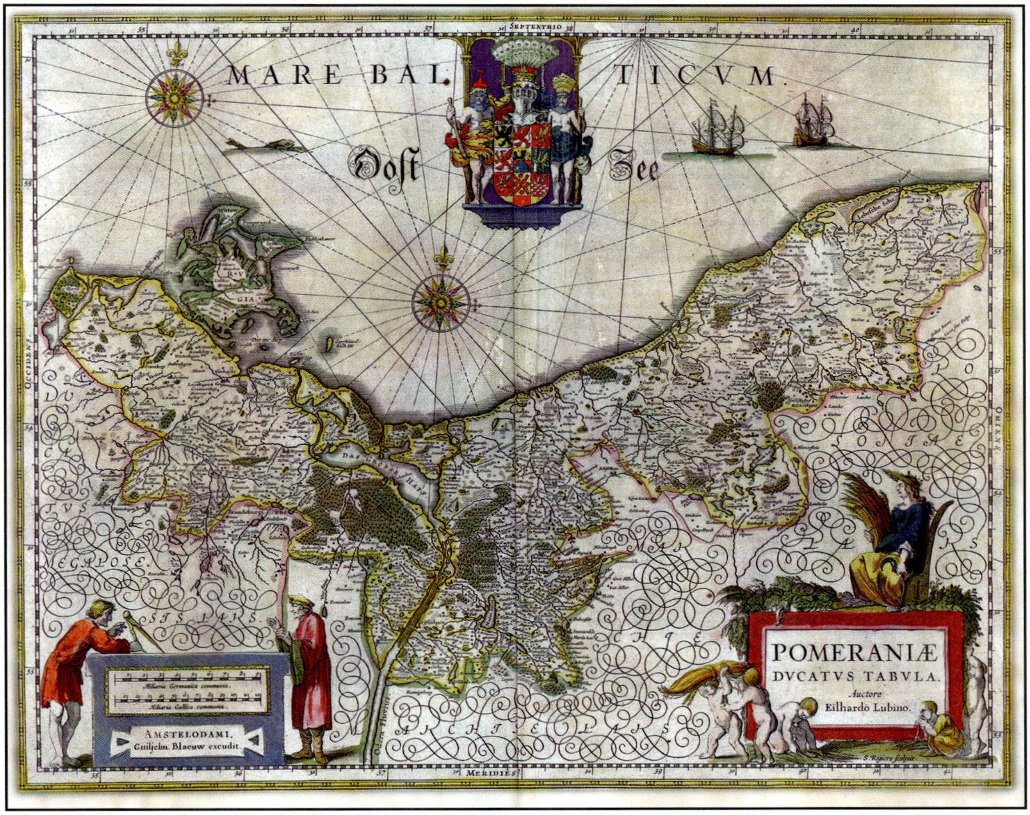

Aus Tafel 6 und 7: Pommern im 17. Jahrhundert.

Die Besatzung durch Wallensteins Truppen gerät zum Inferno, das Land wird in nie gekannter Weise verwüstet. Plünderungen und Brandstiftungen sind ebenso an der Tagesordnung wie Gewalt und Demütigung der Bevölkerung, auch die Pest bricht aus. Einzig Stralsund stemmt sich gegen die Besetzung. Da aber auch die stärkste pommersche Stadt auf sich allein gestellt der Belagerung durch Wallenstein nicht lange standhalten kann, wagt sie ein folgenschweres Bündnis mit dem Schwedenkönig Gustav Adolf, das 1630 in die Stettiner Allianz zwischen Gustav Adolf und Bogislaw XIV. mündet. Schweden sieht sich nun seinerseits zur „Rettung des Protestantismus“ neben sicherlich auch vorhandenen strategischen Erwägungen zur Besetzung Pommerns berechtigt, wodurch das Land endgültig zum Schlachtfeld wird. 1637 stirbt dann mitten im Krieg der schon zuvor zum Statisten herabgesunkene Pommernherzog als letzter erbberechtigter Greif im Mannesstamm. Während es daraufhin in Hinterpommern zu blutigen Kämpfen zwischen Schweden und Brandenburg kommt, dringen in Vorpommern erneut kaiserliche Truppen ein und verwickeln die dortigen schwedischen Regimenter in schwere Gefechte.

Die furchtbare Bilanz des als „Bannersche Tid“ im kollektiven Pommern-Gedächtnis verankerten Krieges: völlige Entvölkerung, Städte wie z.B. Köslin mit 80 Nachkriegsbewohnern oder Naugard mit 14 Überlebenden sind de facto ausgestorben, schlimme Hungersnot durch bis zu 80 Prozent zerstörtes Ackerland und Zerstörung der Städte. Ein prägnantes Fazit zieht der Volksmund im bekannten Kinderlied „Maikäfer flieg“: „Pommerland ist abgebrannt“.

Zu Tafel 8: Schwedisch-Pommern

Der Volksmund hätte noch ergänzen können: Pommerland ist aufgeteilt. Denn die schwedische Besatzung macht keine Anstalten, das Land freizugeben, obwohl durch das Aussterben des Greifengeschlechts der Erbfall eingetreten ist und Pommern de jure in Gänze an den brandenburgischen Kurfürsten fallen müsste. Schweden nutzt jedoch seine starke militärische Präsenz in Pommern, um sich infolge des Westfälischen Friedens von 1648 neben Vorpommern die wichtige Odermündung mit dem Haff und allen Mündungsarmen zu sichern. Nur der östlich von Dievenow, Gollnow, Greifenhagen und Bahn liegende Teil Pommerns wird 1653 von der schwedischen Besatzung an Brandenburg übergeben. Die künftige pommersche Geschichte verläuft somit zweigleisig: in einem schwedischen Vorpommern und in einem östlichen Teil Pommerns, der zum Kurfürstentum Brandenburg und später zum Königreich Preußen gehört.

Doch gehört Vorpommern im 17. und 18. Jahrhundert wirklich zu Schweden? Diese Frage ist schwerer zu beantworten, als es auf den ersten Blick scheint. Zwar übt ein Generalgouverneur aus dem schwedischen Adel im Auftrag des schwedischen Königs die Landesherrschaft aus, gleichwohl ist Pommern aus zwei Gründen kein vollwertiger Teil des schwedischen Königreiches. Zum einen bleibt das Land Teil des Heiligen Römischen Reiches Deutscher Nation, der Schwedenkönig erhält das Territorium in der aus dem Mittelalter überlieferten Form eines Lehens vom Kaiser verliehen.

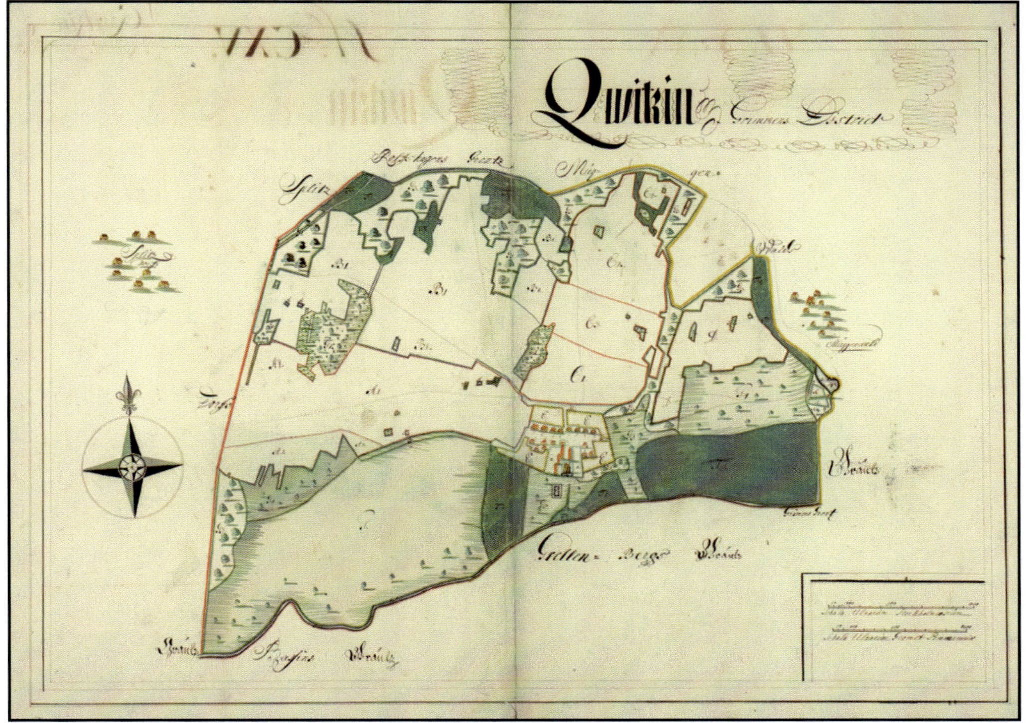

Aus Tafel 8: Karte der schwedischen Landvermessung in Quitzin (Vorpommern) von 1696. **Quelle: Landesarchiv Greifswald**

Der Schwedenkönig nimmt als Reichsfürst den vorherigen Rang des Greifenherzogs ein und vertritt Pommern auf Reichstagen. Auch die Gerichtsbarkeit unterliegt dem Reichsrecht: Höchstes Gericht für die schwedischen Besitzungen im Reich wird 1653 das Oberappellationsgericht in Wismar,

Aus Tafel 8: Ernst Moritz Arndt

kein Pommer wird je vor ein schwedisches Gericht gestellt. Zum anderen gelingt es dem einheimischen Adel in Schwedisch-Pommern, seine Machtstellung aus der Endphase der Greifenherrschaft in die neue Zeit hinüberzuretten. Die 1663 nach langen Verhandlungen verabschiedete Landesverfassung für Schwedisch-Pommern bestätigt die alten Rechte der Landstände. Die Ritterschaft auf dem Land und die Bürger in den Städten stellen die Abgeordneten des Landtages und die Landräte. In der Verwaltung sind bis auf den Generalgouverneur nur Einheimische tätig, große ständische Freiheiten genießt der pommersche Adel in der Schwedenzeit zudem in Bereichen wie Gerichtsbarkeit, Polizei oder Kirche. Das ändert sich auch nicht, als sich 1680 im schwedischen Mutterland der Absolutismus durchsetzt. Die im Auftrag des Schwedenkönigs Karl XI. von schwedischen Fachleuten durchgeführte pommersche Landvermessung von 1692 bis 1709 schafft zwar einen hochmodernen kartographischen Überblick, den ersten dieser Art in ganz Deutschland, den eigentlichen Zweck der Vermessung, die Festlegung einer Grundsteuer anhand des neuen Kartenmaterials, kann der König aber nicht durchsetzen. Für die Bauern ist diese recht schwache Position des Landesherrn nicht vorteilhaft. Während im absolutistischen preußischen Pommern das „Bauernlegen“ verboten wird, geraten im schwedischen Teil immer mehr Landwirte in Leibeigenschaft. Gegen die Unfreiheit der Bauern protestiert unter anderem der auf Rügen geborene Ernst Moritz Arndt. Arndt studiert und lehrt in der Schwedenzeit an der Greifswalder Universität, die auch heute noch seinen Namen trägt.

Gehört Pommern im 17. und 18. Jahrhundert zu Schweden? Diese Frage ist schwerer zu beantworten, als es auf den ersten Blick scheint. Gewiss, seit der Stettiner Allianz von 1630 und spätestens seit dem Westfälischen Frieden stehen weite Teile des Landes unter schwedischer Herrschaft. Ein Generalgouverneur aus dem schwedischen Adel übt im Auftrag des schwedischen Königs die Landesherrschaft aus. Gleichwohl ist Pommern aus zwei Gründen nicht wirklich Teil des schwedischen Königreichs. Zum einen bleibt das Land Teil des Heiligen Römischen Reiches Deutscher Nation, der Schwedenkönig erhält das Territorium in der aus dem Mittelalter überlieferten Form eines Lehens vom Kaiser verliehen. Der Schwedenkönig nimmt als Reichsfürst den vorherigen Rang des Greifenherzogs ein und vertritt dadurch seinen Teil Pommerns auch im obersächsischen Reichskreis und auf Reichstagen. Auch die Gerichtsbarkeit unterliegt dem Reichsrecht. Höchstes Gericht für die schwedischen Besitzungen im Reich wird 1653 das Oberappellationsgericht in Wismar. Kein Pommer wird vor ein schwedisches Gericht gestellt.

Zum anderen gelingt es dem Adel in Schwedisch-Pommern, seine Machtstellung aus der Endphase der Greifenherrschaft in die neue Zeit hinüberzuretten. Die 1663 nach langen Verhandlungen verabschiedete Landesverfassung für Schwedisch-Pommern bestätigt die alten Rechte der Landstände. Die Ritterschaft auf dem Land und die Bürger in den Städten stellen die Abgeordneten des Landtages und die Landräte. In der Verwaltung sind bis auf den Generalgouverneur nur Einheimische tätig. Große ständische Freiheiten genießt der pommersche Adel in der Schwedenzeit zudem in Bereichen wie Gerichtsbarkeit, Polizei oder Kirche. Das ändert sich auch nicht, als sich 1680 im bis dahin ebenfalls vom Adel dominierten Schweden der Absolutismus durchsetzt. Die von König Karl XI. gegen den pommerschen Adel durchgesetzte Landvermessung durch schwedische Fachleute von 1692 bis 1709 schafft zwar einen hochmodernen kartographischen Überblick, den ersten dieser Art in ganz Deutschland. Den eigentlichen Zweck der Vermessung, die Festlegung der Grundsteuer anhand des neuen Kartenmaterials, kann der König aber nicht durchsetzen. Für die Bauern ist die recht schwache Position des Landesherrn nicht vorteilhaft. Während im absolutistischen preußischen Pommern das „Bauernlegen" verboten wird, geraten im schwedischen Teil immer mehr Landwirte in Leibeigenschaft. Gegen die Unfreiheit der Bauern protestiert unter anderem der auf Rügen geborene Ernst Moritz Arndt. Arndt studiert und lehrt in der Schwedenzeit an der Greifswalder Universität, die auch heute noch seinen Namen trägt.

Während der Zeit, in der Schweden einen Teil Pommerns beherrscht, verringert sich sein Anteil am Lande mehrfach. Da die Jahrzehnte nach 1648 vom Aufstieg Brandenburg/Preußens zur Großmacht geprägt sind, verschiebt sich die Grenze immer weiter nach Westen. Schon 1678 gelingt es dem Großen Kurfürsten Friedrich Wilhelm, die Schweden aus ganz Pommern zu vertreiben. In den Friedensverhandlungen im Folgejahr aber muss er sich auf Druck des Kaisers mit dem Gewinn des zuvor schwedischen Streifens rechts von Oder, Haff und Dievenow zufrieden geben. Im Nordischen Krieg, dessen enorme Verheerungen in Pommern teilweise die Schrecken des Dreißigjährigen Krieges übertreffen, gelingt es dem ersten preußischen König, Friedrich I., die gesamte Odermündung mit Usedom und Wollin zu gewinnen. 1720 wird damit auch Stettin preußisch, Schweden bleibt das nordwestliche Vorpommern mit Stralsund und Greifswald. 1806, im Jahr der Auflösung des Heiligen Römischen Reiches Deutscher Nation, erklärt König Gustav IV. Adolf diese Region zu einer schwedischen Provinz. Nur ein Jahr später erobern die Franzosen das Land. Nun ist Schwedisch-Pommern zur Verhandlungsmasse geworden. 1810 gibt Frankreich es im Gegenzug zum Beitritt Schwedens zur Kontinentalsperre an Stockholm zurück, das die Region in den Befreiungskriegen mit Dänemark gegen Norwegen tauscht. Auf dem Wiener Kongress 1815 schließlich kauft Preußen Vorpommern nördlich der Peene Schweden und Dänemark ab. Damit endet die lange Zeit der populären Schwedenherrschaft recht unrühmlich.

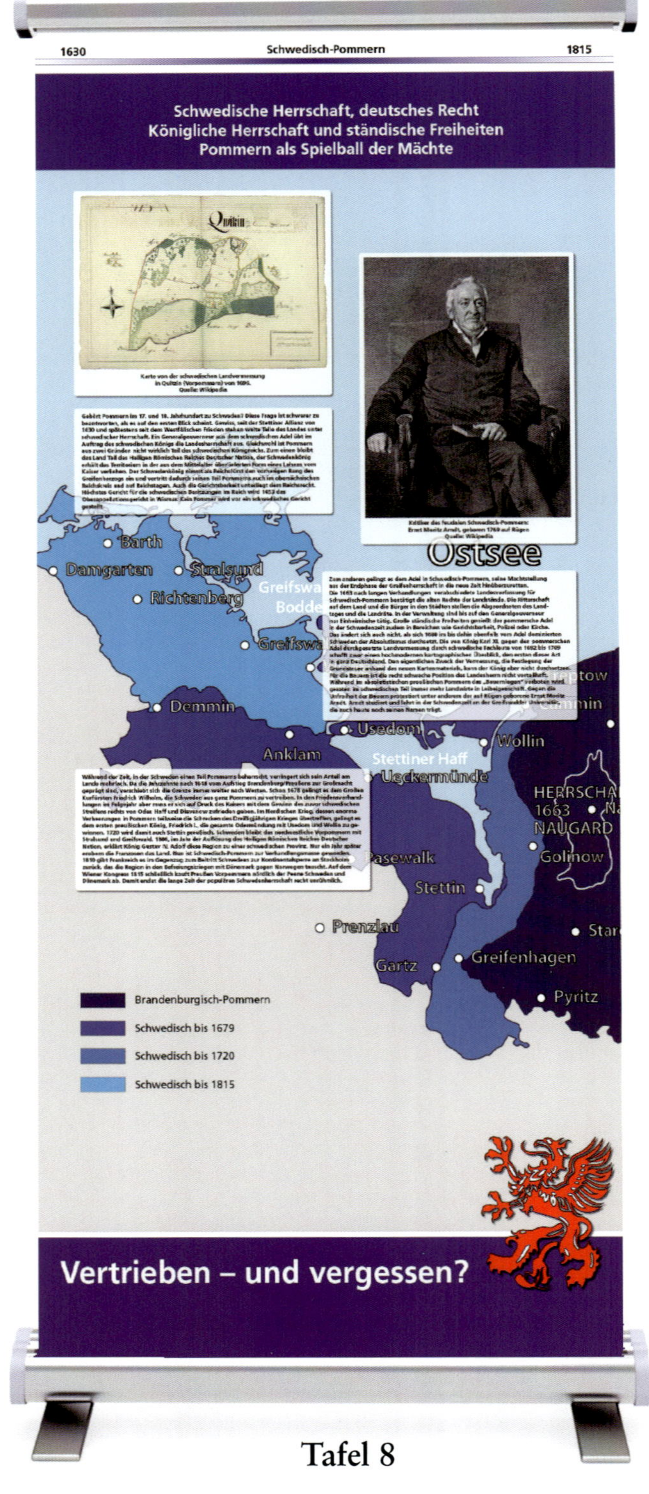

1630
Schwedisch-Pommern
1815
Schwedische Herrschaft, deutsches Recht
Königliche Herrschaft und ständische Freiheiten
Pommern als Spielball der Mächte
Ostsee
Barth
Damgarten
Stralsund
Richtenberg
Greifswald
Demmin
Usedom
Anklam
Wollin
Stettiner Haff
Ueckermünde
Golnow
Stettin
Prenzlau
Greifenhagen
Gartz
Pyritz
Brandenburgisch-Pommern
Schwedisch bis 1679
Schwedisch bis 1720
Schwedisch bis 1815
Vertrieben – und vergessen?

Tafel 8

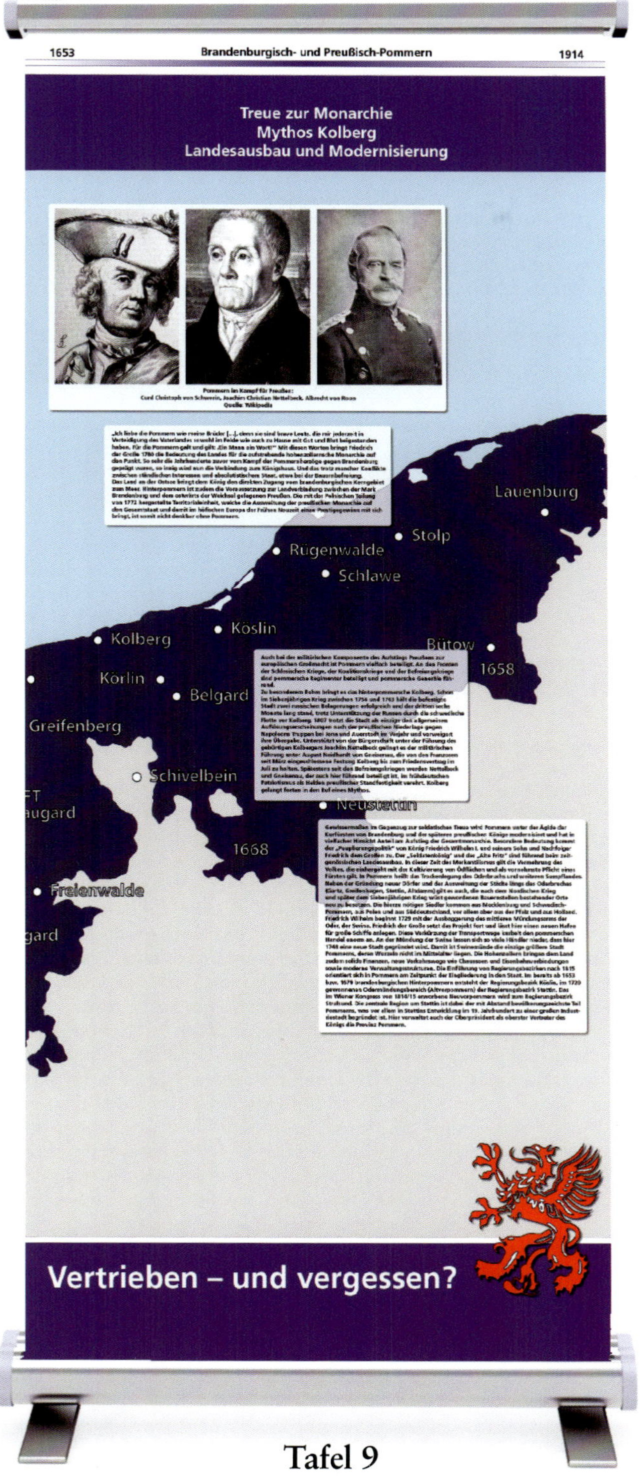
1653
Brandenburgisch- und Preußisch-Pommern
1914
Treue zur Monarchie
Mythos Kolberg
Landesausbau und Modernisierung
Pommern im Kampf für Preußen:
Curd Christoph von Schwerin, Joachim Christian Nettelbeck, Albrecht von Roon
Quelle: Wikipedia
Lauenburg
Stolp
Rügenwalde
Schlawe
Köslin
Kolberg
Bütow
1658
Körlin
Belgard
Greifenberg
Schivelbein
Neustettin
1668
Freienwalde
Vertrieben – und vergessen?

Tafel 9

„Ich liebe die Pommern wie meine Brüder [...], denn sie sind brave Leute, die mir jederzeit in Verteidigung des Vaterlandes sowohl im Felde wie auch zu Hause mit Gut und Blut beigestanden haben. Für die Pommern galt und gilt: ‚Ein Mann ein Wort!'" Mit diesen Worten bringt Friedrich der Große 1780 die Bedeutung des Landes für die aufstrebende hohenzollernsche Monarchie auf den Punkt. So sehr die Jahrhunderte zuvor vom Kampf der Pommernherzöge gegen Brandenburg geprägt waren, so innig wird nun die Verbindung zum Königshaus. Und das trotz mancher Konflikte zwischen ständischen Interessen und absolutistischem Staat, etwa bei der Bauernbefreiung. Das Land an der Ostsee bringt dem König den direkten Zugang vom brandenburgischen Kerngebiet zum Meer. Hinterpommern ist zudem die Voraussetzung zur Landverbindung zwischen der Mark Brandenburg und dem ostwärts der Weichsel gelegenen Preußen. Die mit der Polnischen Teilung von 1772 hergestellte Territorialeinheit, welche die Ausweitung der preußischen Monarchie auf den Gesamtstaat und damit im höfischen Europa der Frühen Neuzeit einen Prestigegewinn mit sich bringt, ist somit nicht denkbar ohne Pommern.

Auch bei der militärischen Komponente des Aufstiegs Preußens zur europäischen Großmacht ist Pommern vielfach beteiligt. An den Fronten der Schlesischen Kriege, der Koalitionskriege und der Befreiungskriege sind pommersche Regimenter beteiligt und pommersche Generäle führend. Zu besonderem Ruhm bringt es das hinterpommersche Kolberg. Schon im Siebenjährigen Krieg zwischen 1756 und 1763 hält die befestigte Stadt zwei russischen Belagerungen erfolgreich und der dritten sechs Monate lang stand, trotz Unterstützung der Russen durch die schwedische Flotte vor Kolberg. 1807 trotzt die Stadt als einzige den allgemeinen Auflösungserscheinungen nach der preußischen Niederlage gegen Napoleons Truppen bei Jena und Auerstedt im Vorjahr und verweigert ihre Übergabe. Unterstützt von der Bürgerschaft unter der Führung des gebürtigen Kolbergers Joachim Nettelbeck gelingt es der militärischen Führung unter August Neidhardt von Gneisenau, die von den Franzosen seit März eingeschlossene Festung Kolberg bis zum Friedensvertrag im Juli zu halten. Spätestens seit den Befreiungskriegen werden Nettelbeck und Gneisenau, der auch hier führend beteiligt ist, im frühdeutschen Patriotismus als Helden preußischer Standfestigkeit verehrt. Kolberg gelangt fortan in den Ruf eines Mythos.

Gewissermaßen im Gegenzug zur soldatischen Treue wird Pommern unter der Ägide der Kurfürsten von Brandenburg und der späteren preußischen Könige modernisiert und hat in vielfacher Hinsicht Anteil am Aufstieg der Gesamtmonarchie. Besondere Bedeutung kommt der „Peuplierungspolitik" von König Friedrich Wilhelm I. und seinem Sohn und Nachfolger Friedrich dem Großen zu. Der „Soldatenkönig" und der „Alte Fritz" sind führend beim zeitgenössischen Landesausbau. In dieser Zeit des Merkantilismus gilt die Vermehrung des Volkes, die einhergeht mit der Kultivierung von Ödflächen und als vornehmste Pflicht eines Fürsten gilt. In Pommern heißt das Trockenlegung des Oderbruchs und weiteren Sumpflandes. Neben der Gründung neuer Dörfer und der Ausweitung der Städte längs des Oderbruches (Gartz, Greifenhagen, Stettin, Altdamm) gilt es auch, die nach dem Nordischen Krieg und später dem Siebenjährigen Krieg wüst gewordenen Bauernstellen bestehender Orte neu zu besetzen. Die hierzu nötigen Siedler kommen aus Mecklenburg und Schwedisch-Pommern, aus Polen und aus Süddeutschland, vor allem aber aus der Pfalz und aus Holland. Friedrich Wilhelm beginnt 1729 mit der Ausbaggerung des mittleren Mündungsarms der Oder, der Swine. Friedrich der Große setzt das Projekt fort und lässt hier einen neuen Hafen für große Schiffe anlegen. Diese Verkürzung der Transportwege kurbelt den pommerschen Handel enorm an. An der Mündung der Swine lassen sich so viele Händler nieder, dass hier 1748 eine neue Stadt gegründet wird. Damit ist Swinemünde die einzige größere Stadt Pommerns, deren Wurzeln nicht im Mittelalter liegen. Die Hohenzollern bringen dem Land zudem solide Finanzen, neue Verkehrswege wie Chausseen und Eisenbahnverbindungen sowie moderne Verwaltungsstrukturen. Die Einführung von Regierungsbezirken nach 1815 orientiert sich in Pommern am Zeitpunkt der Eingliederung in den Staat. Im bereits ab 1653 bzw. 1679 brandenburgischen Hinterpommern entsteht der Regierungsbezirk Köslin, im 1720 gewonnenen Odermündungsbereich (Altvorpommern) der Regierungsbezirk Stettin. Das im Wiener Kongress von 1814/15 erworbene Neuvorpommern wird zum Regierungsbezirk Stralsund. Die zentrale Region um Stettin ist dabei der mit Abstand bevölkerungsreichste Teil Pommerns, was vor allem in Stettins Entwicklung im 19. Jahrhundert zu einer großen Industriestadt begründet ist. Hier verwaltet auch der Oberpräsident als oberster Vertreter des Königs die Provinz Pommern.

Zu Tafel 9: Brandenburgisch- und Preußisch-Pommern

Während der Zeit, in der Schweden einen Teil Pommerns beherrscht, verringert sich sein Anteil am Lande mehrfach. Da die Jahrzehnte nach 1648 vom Aufstieg Brandenburg-Preußens zur Großmacht geprägt sind, verschiebt sich die Grenze zwischen schwedischem Vorpommern und brandenburgischem Hinterpommern immer weiter nach Westen. Schon 1678 gelingt es dem Großen Kurfürsten Friedrich Wilhelm, die Schweden zunächst

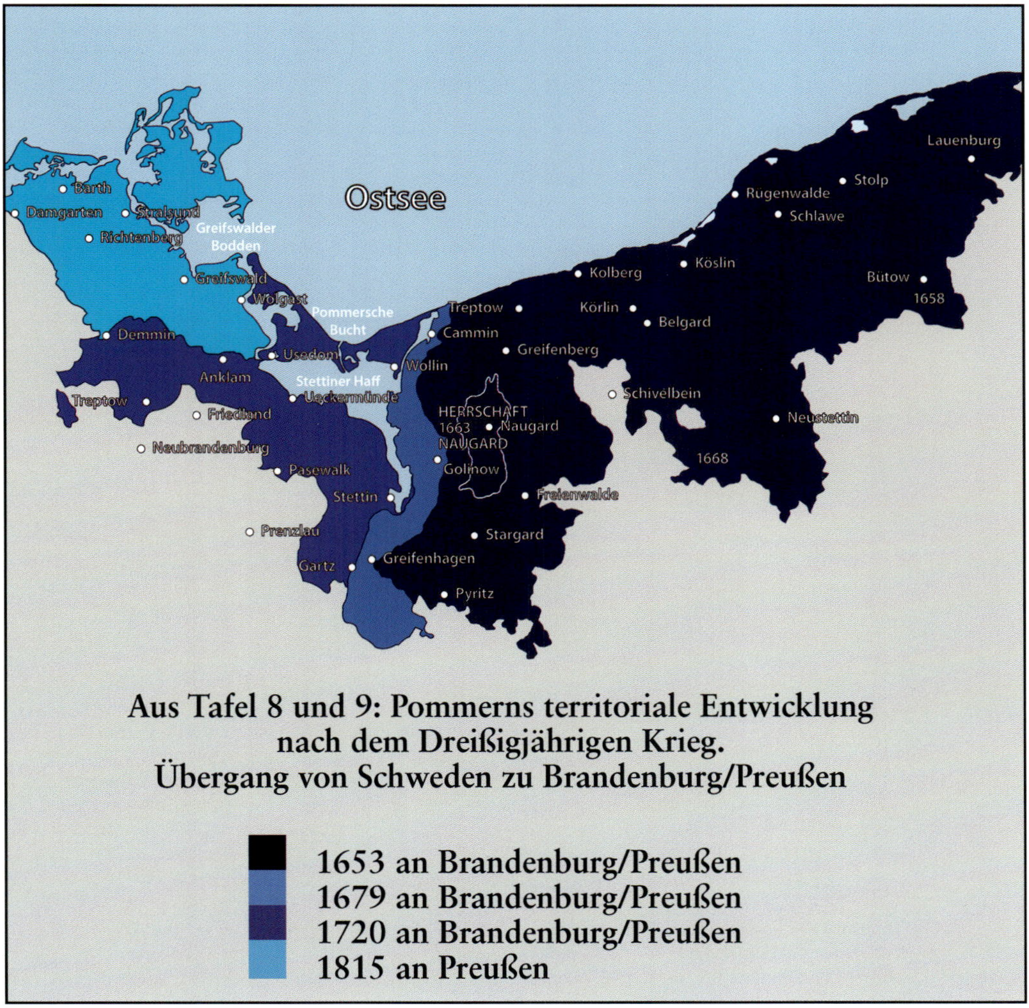

Aus Tafel 8 und 9: Pommerns territoriale Entwicklung nach dem Dreißigjährigen Krieg. Übergang von Schweden zu Brandenburg/Preußen

1653 an Brandenburg/Preußen
1679 an Brandenburg/Preußen
1720 an Brandenburg/Preußen
1815 an Preußen

aus ganz Pommern zu vertreiben. In den Friedensverhandlungen im Folgejahr muss er sich aber auf Druck des Kaisers mit dem Gewinn des zuvor schwedischen Brückenkopfs rechts von Oder, Haff und Dievenow zufrieden geben. Im Nordischen Krieg, dessen enorme Verheerungen in Pommern die Schrecken des Dreißigjährigen Krieges wiederholen und teilweise noch übertreffen, gelingt es dann dem ersten preußischen König, Friedrich I., die gesamte Odermündung mit Usedom und Wollin für Brandenburg-Preußen zu gewinnen. 1720 wird damit auch Stettin preußisch. Schweden bleibt jetzt nur noch das nordwestliche Vorpommern mit Stralsund und Greifswald, während die Hohenzollern zunehmend auch emotional mit dem Land Pommern verbunden sind, trotz mancher Konflikte zwischen ständischen Interessen der Einheimischen und dem absolutistischen preußischen Staat. Das Land an der Ostsee bringt dem brandenburgischen Kurfürsten den direkten Zugang vom märkischen Kerngebiet zum Meer. Hinterpommern ist zudem die Landverbindung zwischen Brandenburg und dem ostwärts der Weichsel gelegenen Preußen und damit für die Entstehung und Festigung des Königreichs aus den beiden Wurzeln Mark Brandenburg und Herzogtum Preußen unverzichtbar. Die mit der ersten Polnischen Teilung von 1772 vollständig hergestellte Territorialeinheit im Osten, welche die Ausweitung der preußischen Monarchie auf den Gesamtstaat und damit im höfischen Europa der frühen Neuzeit einen enormen Prestigegewinn mit sich bringt, ist somit ohne Pommern nicht denkbar.

Aus Tafel 9: Curd Christoph von Schwerin aus Anklam, einer der bedeutendsten Generäle Friedrichs des Großen

Gewissermaßen im Gegenzug wird Pommern unter der Ägide der Kurfürsten von Brandenburg und der späteren preußischen Könige modernisiert und hat in

vielfacher Hinsicht Anteil am Aufstieg der Gesamtmonarchie. Besondere Bedeutung hat die „Peuplierungspolitik“ von König Friedrich Wilhelm I. und seinem Sohn Friedrich dem Großen. Der „Soldatenkönig“ und der „Alte Fritz“ sind führend beim zeitgenössischen Landesausbau. In dieser Zeit des Merkantilismus gilt die Vermehrung der Bevölkerung, die einhergeht mit der Kultivierung von Ödflächen, als vornehmste Pflicht eines Fürsten. In Pommern bedeutet das Trockenlegung des Oderbruchs und weiteren Sumpflandes. Neben der Gründung neuer Dörfer und Ausweitung der Städte längs des Oderbruches (Gartz, Greifenhagen, Stettin oder Altdamm) gilt es auch die nach dem Nordischen Krieg und später dem Siebenjährigen Krieg wüst gewordenen Bauernstellen bestehender Orte neu zu besetzen. Die hierzu nötigen Siedler kommen aus Mecklenburg und Schwedisch-Pommern, aus Polen und aus Süddeutschland, vor allem aber aus der Pfalz und aus Holland. Friedrich Wilhelm I. beginnt 1729 mit der Ausbaggerung des mittleren Mündungsarms der Oder, der Swine. Friedrich der Große setzt das Projekt fort und lässt hier einen neuen Hafen für große Schiffe anlegen. Diese Verkürzung der Transportwege kurbelt den pommerschen Handel enorm an. An der Mündung der Swine lassen sich so viele Händler nieder, dass hier 1748 eine neue Stadt gegründet wird. Damit ist Swinemünde die einzige größere Stadt Pommerns, deren Wurzeln nicht im Mittelalter liegen. Die Hohenzollern bringen dem Land zudem solide Finanzen, neue Verkehrswege wie Chausseen und Eisenbahnverbindungen sowie moderne Verwaltungsstrukturen. Die Pommern danken es dem Königshaus mit soldatischer Treue und Tapferkeit. An den Fronten der Schlesischen Kriege, der Koalitionskriege und der Befreiungskriege sind pommersche Regimenter beteiligt und pommersche Generäle führend. Zu besonderem Ruhm bringt

Aus Tafel 9: Joachim Christian Nettelbeck

es das hinterpommersche Kolberg. Schon im Siebenjährigen Krieg zwischen 1756 und 1763 hält die befestigte Stadt zwei russischen Belagerungen erfolgreich und der dritten sechs Monate lang stand, trotz Unterstützung der Russen durch die schwedische Flotte vor Kolberg. 1807 trotzt die Stadt als Einzige den allgemeinen Auflösungserscheinungen nach der preußischen Niederlage gegen Napoleons Truppen bei Jena und Auerstedt im Vorjahr und verweigert ihre Übergabe. Unterstützt von der Bürgerschaft unter der Führung des gebürtigen Kolbergers Joachim Nettelbeck gelingt es der militärischen Führung unter August Neidhardt von Gneisenau, die von den Franzosen seit März eingeschlossene Festung Kolberg bis zum Friedensvertrag im Juli zu halten. Spätestens seit den Befreiungskriegen werden Nettelbeck und Gneisenau, der auch hier führend beteiligt ist, im frühdeutschen Patriotismus als Helden preußischer Standfestigkeit verehrt.

Während des Kampfes um Kolberg ist das schwedische Vorpommern bereits in französischer Hand und zur Verhandlungsmasse geworden. 1810 gibt Frankreich es im Gegenzug zum Beitritt Schwedens zu Napoleons Kontinentalsperre gegen England an Stockholm zurück. Schweden wiederum tauscht die Region 1814 mit Dänemark gegen dessen Besitz Norwegen. Auf dem Wiener Kongress kauft schließlich Preußen diesen ihm noch fehlenden Teil Vorpommerns nördlich der Peene Dänemark ab, das das Land gar nicht erst in Besitz genommen hat. Die Übergabe erfolgt direkt von Schweden an Preußen. Damit endet die lange Zeit recht populäre Schwedenherrschaft in Vorpommern. Erstmals seit dem Dreißigjährigen Krieg ist Pommern wieder ungeteilt. Es gehört nun vollständig zu Preußen, das sich nach den Erfahrungen der napoleonischen Hegemonie über Europa nach außen und innen zu festigen sucht. Hierzu gehört auch eine straffe Strukturierung des Gesamtstaates in Provinzen und Regierungsbezirke. Ganz Pommern wird jetzt zu einer preußischen Provinz, unterteilt in drei Regierungsbezirke, die sich am Zeitpunkt der Eingliederung in den Staat orientieren. Im bereits ab 1653 bzw. 1679 brandenburgischen Hinterpommern entsteht der Regierungsbezirk Köslin, im 1720 gewonnenen Odermündungsbereich (Altvorpommern) der Regierungsbezirk Stettin. Das im Wiener Kongress erworbene Neu-

vorpommern wird zum Regierungsbezirk Stralsund. Die zentrale Region um Stettin ist dabei der bevölkerungsreichste Teil Pommerns, was sich durch Stettins Entwicklung im 19. Jahrhundert zu einer großen Industriestadt noch verstärkt. Hier residiert auch der neue Oberpräsident, der künftig als oberster Vertreter des Königs die Provinz Pommern regiert.

Aus Tafel 9: Albrecht von Roon

Als es zwischen 1866 und 1871 zur Entstehung des Deutschen Reiches unter preußischer Führung kommt, ist Pommern ebenfalls beteiligt. Reichsgründer Otto von Bismarck ist durch seine Güter im Kreis Naugard sowie die Kontakte zum pietistischen Kreis um die hinterpommerschen Adelshäuser Thadden und Puttkamer geprägt. Bismarcks wichtigster militärischer Mitstreiter ist der aus der Nähe von Kolberg stammende Albrecht von Roon. In Pommern selbst wird der Nationalstaat nur langsam salonfähig. Führende politische Kraft sind im agrarisch und ständisch geprägten Land die Konservativen, die ursprünglich Gegner eines modernen Nationalstaates sind. Doch unter dem Eindruck der Erfolge Bismarcks sowie des protestantischen und föderalen Charakters des entstehenden Reiches setzen sich hier die Deutschkonservativen, im Gegensatz zu den Altkonservativen Befürworter der Reichsgründung, durch. Pommern wird zur Hochburg der Deutschkonservativen und so zu einem Rückgrat des preußisch-deutschen Reiches. So sehr das Mittelalter vom Kampf der Pommernherzöge gegen Brandenburg geprägt war, so innig ist die Verbindung mit Brandenburg/Preußen in den drei Jahrhunderten nach dem Aussterben der Greifendynastie geworden. Pommern ist im modernen Preußen geradezu ein Kerngebiet der Hohenzollernmonarchie.

Kapitel II

Vorgeschichte der Vertreibung

Die Vertreibung von 15 Millionen Deutschen aus Mittel- und Osteuropa, darunter 1,9 Millionen Pommern, ist ein Kontinuitätsbruch, wie er in der neuen europäischen Siedlungsgeschichte in dieser Dimension ohne Parallele ist. Die Bevölkerungsstruktur und damit auch die kulturelle Landschaft der betroffenen Regionen werden schlagartig, gewaltsam und vollkommen umgestaltet. Wie konnte es dazu kommen?

Es liegt nahe, dass ein derart gravierender Vorgang weder auf einen einzigen Grund zurückzuführen noch allein aus der kurzfristigen Perspektive erklärbar ist. Denn die Grundlagen, die zu der verhängnisvollen Eskalation des 20. Jahrhunderts führen, werden schon ein Jahrhundert zuvor gelegt. Dabei endet ausgerechnet eine Idee, die den Menschen Freiheit und Demokratie bringen soll, in Krieg und Vertreibung.

Zu Tafel 10: Nationalismus im 19. Jahrhundert

Am Anfang stehen geistige Entwicklungen wie die Aufklärung und die Romantik. Zu politischer Wirksamkeit kommen die Ideen der Aufklärung durch die Französische Revolution und die daraus resultierende französische Herrschaft über Europa, die das Alte Reich und seine ständischen Strukturen unwiderruflich unter sich begraben. Zwar ist man sich in den besetzten Gebieten weitgehend einig, Napoleons Herrschaft abschütteln zu wollen, doch wie soll es dann weitergehen? Ein Vordenker in dieser Zeit ist der Pommer Ernst Moritz Arndt, der mit zeitgenössischem Pathos sowohl der Besatzung und Bevormundung durch Napoleon als auch einer Wiederherstellung des absolutistischen Status quo ante eine Absage erteilt:

„Und es sind viele Laster schändlich zu nennen, doch das Schändlichste von allen ist ein knechtischer Sinn. Denn wer die Freiheit verlor, der verlor jede Tugend, und dem zerbrochenen Mut hängen die Schanden sich an."

Tatsächlich lässt sich das Volk durch derartige Appelle und Zugeständnisse, wie sie die Preußischen Reformen bringen, in den Befreiungskriegen zwischen 1813 und 1815 in einer neuen Art und Weise mobilisieren und emotional binden. Die Menschen sind von der gemeinsamen Sache so überzeugt,

dass viele in den Kriegen ihr Leben freiwillig riskieren. Zu großer Bekanntheit gelangt dabei das Freikorps unter Ludwig Adolf Wilhelm von Lützow, das in seinen Uniformen die Farben Schwarz und Gold mit Rot verbindet: Das Lützowsche Freikorps trägt schwarze Uniformen mit roten Abzeichen, dazu goldene Messingknöpfe.

Auch wenn nach 1815 zunächst eine Restauration der vorrevolutionären Zustände angestrebt wird, so scheint klar, dass die alte Ordnung Europas ins Wanken geraten ist. Zahlreiche Vordenker gerade in deutschen Landen haben den Boden einer neuen Zeit bereitet. Neben Arndt heißen sie Johann Gottfried Herder und Johann Gottlieb Fichte, Friedrich-Ludwig Jahn und Heinrich Luden. Sie sehen nicht mehr die Territorialherrschaft von Dynastien und Adelshäusern als die von Gott gegebene Ordnung an. Vielmehr „entdecken" diese Dichter und Denker „das Volk". Als natürliche Einheit soll jedes Volk künftig selbst über seine Geschicke bestimmen und nicht mehr von zufälligen Herrschern unterjocht werden. Ein Volk wird in diesen Theorien insbesondere durch eine gemeinsame Sprache und Kultur definiert. So äußert der polnische Protagonist der Aufklärung Hugo Kołłątaj 1808, dass darauf zu achten sei, dass *„der Regierende und der Regierte sich verstehen und ein und derselben Sprache bedienen"* müssten. Kołłątaj gibt keine Antwort darauf, was mit denen passiert, die nicht die Sprache der Regierenden sprechen. Bei Heinrich Luden klingt an, was das im kulturell heterogenen Mitteleuropa konsequent zu Ende gedacht bedeuten würde:

„Einmal könnte man die Bürger eines fremden Volkstums über die Naturmarken unseres Staates entfernen und auf diese Weise unseren Staat reinigen; zweitens könnte man versuchen, [...] die Eigentümlichkeit der fremden Bürger in unserer Eigentümlichkeit aufzulösen. Das Erste aber würde schrecklich sein und unmenschlich! Wohin sollte man dann die Unglücklichen vertreiben, wenn man auch genug Gewalt hätte und von ihren Volksgenossen keine Rache befürchten dürfte?"

Luden verwirft die Vertreibung als grausam, und im Völkerfrühling des frühen 19. Jahrhunderts werden diese Gedanken nicht weiter verfolgt.

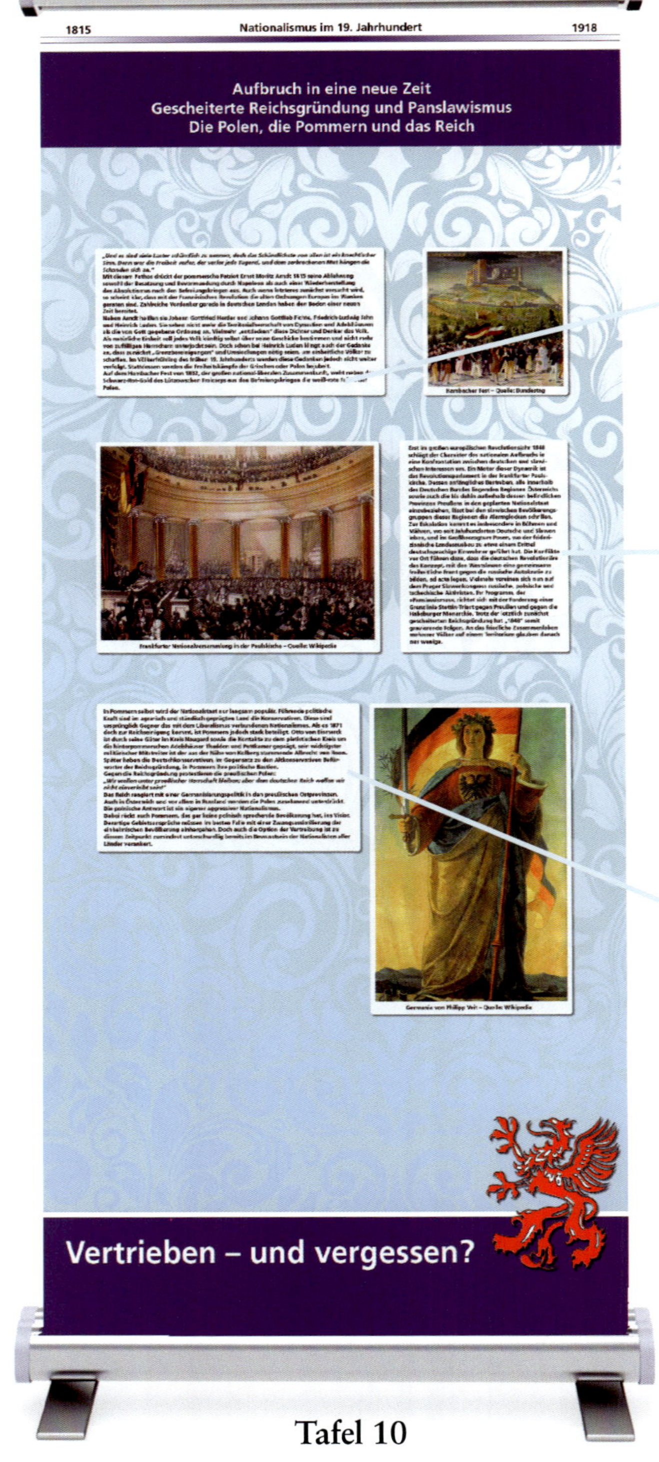
1815
Nationalismus im 19. Jahrhundert
1918
Aufbruch in eine neue Zeit
Gescheiterte Reichsgründung und Panslawismus
Die Polen, die Pommern und das Reich
Vertrieben – und vergessen?

Tafel 10

„Und es sind viele Laster schändlich zu nennen, doch das Schändlichste von allen ist ein knechtischer Sinn. Denn wer die Freiheit verlor, der verlor jede Tugend, und dem zerbrochenen Mut hängen die Schanden sich an."

Mit diesem Pathos drückt der pommersche Patriot Ernst Moritz Arndt 1815 seine Ablehnung sowohl der Besatzung und Bevormundung durch Napoleon als auch einer Wiederherstellung des Absolutismus nach den Befreiungskriegen aus. Auch wenn letzteres zunächst versucht wird, so scheint klar, dass mit der Französischen Revolution die alten Ordnungen Europas ins Wanken geraten sind. Zahlreiche Vordenker gerade in deutschen Landen haben den Boden einer neuen Zeit bereitet.

Neben Arndt heißen sie Johann Gottfried Herder und Johann Gottlieb Fichte, Friedrich-Ludwig Jahn und Heinrich Luden. Sie sehen nicht mehr die Territorialherrschaft von Dynastien und Adelshäusern als die von Gott gegebene Ordnung an. Vielmehr „entdecken" diese Dichter und Denker das Volk. Als natürliche Einheit soll jedes Volk künftig selbst über seine Geschicke bestimmen und nicht mehr von zufälligen Herrschern unterjocht sein. Doch schon bei Heinrich Luden klingt auch der Gedanke an, dass zunächst „Grenzbereinigungen" und Umsiedlungen nötig seien, um einheitliche Völker zu schaffen. Im Völkerfrühling des frühen 19. Jahrhunderts werden diese Gedanken jedoch nicht weiter verfolgt. Stattdessen werden die Freiheitskämpfe der Griechen oder Polen bejubelt.

Auf dem Hambacher Fest von 1832, der großen national-liberalen Zusammenkunft, weht neben dem Schwarz-Rot-Gold des Lützowschen Freicorps aus den Befreiungskriegen die weiß-rote Fahne der Polen.

Erst im großen europäischen Revolutionsjahr 1848 schlägt der Charakter des nationalen Aufbruchs in eine Konfrontation zwischen deutschen und slawischen Interessen um. Ein Motor dieser Dynamik ist das Revolutionsparlament in der Frankfurter Paulskirche. Dessen anfängliches Bestreben, alle innerhalb des Deutschen Bundes liegenden Regionen Österreichs sowie auch die bis dahin außerhalb dessen befindlichen Provinzen Preußens in den geplanten Nationalstaat einzubeziehen, lässt bei den slawischen Bevölkerungsgruppen dieser Regionen die Alarmglocken schrillen. Zur Eskalation kommt es insbesondere in Böhmen und Mähren, wo seit Jahrhunderten Deutsche und Slawen leben, und im Großherzogtum Posen, wo der friderizianische Landesausbau zu etwa einem Drittel deutschsprachige Einwohner geführt hat. Die Konflikte vor Ort führen dazu, dass die deutschen Revolutionäre das Konzept, mit den Westslawen eine gemeinsame freiheitliche Front gegen die russische Autokratie zu bilden, ad acta legen. Vielmehr vereinen sich nun auf dem Prager Slawenkongress russische, polnische und tschechische Aktivisten. Ihr Programm, der »Panslawismus«, richtet sich mit der Forderung einer Grenzlinie Stettin-Triest gegen Preußen und gegen die Habsburger Monarchie. Trotz der letztlich zunächst gescheiterten Reichsgründung hat „1848" somit gravierende Folgen. An das friedliche Zusammenleben mehrerer Völker auf einem Territorium glauben danach nur wenige.

In Pommern selbst wird der Nationalstaat nur langsam populär. Führende politische Kraft sind im agrarisch und ständisch geprägten Land die Konservativen. Diese sind ursprünglich Gegner des mit dem Liberalismus verbundenen Nationalismus. Als es 1871 doch zur Reichseinigung kommt, ist Pommern jedoch stark beteiligt. Otto von Bismarck ist durch seine Güter im Kreis Naugard sowie die Kontakte zu dem pietistischen Kreis um die hinterpommerschen Adelshäuser Thadden und Puttkamer geprägt, sein wichtigster militärischer Mitstreiter ist der aus der Nähe von Kolberg stammende Albrecht von Roon. Später haben die Deutschkonservativen, im Gegensatz zu den Altkonservativen Befürworter der Reichsgründung, in Pommern ihre politische Bastion.

Gegen die Reichsgründung protestieren die preußischen Polen:

„Wir wollen unter preußischer Herrschaft bleiben; aber dem deutschen Reich wollen wir nicht einverleibt sein!"

Das Reich reagiert mit einer Germanisierungspolitik in den preußischen Ostprovinzen. Auch in Österreich und vor allem in Russland werden die Polen zunehmend unterdrückt. Die polnische Antwort ist ein eigener aggressiver Nationalismus. Dabei rückt auch Pommern, das gar keine polnisch sprechende Bevölkerung hat, ins Visier. Derartige Gebietsansprüche müssen im besten Falle mit einer Zwangsassimilierung der einheimischen Bevölkerung einhergehen. Doch auch die Option der Vertreibung ist zu diesem Zeitpunkt zumindest unterschwellig bereits im Bewusstsein der Nationalisten aller Länder verankert.

Stattdessen werden die Freiheitskämpfe der Griechen 1821 und der Polen 1831 bejubelt. Auf dem Hambacher Fest von 1832, der großen nationalliberalen Zusammenkunft der Deutschen, weht neben dem Schwarz-Rot-Gold des Lützowschen Freikorps, das nach 1815 die Jenaer Burschenschaft übernommen hat, die weiß-rote Fahne der Polen. Wie die deutschen sind auch die polnischen Nationalliberalen in der schwierigen Lage, nicht von einem bereits feststehenden Territorium ausgehen zu können. Ihre Nation muss jeweils erst geschaffen und nicht wie in Frankreich „nur" demokratisch umgestaltet werden. Wie sich die studentische Jugend in den deutschen Landen gegen die Kleinstaaterei wendet, richten sich die polnischen Kommilitonen gegen die Teilung in drei fremde Staaten. Während die Deutschen einen gemeinsamen Staat *„so weit die deutsche Zunge klingt"* (Ernst Moritz Arndt) erstreben, wird ein polnischer Nationalstaat zunächst in den Grenzen vor der ersten polnischen Teilung propagiert – das würde Pommern nicht betreffen. Doch neben diesem klassischen Nationalismus breiten sich zunehmend kühnere Konzeptionen aus, die den jeweils eigenen Staat nicht nur ethnisch homogen, sondern auch größtmöglich konzipieren. Auf polnischer Seite entsteht die Idee, sich als Verbindung zwischen den Meeren (od morza do morza) zu konzipieren, so wie es Ludwik Bystrzonowski 1836 in der in Paris erscheinenden polnischen Emigrantenzeitung Trzeci Maj umreißt: Ostsee im Norden, Dnepr im Osten, Schwarzes Meer im Süden und der Oderlauf im Westen, nachdem bereits Kołłątaj 1808 feststellt, dass das neue Polen an die Oder grenzen müsse, da diese Deutsche und Slawen teile. Da sind Konflikte vorprogrammiert, wie sich an Äußerungen wie des polnischen Militärs Ignacy Pradzinski zeigt, der 1828 fordert, Preußen im Zusammengehen mit Zar Alexander I. zu besiegen, weil sämtliche Teile Preußens an Ostsee und Oder *„Hauptgegenstand unserer strategischen Kombinationen und unserer Anstrengungen"* seien und *„die Besetzung des gesamten Landes zwischen dem Königreich Polen und Ostsee"* nötig sei. Massenwirksam treten die aus Gebietsansprüchen resultierenden Konflikte im großen europäischen Revolutionsjahr 1848 deutlich hervor.

Zug zum Hambacher Fest. Teilkolorierte Federzeichnung von 1832.

„1848 war das Geburtsjahr des Nationalismus in Mitteleuropa, wie 1789 das Entstehungsjahr des französischen Nationalismus gewesen war“, fasst der aus Prag stammende amerikanische Historiker Hans Kohn prägnant zusammen. Der ursprünglich verbindende Charakter des nationalen und freiheitlichen Aufbruchs schlägt in eine Konfrontation zwischen deutschen und slawischen Interessen um. Ein Motor dieser Dynamik ist das Revolutionsparlament in der Frankfurter Paulskirche. Dessen anfängliches Bestreben, alle innerhalb des Deutschen Bundes liegenden Regionen Österreichs sowie auch die bis dahin außerhalb befindlichen Provinzen Preußens in den geplanten Nationalstaat einzubeziehen, lässt bei den slawischen Bevölkerungsgruppen dieser Regionen die Alarmglocken schrillen. Zur Eskalation kommt es insbesondere in Böhmen und Mähren, wo seit Jahrhunderten Deutsche und Tschechen leben, und im Großherzogtum Posen, wo der friderizianische Landesausbau neben den polnischsprachigen Bewohnern zu etwa einem Drittel Deutschen geführt hat. Hier und auch in Westpreußen hat die deutsche Einwanderung des 18. Jahrhunderts, anders als Jahrhunderte zuvor bei der Entwicklung des pommerschen Volkes, nicht zur Verschmelzung („Neustammbildung“) von Autochthonen und Einwanderern geführt. Stattdessen stehen sich an der Warthe und am Unterlauf der

Weichsel deutschgesinnte und deutschfeindliche Teile der Bevölkerung mit feindlicher Grenzkampfmentalität gegenüber. Diese und weitere regionale Konflikte, etwa zwischen dem madjarischen Nationalismus der Ungarn und diversen slawischen Volksgruppen, führen dazu, dass neben die individuellen Nationalstaatsziele der Polen, Tschechen oder Südslawen die Idee tritt, einen engen Bund aller slawischen Völker zu knüpfen. Dieser „Panslawismus“ richtet sich mit der Forderung einer westlichen Grenzlinie Stettin-Triest gegen Preußen und gegen die Habsburger Monarchie. Wortreich schlägt der tschechische Aktivist František Palacký die Einladung zur Teilnahme an der Frankfurter Nationalversammlung aus. Stattdessen beruft Palacký einen slawischen Kongress ein, der sich am 2. Juni 1848 in Prag versammelt. Unter den 341 Delegierten sehen sich die Polen in einer Führungsrolle, was Hans Kohn mit dem Teilungstrauma in Verbindung bringt: *„Das Gefühl schwerer Bedrohung durch Gewalt von außen und zentrifugale Kräfte im Innern bereiteten den Boden für den polnischen messianischen Slawismus.“* Die radikalste Form dieses polnischen Panslawismus wird schließlich jedes Gebiet westlich des polnischen Siedlungsraumes, in dem es jemals Slawen gegeben hat, beanspruchen. Obwohl die deutsche und sämtliche slawische Staatsgründungen zunächst scheitern, hat „1848“ somit gravierende Folgen: An das friedliche Zusammenleben mehrerer Völker auf einem Territorium glauben danach nur noch wenige.

Gegen die 1871 dann doch erfolgte Gründung eines Deutschen Reiches mit allen preußischen Provinzen protestieren die preußischen Polen: *„Wir wollen unter preußischer Herrschaft bleiben; aber dem deutschen Reich wollen wir nicht einverleibt sein!“* Ihre Befürchtungen scheinen sich in der Folge zu bestätigen: Das Reich betreibt im Schulwesen und in der Siedlungsförderung eine zunehmend restriktive Minderheitenpolitik in seinen Ostprovinzen. Die allgegenwärtige und als unauflösbar geltende deutsch-französische „Erbfeindschaft“ steht auch bei dieser von der deutsch-französischen Grenze denkbar weit entfernten Entwicklung Pate: Anders als bei der zerbrochenen Freundschaft deutscher und polnischer Nationalisten hat sich das Band zwischen Franzosen und Polen seit der gemeinsam

erlebten Revolutionswelle nach 1830 eher noch verstärkt. Während Deutsche und Polen aufgrund der mitteleuropäischen Siedlungsstruktur und des Prinzips des ethnisch homogenen Nationalstaates in einen Interessengegensatz geraten müssen, sind die Interessen Frankreichs mit denen der nationalpolnischen Bewegung in Preußen identisch. Bereits 1863 stellt der spätere Reichskanzler Otto von Bismarck nüchtern fest: *„Polens Unabhängigkeit ist gleichbedeutend mit einer starken französischen Armee in der Weichselposition ... Die Erneuerung des französischen Übergewichts auf dem Kontinent [wird] durch die Wiederherstellung Polens noch leichter gemacht als durch die Vergrößerung Frankreichs am Rhein. Wir können den Rhein nicht halten, wenn wir Polen im Rücken haben."*

Das Territorium der polnisch-litauischen Rzeczpospolita unmittelbar vor der ersten Teilung im Jahre 1772

/////// Herzogtum Preußen (bis 1657 unter polnischer Lehnsoberhoheit)

Quelle: Rohland Gehrke „Der polnische Westgedanke bis zur Wiedererrichtung des polnischen Staates nach Ende des Ersten Weltkrieges", Verlag Herder-Institut Marburg 2001

Bismarck, mit prophetischer Gabe die Ereignisse von 1919–1923 vorwegnehmend, muss also aus seiner Sicht aus Gründen der Staatsräson die polnische Kultur in Posen und Westpreußen möglichst klein halten. Die Regierung steht zudem unter starkem Druck einflussreicher nationalistischer Kreise in der Bevölkerung. Nachdem „der Lotse" Bismarck 1890 von Bord gehen muss, gewinnen diese Kräfte im Staat die Oberhand, was auch zu einer aggressiveren „Ostmarkenpolitik" seiner Nachfolger – Einschränkung des polnischen Sprachgebrauchs, finanzielle Zulagen für deutsche Siedler und Verwaltungsbeamte in Posen und Westpreußen, Ausweisung aller nicht-preußischen Polen von dort – führt. In Wechselwirkung dazu kommt es zu immer größeren virtuellen Gebietsansprüchen der polnischen Seite für den Fall einer Staatsgründung Polens. Die Argumentationsmuster *„wegen unserer Unterdrückung müssen möglichst viele Regionen zu einem polnischen Staat kommen"* und *„wegen der polnischen Gebietsansprüche müssen wir sie unterdrücken"* führen in eine Eskalationsspirale. In dieser Gemengelage verstärken Teile der nationalpolnischen Bewegung ihren starken Westdrang und propagieren: *„Armselig wäre das künftige Polen […] ohne Posen, […] ohne Schlesien, ohne Zugang zum Meer und also ohne Danzig und Königsberg. Diese Provinzen […] sind die Grundbedingungen für das Bestehen des polnischen Staates."* (Johann Polawski „Liga Polska" in der Lemberger Zeitschrift „Allpolnische Rundschau" 1899. Zitiert nach Arnold Georg: Gustav Stresemann und die Problematik der deutschen Ostgrenzen, Frankfurt a.M. 2000, S. 36).

Passend zur Geschichtsbegeisterung und Geschichtsinstrumentalisierung im nationalistischen Zeitalter werden auch die Namen der Untergruppen des polnischen Nationalismus gewählt. Die ostwärts orientierten nennen sich „Jagellionen", sie wollen territorial an die in der frühen Neuzeit von dieser Dynastie beherrschte Adelsrepublik Polen-Litauen anknüpfen. Für den besonders auf Westexpansion hinarbeitenden Teil der polnischen Nationalbewegung wird hingegen der Begriff „Piasten" etabliert, also der Name jener Könige und Herzöge, die im Mittelalter in Schlesien und anderen westlichen Regionen herrschten – und unter deren Lehnshoheit zeitweilig auch Hinterpommern stand (vgl. Kapitel 1). Daher ist es nur eine Frage der Zeit, bis

auch Pommern, obwohl es nahezu keine polnisch sprechende Bevölkerung (weniger als 0,5 Prozent) hat, in das Visier der Piasten rückt. Hierzu mag nicht zuletzt die zunehmende Attraktivität der Region beigetragen haben: Der seit der Wiedervereinigung Pommerns 1815 einsetzende Prozess des Aufschwungs der Provinz hat sich mit der Gründung des Kaiserreiches 1871 noch einmal beschleunigt, und zwar sowohl in wirtschaftlicher Hinsicht (Industrialisierung, Handel, Landwirtschaft und Fremdenverkehr) als auch in den Bereichen Kultur und Bildung: Die Universität Greifswald hat einen herausragenden Status im Geistesleben des Ostseeraumes erreicht. Stettin, das nun über 100.000 Einwohner zählt, ist längst nicht nur Hafen- und Werftstadt (z.B. Vulcan, Oderwerke u.a.). Hier werden auch Autos, Nähmaschinen und Schreibmaschinen hergestellt.

Das „piastische" Polen unter Boleslaw I. (11. Jahrhundert)
Nur zeitweilig unter polnischer Kontrolle stehende Gebiete:
I: Hinterpommern, II: Lausitz und Milzener Land,
III: Böhmen und Mähren, IV: „Červenische Burgen",
V: Kulmerland und Pomesanien

Quelle: Rohland Gehrke „Der polnische Westgedanke bis zur Wiedererrichtung des polnischen Staates nach Ende des Ersten Weltkrieges", Verlag Herder-Institut Marburg 2001

Zum politischen Sammelbecken der Piasten wird die 1886 gegründete „Liga narodowa“, aus der später die Nationaldemokratische Partei entsteht. Mitbegründer und ideologischer Vordenker ist Roman Dmowski, eigentlich Biologe aus einem Warschauer Vorort, der eine rege publizistische Tätigkeit entfaltet und ab 1907 der polnischen Fraktion in der russischen Duma vorsteht. Die Nationaldemokraten vertreten nicht nur piastische Gebietsansprüche, sondern auch das Prinzip eines ethnisch homogenen Staates, eine Kombination, die bei der Struktur der betroffenen Regionen nur durch massenhafte Zwangsassimilierung denkbar ist – oder eben durch Vertreibung. Die Jagellionen hingegen sind durchaus für multiethnische, eher föderalistische Staatskonzepte offen. Sie werden von Józef Pilsudski angeführt, der im litauischen Wilna aufwächst. Obwohl er 1893 an der Gründung der polnischen Sozialisten beteiligt ist, ist Pilsudski mehr militanter Freiheitskämpfer als Politiker. Da er schnell Russland als Haupthindernis seiner jagellionischen Idee ausmacht, führt er mehrere Aufstände gegen die Teilungsmacht an, bis zu seiner Gefangennahme in Lodz im Jahre 1900. Vier Jahre später gelingt ihm die Flucht ins österreichische Krakau, wo er mit Billigung Wiens polnische Truppen um sich schart und für einen möglichen Krieg gegen Russland militärisch ausbildet.

Zu Tafel 11: Der Erste Weltkrieg und der Versailler Vertrag

Zwei Schüsse in Sarajewo bringen den über deutschem, madjarischem und slawischem Nationalismus brodelnden Kessel Mitteleuropa zum Überlaufen: die Ermordung des österreichisch-ungarischen Thronfolgers Franz Ferdinand und seiner Gemahlin Sophie durch den Serben Gavrilo Princip am 28. Juni 1914. Europa ist zu diesem Zeitpunkt bereits in zwei Blöcke gespalten. Auf der einen Seite die Mittelmächte, das Deutsche Reich, Österreich-Ungarn, Bulgarien und anfangs noch Italien, später auch die Türkei. Auf der anderen Seite die Entente aus Frankreich, Russland und Großbritannien. Zahlreiche Konflikte gibt es zwischen diesen Blöcken, die meisten weit weg von Pommern, im Südosten des Kontinents oder in den Kolonien in Afrika. Doch auch die Provinz an der Ostsee kann sich dem kriegerischen

Konflikt nicht entziehen: Der Mord von Sarajewo löst eine Kettenreaktion aus, die zuerst Europa und am Ende weite Teile der Welt in den Krieg schlittern lässt, in einen Krieg, der heute als die „Urkatastrophe des 20. Jahrhunderts" bezeichnet wird. Der Kriegsverlauf zwischen den Mittelmächten und der Entente ist lange Zeit ausgeglichen und führt vor allem im Westen zum Stellungskrieg.

Der Fortschritt in der Waffentechnik und die erste moderne Mobilisierung von Menschenmassen geben diesem Konflikt eine bis dahin unbekannte Dimension. Hinzu kommt eine zunehmende Eigendynamik, die der österreichisch-ungarische Außenminister Graf Ottokar Czernin später so kommentiert: *„Je weiter der Weltkrieg voranschreitet, desto mehr verliert er den Charakter eines Unternehmens, das von Individuen gelenkt werden könnte. Er nimmt das Wesen eines kosmischen Ereignisses an und löst sich immer mehr von dem Einfluss einzelner Menschen, selbst von dem der mächtigsten."*

Das millionenfache Leid schürt Emotionen und Aversionen in nicht gekanntem Ausmaß. Dazu kann am Ende keiner der zahlreichen Konflikte nachhaltig befriedet werden. Die Entwicklung wird in eine noch größere Katastrophe münden, an deren Ende ganz Europa und auch das alte Pommern in Scherben liegen. Doch zunächst müssen die Pommern wie alle Deutschen in die Schützengräben an den Fronten in West und Ost, die Daheimgebliebenen frieren in den Wintern und hungern das ganze Jahr – vor allem im späteren Kriegsverlauf.

Die Polen, infolge der Teilungen im Deutschen Reich und in Österreich-Ungarn, aber auch in Russland lebend, landen durch den Kriegsausbruch zwischen den Fronten. Diese Konstellation führt zu einer Verstärkung der bereits bestehenden Spaltung untereinander in Piasten und Jagellionen. Im September 1914 überschreitet Pilsudski auf Seiten der Mittelmächte an der Spitze einer Scharfschützenlegion die russische Grenze. Deutschland und

Historisches Vorbild	Piasten	Jagellionen
Führender Kopf	 Roman Dmowski	 Józef Pilsudski
Strategischer Feind	Preußen/Deutschland	Russland
Bündnispartner	Russland, Westmächte	zunächst Mittelmächte, später Westmächte
Expansionsziele	Posen, Westpreußen, Danzig, Ermland, Masuren, Oberschlesien, Teile von Niederschlesien, Teile von Pommern	Litauen, Weißrussland, Wolhynien, Podolien, Ostgalizien
Nationale Identität durch	Ethnische Zugehörigkeit, Katholische Religion	Bekenntnis zum Staat, Loyalität
Umgang mit Minderheiten	(Zwangs-)Assimilierung, „Reslawisierung“, Verdrängung, Vertreibung	Integration, (begrenzte) Autonomie
Politischer Rückhalt	Nationaldemokraten (Narodowa Demokracja)	Zunächst Sozialisten, später Militär, „Sanacja-Bewegung“
Staatsform	Demokratie auf Basis nationaler Zugehörigkeit, Unterdrückung ethnischer Minderheiten (v.a. Juden, Deutsche)	Formelle Demokratie mit autoritären Zügen, Unterdrückung der Opposition
Macht im Staat für	Mehrheitsfraktion im Parlament (=Narodowa Demokracja)	Staatschef, Pilsudski selbst (unabhängig von Amt)

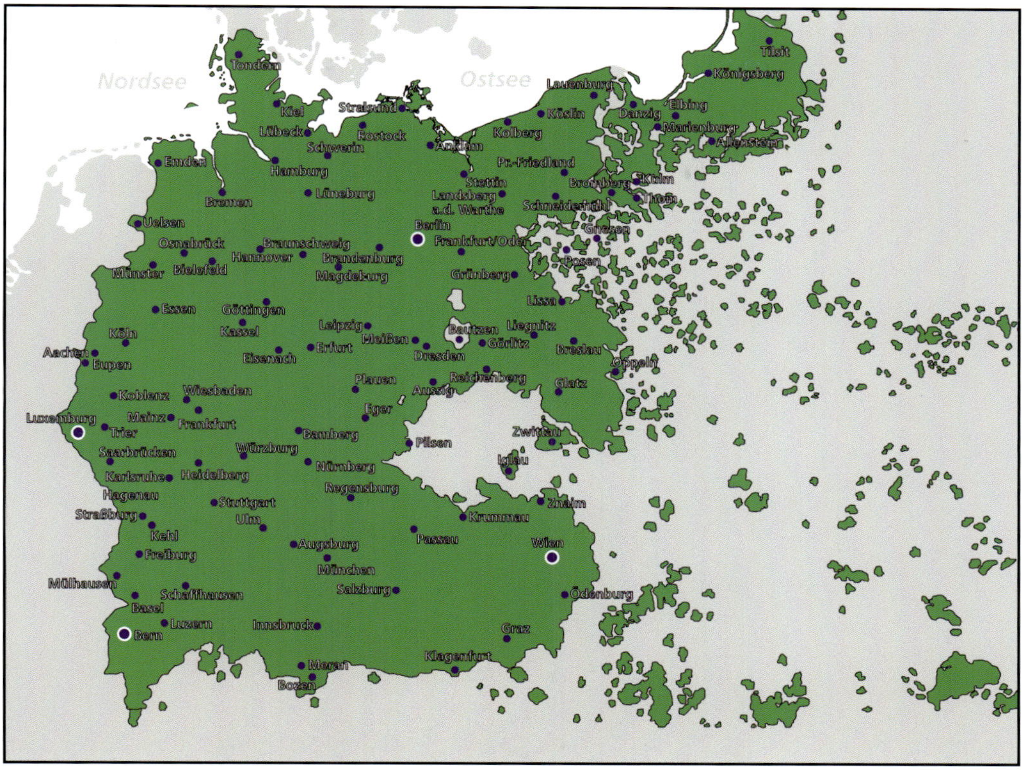

Aus Tafel 11 und 12: Deutsche Siedlungsgebiete in Mitteleuropa zur Zeit des Deutschen Kaiserreiches

Quelle: „Rex Germanus“ aus der englischsprachigen Wikipedia

Österreich „belohnen“ ihn und seine Jagellionen am 5. November 1916 mit der Proklamation eines „Königreichs Polen“ im eroberten russischen Teilungsgebiet. 1917 bilden sie dort eine polnische Regierung, den Regent schaftsrat. Doch nur ein Teil der jagellionischen Polen lassen sich dafür gewinnen, viele fühlen sich für die strategischen Ziele der Mittelmächte missbraucht: Während die Wiener Monarchie eine habsburgische Provinz „Polen“ aus Galizien und dem „Königreich Polen“ anstrebt, plant Berlin einen polnischen Satellitenstaat von Ostpreußen bis Oberschlesien als dem Reich vorgelagerten Sicherheitsgürtel. Im Sommer 1917 kommt es so zum Bruch der Mittelmächte mit Pilsudski, der anschließend in Magdeburg interniert wird. Demgegenüber kämpfen die Piasten entsprechend ihrem Selbstverständnis von Anfang an gegen Deutschland. Roman Dmowski gründet in Lausanne eine eigene Exilregierung, das Polnische Nationalkomitee. Das Komitee verlagert wenig später seinen Sitz nach Paris und versucht die Entente vor Ort vom Nutzen eines großen polnischen Nationalstaates nach Kriegsende zu überzeugen. *„Herr Dmowski liebt Russland nicht, aber er hasst Deutschland"*, stellt man in Paris zufrieden fest und erkennt das Nationalkomitee als „polnische Regierung" an.

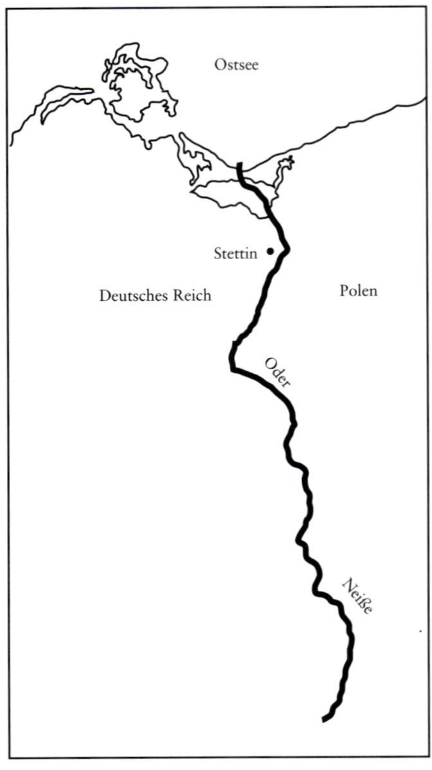

Die polnische Westgrenze („Oder-Neiße-Linie") im Entwurf Boleslaw Jakimiaks (1917)

Quelle: Msciwój Łahoda [d.i. Bolesław Jakimiak]. Zachodnia granica Polski. 2. Aufl., Warschau 1918, S. 58f.)

Im Februar 1917 gibt es durch den Sturz des Zaren, in dessen Folge Russland aus dem Krieg gegen Deutschland ausscheidet, kurzzeitige Erfolgsaussichten für das Deutsche Reich, die mit dem Kriegseintritt der USA wenige Wochen später umso jäher zerstört werden. Mehr Menschen, mehr Geld, mehr Kriegsgerät – gegen die Amerikaner kann man den Krieg nicht gewinnen. Trotzdem sind es die Vereinigten Staaten, auf denen die Hoffnungen der Deutschen ruhen, genauer gesagt auf ihrem Präsidenten Thomas Woodrow Wilson. Wilson fordert einen gerechten Frieden, sein Schlagwort ist das „Selbstbestimmungsrecht" der Völker. Das Deutsche Reich bittet im Oktober 1918 um Waffenstillstand und Friedensverhandlungen. Zudem erkennt Deutschland die „Vierzehn Punkte" an, die der amerikanische Präsident im

Sprachenstatistik im Raum Stettin und in Hinterpommern 1900
(alle Angaben in Prozent)

Landkreis	Deutsch	Polnisch	Kaschubisch/ Masurisch	Zweisprachig
Usedom-Wollin	99,5	0,3	0,02	0,01
Stettin	98,7	0,1	0,001	0,01
Greifenhagen	99,7	0,2	-	0,004
Pyritz	99,2	0,1	0,01	0,01
Saatzig	97,7	0,1	0,004	0,01
Naugard	99,8	0,1	0,002	0,004
Kammin	99,9	0,1	0,01	-
Greifenberg	99,5	0,3	0,01	0,02
Regenwalde	99,7	0,2	0,002	0,004
Schivelbein	99,8	0,1	-	0,03
Dramburg	99,7	0,2	-	0,02
Neustettin	99,8	0,1	-	0,04
Belgard	99,7	0,25	-	0,03
Kolberg	99,1	0,7	0,002	0,1
Köslin	99,5	0,4	0,002	0,02
Bublitz	99,8	0,1	-	0,01
Schlawe	99,7	0,2	-	0,03
Rummelsburg	99,4	0,2	-	0,1
Stadt Stolp	99,7	0,1	0,01	0,1
Land Stolp	99,5	0,3	0,01	0,1
Lauenburg	94,4	4,7	0,4	0,4
Bütow	85,1	13,7	0,4	0,7

Kaiserliches Statistisches Amt (Hrsg.):
Statistik des Deutschen Reiches, Ausg. 151:
Die Volkszählung am 1. Dez. 1900 im Deutschen Reich, Teil 2, Berlin 1903 (Unveränderter Nachdruck Osnabrück 1976)

Januar 1918 aufgestellt hat. Doch diese Punkte stehen auch unter dem Einfluss der piastischen Lobbyarbeit, die nicht nur in Paris stattfindet. Dmowski selbst hat seinen Wohnsitz zwischenzeitlich nach London verlegt, in den USA ist bereits seit 1915 mit dem international bekannten Musiker Ignacy Jan Paderewski ein piastischer Aktivist tätig. Paderewski gilt als Drahtzieher der Stimmabgabe der amerikanischen Polen für Wilson, die 1916 dessen knappe Wiederwahl mit ermöglichte. In der Folge erhält der wiedergewählte Präsident reichlich Post des Musikers. Nachdem ein Memorandum Paderewskis im November 1916 bereits die ostpommerschen Kreise Bütow und Lauenburg zum künftigen polnischen Staatsgebiet zählt, geht er in einer Denkschrift im Oktober 1918 wesentlich weiter. Hierin beschreibt er die Bevölkerung Pommerns ‚beiderseits der Oder' als einen „germanisierten polnischen Stamm" und will wissen, dass es in der Umgebung Stettins noch viele polnischsprachige Bauern und Dörfer mit „unverwechselbarem polnischen Charakter" gebe.

Ein Umstand, von dem keine amtliche Statistik und kein zeitgenössischer Pommer etwas weiß und der von dem Historiker Roland Gehrke als das endgültige Verlassen des Bodens der Realität in der piastischen Argumentation bezeichnet wird.

Nicht zuletzt der Überzeugungskraft Paderewskis ist es jedoch zu verdanken, dass Wilson in Punkt 13 seiner Vierzehn Punkte festlegt: *„Es sollte ein unabhängiger polnischer Staat errichtet werden, der die von unbestritten polnischen Bevölkerungen bewohnten Gebiete einschließen sollte, dem ein freier Zugang zum Meere zugesichert werden sollte und dessen politische und wirtschaftliche Unabhängigkeit und territoriale Unverletzlichkeit durch internationale Abkommen garantiert werden sollte."*

Diese Formulierungen lassen einige Fragen offen: Wie soll definiert werden, was *„von unbestritten polnischen Bevölkerungen bewohnte Gebiete"* sind? Durch die zeitgenössisch beliebten Sprachenkarten oder – entsprechend dem Selbstbestimmungsrecht der Völker – durch Mehrheitsvoten der Bewohner? Sollen diese Gebiete je Ort, je Landkreis oder je Provinz aufgeteilt werden?

Der Erste Weltkrieg und der Versailler Vertrag

Zwei Schüsse in Sarajewo bringen den Kessel zum Überlaufen: Die Ermordung des österreichisch-ungarischen Thronfolgers Franz Ferdinand und seiner Gemahlin Sophie durch den Serben Gavrilo Princip am 28. Juni 1914. Europa ist zu dem Zeitpunkt bereits in zwei Blöcke gespalten. Auf der einen Seite Deutschland, Österreich-Ungarn, Bulgarien und die Türkei – die Mittelmächte. Auf der anderen Seite die Entente aus Frankreich, Russland und Großbritannien. Viele Konflikte gibt es zwischen diesen Blöcken, die meisten weit weg von Pommern, im Südosten des Kontinents oder gar in den Kolonien in Afrika.
Pommern wird vom Krieg in seiner höchsten Blüte getroffen. Der seit der Wiedervereinigung Pommerns durch den Wiener Kongress 1815 einsetzende Prozess des Aufschwungs der preußischen Provinz Pommern hat sich noch einmal mit der Gründung des Kaiserreiches 1871 beschleunigt und zwar in wirtschaftlicher Hinsicht (Industrialisierung, Handel, Landwirtschaft und Fremdenverkehr) wie auch im Bereich Kultur und Bildung: Die Universität Greifswald hat einen nie zuvor dagewesenen Aufschwung erlebt. Stettin, das nun über 100.000 Einwohner klettert, ist längst nicht nur Hafen- und Werftstadt (z.B. Vulcan, Oderwerke, Greifenwerft u.a.), hier werden auch Autos, Fahrräder, Nähmaschinen oder Schreibmaschinen hergestellt.
Doch auch die Provinz an der Ostsee kann sich der Explosion nicht entziehen: Der Mord von Sarajewo löst eine Kettenreaktion aus, die zuerst Europa und am Ende weite Teile der Welt in den Krieg schlittern lässt. Ein Krieg, der als „Urkatastrophe des 20. Jahrhunderts“ bezeichnet wird. Diese wird eine Entwicklung entfesseln, an dessen Ende auch das alte Pommern in Scherben liegt. Doch zunächst müssen die Pommern wie alle Deutschen in die Schützengräben an den Fronten in West und Ost, die Daheimgebliebenen frieren in den Wintern und hungern das ganze Jahr - vor allem in den späteren Kriegsjahren. Der Kriegsverlauf ist lange Zeit ausgeglichen und führt vor allem im Westen zum grausamen Stellungskrieg. Die Polen, die im Deutschen Reich und Österreich-Ungarn, aber auch in Russland leben, kämpfen in dem Krieg auf beiden Seiten. Ein Teil der Polen, die „Jagiellonnen“ unter Josef Pilsudski sind auf deutscher Seite. Sie bilden 1917 eine Regierung des Königreichs Polen, den Regentschaftsrat. Demgegenüber stehen die „Piasten“ aus der deutschfeindlichen Nationalliberalen Partei. Ihr Anführer Roman Dmowski gründet eine eigene Exilregierung, die ihren Sitz bald in Paris hat.

1917 gibt es durch das Ausscheiden Russlands kurzzeitige Erfolgsaussichten für das Deutsche Reich, die mit dem Kriegseintritt der USA jäh zerstört werden. Mehr Menschen, mehr Geld, mehr Kriegsgerät, gegen die Amerikaner kann man den Krieg nicht gewinnen. Trotzdem sind es die Vereinigten Staaten, auf denen die Hoffnungen der Deutschen ruhen, genauer gesagt auf ihrem Präsidenten Thomas Woodrow Wilson. Wilson fordert einen gerechten Frieden, sein Schlagwort ist das „Selbstbestimmungsrecht“ der Völker. Das Deutsche Reich richtet sich daher im Oktober 1918 an ihn und bittet um Waffenstillstand und Friedensverhandlungen. Als Verhandlungsbasis erkennt Deutschland die Vierzehn Punkte an, die der amerikanische Präsident im Januar aufgestellt hat.
Doch verhandelt wird nicht, zumindest nicht mit den Deutschen.
Das Reich muss die Friedensbedingungen, die ihm von der Pariser Friedenskonferenz diktiert werden, akzeptieren. Sonst wird es erobert, besetzt und aufgeteilt. Auf der Pariser Konferenz fordert Roman Dmowski 84.000 km² bisher preußischen Staatsgebietes, darunter auch die pommerschen Kreise Lauenburg, Bütow und (teilweise) Stolp. Das geht selbst Gastgeber Frankreich unter Clemenceau, der selbst eine harte Linie gegen den „Erzfeind“ vertritt, zu weit. Trotzdem weichen die Siegermächte an der deutschen Ostgrenze vom Selbstbestimmungsrecht ab: Im Versailler Vertrag, der im Januar 1920 in Kraft tritt, muss das Deutsche Reich auf weite auch deutsch besiedelte Teile von Posen und Westpreußen ohne vorherige Volksabstimmung verzichten.
Zwei Millionen Deutsche leben nun als Minderheit in Polen, ein Korridor westlich der Weichsel trennt Ostpreußen vom Reich, Danzig wird Freistaat. Aus dem verbleibenden schmalen westlichen Streifen Westpreußens und nördlichen Streifen Posens wird die Grenzmark Posen-Westpreußen gebildet. Pommern ist jetzt an der Küste Grenzland. Weiter südlich bildet es nun das Hinterland für die kleine Grenzmark. Das östliche Westpreußen und das südliche Ostpreußen hingegen bleiben nach eindeutigen Abstimmungsmehrheiten von über 90% beim Reich. Oberschlesien wird nach einer Abstimmung, die mit 60:40 für Deutschland ausgeht, geteilt.
Der britische Premierminister Lloyd George kommentiert die Konsequenzen des Versailler Vertrages so: *„2 Millionen Deutsche einem Volk anderer Religion zu unterstellen, (...) muss meiner Beurteilung nach früher oder später zu einem neuen Krieg in Europa führen.“*

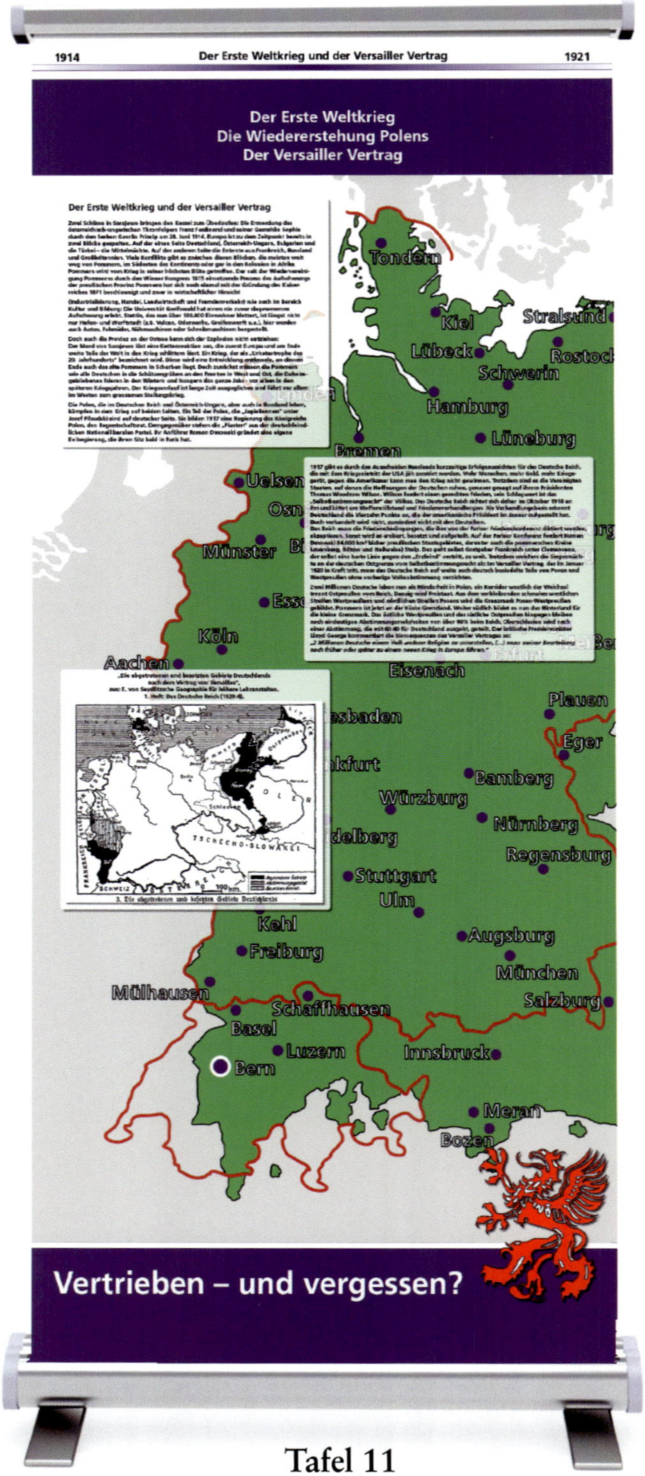

1914 Der Erste Weltkrieg und der Versailler Vertrag 1921

Der Erste Weltkrieg
Die Wiedererstehung Polens
Der Versailler Vertrag

Der Erste Weltkrieg und der Versailler Vertrag

Zwei Schüsse in Sarajewo bringen den Kessel zum Überlaufen: Die Ermordung des österreichisch-ungarischen Thronfolgers Franz Ferdinand und seiner Gemahlin Sophie durch den Serben Gavrilo Princip am 28. Juni 1914. Europa ist zu dem Zeitpunkt bereits in zwei Blöcke gespalten. Auf der einen Seite Deutschland, Österreich-Ungarn, Bulgarien und die Türkei – die Mittelmächte. Auf der anderen Seite die Entente aus Frankreich, Russland und Großbritannien. Viele Konflikte gibt es zwischen diesen Blöcken, die meisten weit weg von Pommern, im Südosten des Kontinents oder gar in den Kolonien in Afrika. Pommern wird vom Krieg in seiner höchsten Blüte getroffen. Der seit der Wiedervereinigung Pommerns durch den Wiener Kongress 1815 einsetzende Prozess des Aufschwungs der preußischen Provinz Pommern hat sich noch einmal mit der Gründung des Kaiserreiches 1871 beschleunigt und zwar in wirtschaftlicher Hinsicht

(Industrialisierung, Handel, Landwirtschaft und Fremdenverkehr) wie auch im Bereich Kultur und Bildung: Die Universität Greifswald hat einen nie zuvor dagewesenen Aufschwung erlebt. Stettin, das nun über 100.000 Einwohner klettert, ist längst nicht nur Hafen- und Werftstadt (z.B. Vulcan, Oderwerke, Greifenwerft u.a.), hier werden auch Autos, Fahrräder, Nähmaschinen oder Schreibmaschinen hergestellt.

Doch auch die Provinz an der Ostsee kann sich der Explosion nicht entziehen: Der Mord von Sarajewo löst eine Kettenreaktion aus, die zuerst Europa und am Ende weite Teile der Welt in den Krieg schlittern lässt. Ein Krieg, der als „Urkatastrophe des 20. Jahrhunderts" bezeichnet wird. Diese wird eine Entwicklung einleiten, an dessen Ende auch das alte Pommern in Scherben liegt. Doch zunächst müssen die Pommern wie alle Deutschen in die Schützengräben an den Fronten in West und Ost, die Daheimgebliebenen frieren in den Wintern und hungern das ganze Jahr – vor allem in den späteren Kriegsjahren. Der Kriegsverlauf ist lange Zeit ausgeglichen und führt vor allem im Westen zum grausamen Stellungskrieg.

Die Polen, die im Deutschen Reich und Österreich-Ungarn, aber auch in Russland leben, kämpfen in dem Krieg auf beiden Seiten. Ein Teil der Polen, die „Jagiellonen" unter Josef Pilsudski sind auf deutscher Seite. Sie bilden 1917 eine Regierung des Königreichs Polen, den Regentschaftsrat. Demgegenüber stehen die „Piasten" aus der deutschfeindlichen Nationalliberalen Partei. Ihr Anführer Roman Dmowski gründet eine eigene Exilregierung, die ihren Sitz bald in Paris hat.

1917 gibt es durch das Ausscheiden Russlands kurzzeitige Erfolgsaussichten für das Deutsche Reich, die mit dem Kriegseintritt der USA jäh zerstört werden. Mehr Menschen, mehr Geld, mehr Kriegsgerät, gegen die Amerikaner kann man den Krieg nicht gewinnen. Trotzdem sind es die Vereinigten Staaten, auf denen die Hoffnungen der Deutschen ruhen, genauer gesagt auf ihrem Präsidenten Thomas Woodrow Wilson. Wilson fordert einen gerechten Frieden, sein Schlagwort ist das „Selbstbestimmungsrecht" der Völker. Das Deutsche Reich richtet sich daher im Oktober 1918 an ihn und bittet um Waffenstillstand und Friedensverhandlungen. Als Verhandlungsbasis erkennt Deutschland die Vierzehn Punkte an, die der amerikanische Präsident im Januar aufgestellt hat. Doch verhandelt wird nicht, zumindest nicht mit den Deutschen.
Das Reich muss die Friedensbedingungen, die ihm von der Pariser Friedenskonferenz diktiert werden, akzeptieren. Sonst wird es erobert, besetzt und aufgeteilt. Auf der Pariser Konferenz fordert Roman Dmowski 84.000 km² bisher preußischen Staatsgebietes, darunter auch die pommerschen Kreise Lauenburg, Bütow und (teilweise) Stolp. Das geht selbst Gastgeber Frankreich unter Clemenceau, der selbst eine harte Linie gegen den „Erzfeind" vertritt, zu weit. Trotzdem weichen die Siegermächte an der deutschen Ostgrenze vom Selbstbestimmungsrecht ab: Im Versailler Vertrag, der im Januar 1920 in Kraft tritt, muss das Deutsche Reich auf weite auch deutsch besiedelte Teile von Posen und Westpreußen ohne vorherige Volksabstimmung verzichten.

Zwei Millionen Deutsche leben nun als Minderheit in Polen, ein Korridor westlich der Weichsel trennt Ostpreußen vom Reich, Danzig wird Freistaat. Aus den verbleibenden schmalen westlichen Streifen Westpreußens und nördlichen Streifen Posens wird die Grenzmark Posen-Westpreußen gebildet. Pommern ist jetzt an der Küste Grenzland. Weiter südlich bildet es nun das Hinterland für die kleine Grenzmark. Das östliche Westpreußen und das südliche Ostpreußen hingegen bleiben nach eindeutigen Abstimmungsmehrheiten von über 90% beim Reich, Oberschlesien wird nach einer Abstimmung, die mit 60:40 für Deutschland ausgeht, geteilt. Der britische Premierminister Lloyd George kommentiert die Konsequenzen des Versailler Vertrages so:
„2 Millionen Deutsche einem Volk anderer Religion zu unterstellen, (...) muss meiner Beurteilung nach früher oder später zu einem neuen Krieg in Europa führen."

„Die abgetretenen und besetzten Gebiete Deutschlands nach dem Vertrag von Versailles",
aus: E. von Seydlitzsche Geographie für höhere Lehranstalten.
1. Heft: Das Deutsche Reich (1929-4).

3. Die abgetretenen und besetzten Gebiete Deutschlands

Vertrieben – und vergessen?

Tafel 11

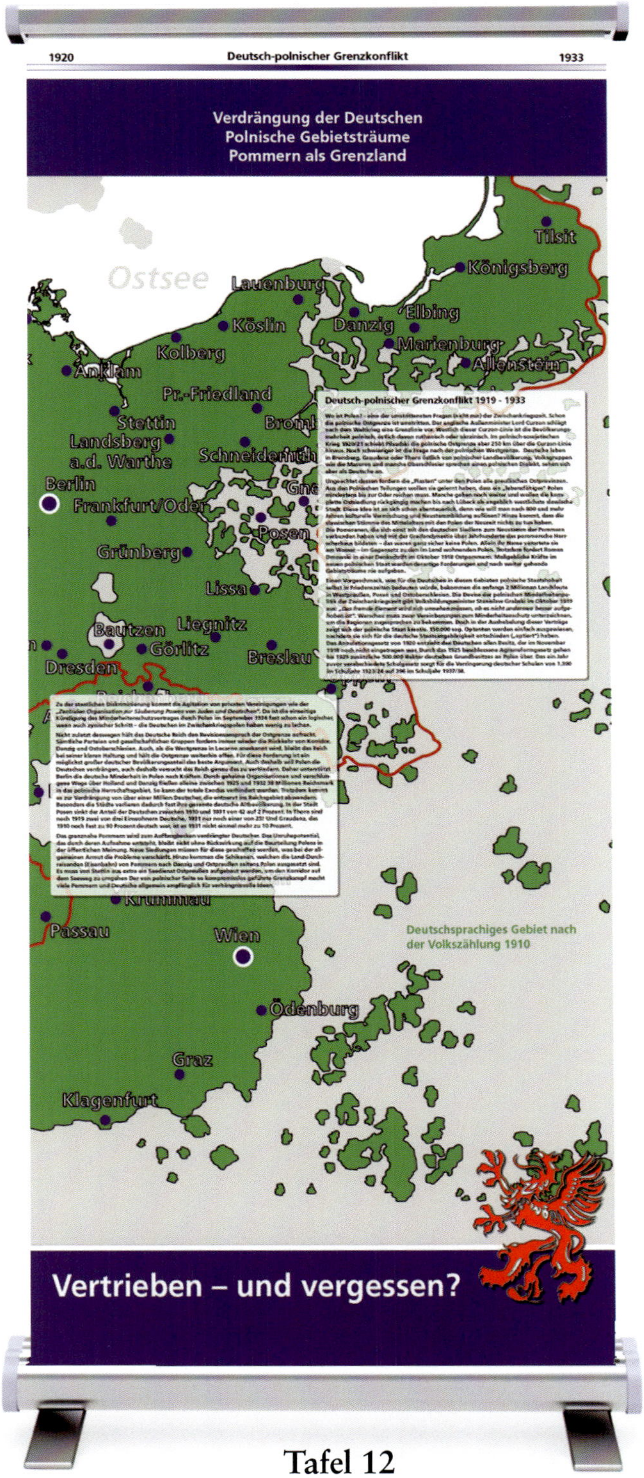

1920 Deutsch-polnischer Grenzkonflikt 1933

Verdrängung der Deutschen
Polnische Gebietsträume
Pommern als Grenzland

Ostsee
Tilsit
Königsberg
Lauenburg
Elbing
Köslin
Danzig
Marienburg
Kolberg
Allenstein
Anklam
Pr.-Friedland
Stettin
Landsberg a.d. Warthe
Schneidemühl
Berlin
Frankfurt/Oder
Posen
Grünberg
Lissa
Bautzen
Liegnitz
Görlitz
Dresden
Breslau
Passau
Wien
Ödenburg
Graz
Klagenfurt

Deutsch-polnischer Grenzkonflikt 1919 - 1933

Deutschsprachiges Gebiet nach der Volkszählung 1910

Vertrieben – und vergessen?

Tafel 12

Deutsch-polnischer Grenzkonflikt 1919 - 1933

Wo ist Polen? - eine der umstrittensten Fragen (nicht nur) der Zwischenkriegszeit. Schon die polnische Ostgrenze ist umstritten. Der englische Außenminister Lord Curzon schlägt nach dem Weltkrieg eine Grenzlinie vor. Westlich dieser Curzon-Linie ist die Bevölkerungsmehrheit polnisch, östlich davon ruthenisch oder ukrainisch. Im polnisch-sowjetischen Krieg 1920/21 schiebt Pilsudski die polnische Ostgrenze aber 250 km über die Curzon-Linie hinaus. Noch schwieriger ist die Frage nach der polnischen Westgrenze. Deutsche leben in Bromberg, Graudenz oder Thorn östlich von polnischer Landbevölkerung, Volksgruppen wie die Masuren und manche Oberschlesier sprechen einen polnischen Dialekt, sehen sich aber als Deutsche an.
Ungeachtet dessen fordern die „Piasten" unter den Polen alle preußischen Ostprovinzen. Aus den Polnischen Teilungen wollen sie gelernt haben, dass ein „lebensfähiges" Polen mindestens bis zur Oder reichen muss. Manche gehen noch weiter und wollen die komplette Ostsiedlung rückgängig machen bis nach Lübeck als angeblich westlichste slawische Stadt. Diese Idee ist an sich schon abenteuerlich, denn wie will man nach 800 und mehr Jahren kulturelle Vermischung und Neustammbildung auflösen? Hinzu kommt, dass die slawischen Stämme des Mittelalters mit den Polen der Neuzeit nichts zu tun haben. Die Pomeranen, die sich einst mit den deutschen Siedlern zum Neustamm der Pommern verbunden haben und mit der Greifendynastie über Jahrhunderte das pommersche Herrscherhaus bildeten – das waren ganz sicher keine Polen. Allein ihr Name verortete sie am Wasser – im Gegensatz zu den im Land wohnenden Polen. Trotzdem fordert Roman Dmowski in einer Denkschrift im Oktober 1918 Ostpommern. Maßgebliche Kräfte im neuen polnischen Staat werden derartige Forderungen und noch weiter gehende Gebietsträume nie aufgeben.
Einen Vorgeschmack, was für die Deutschen in diesen Gebieten polnische Staatshoheit selbst in Friedenszeiten bedeuten würde, bekommen die anfangs 2 Millionen Landsleute in Westpreußen, Posen und Ostoberschlesien. Die Devise der polnischen Minderheitenpolitik der Zwischenkriegszeit gibt Volksbildungsminister Stanislaw Grabski im Oktober 1919 aus: „Das fremde Element wird sich umsehen müssen, ob es nicht anderswo besser aufgehoben ist". Warschau muss zwar Vereinbarungen zum Minderheitenschutz unterzeichnen, um die Regionen zugesprochen zu bekommen. Doch in der Aushebelung dieser Verträge zeigt sich der polnische Staat kreativ. 150.000 sog. Optanten werden einfach ausgewiesen, nachdem sie sich für die deutsche Staatsangehörigkeit entschieden („optiert") haben. Das Annulationsgesetz von 1920 entzieht den Deutschen allen Besitz, der im November 1918 noch nicht eingetragen war. Durch das 1925 beschlossene Agrarreformgesetz gehen bis 1929 zusätzliche 500.000 Hektar deutschen Grundbesitzes an Polen über. Das ein Jahr zuvor verabschiedete Schulgesetz sorgt für die Verringerung deutscher Schulen von 1.300 im Schuljahr 1923/24 auf 396 im Schuljahr 1937/38.

Zu der staatlichen Diskriminierung kommt die Agitation von privaten Vereinigungen wie der *„Zentralen Organisation zur Säuberung Posens von Juden und Deutschen"*. Da ist die einseitige Kündigung des Minderheitenschutzvertrages durch Polen im September 1934 fast schon ein logischer, wenn auch zynischer Schritt – die Deutschen im Zwischenkriegspolen haben wenig zu lachen. Nicht zuletzt deswegen hält das Deutsche Reich den Revisionsanspruch der Ostgrenze aufrecht. Sämtliche Parteien und gesellschaftlichen Gruppen fordern immer wieder die Rückkehr von Korridor, Danzig und Ostoberschlesien. Auch, als die Westgrenze in Locarno anerkannt wird, bleibt das Reich bei seiner klaren Haltung und hält die Ostgrenze weiterhin offen. Für diese Forderung ist ein möglichst großer deutscher Bevölkerungsanteil das beste Argument. Auch deshalb will Polen die Deutschen verdrängen, auch deshalb versucht das Reich genau das zu verhindern. Daher unterstützt Berlin die deutsche Minderheit in Polen nach Kräften. Durch geheime Organisationen und verschlungene Wege über Holland und Danzig fließen alleine zwischen 1925 und 1932 38 Millionen Reichsmark in das polnische Herrschaftsgebiet. So kann der totale Exodus verhindert werden. Trotzdem kommt es zur Verdrängung von über einer Million Deutscher, die entnervt ins Reichsgebiet abwandern. Besonders die Städte verlieren dadurch fast ihre gesamte deutsche Altbevölkerung. In der Stadt Posen sinkt der Anteil der Deutschen zwischen 1910 und 1931 von 42 auf 2 Prozent. In Thorn sind noch 1919 zwei von drei Einwohnern Deutsche, 1931 nur noch einer von 25! Und Graudenz, das 1910 noch fast zu 90 Prozent deutsch war, ist es 1931 nicht einmal mehr zu 10 Prozent. Das grenznahe Pommern wird zum Auffangbecken verdrängter Deutscher. Das Unruhepotential, das durch deren Aufnahme entsteht, bleibt nicht ohne Rückwirkung auf die Beurteilung Polens in der öffentlichen Meinung. Neue Siedlungen müssen für diese geschaffen werden, was bei der allgemeinen Armut die Probleme verschärft. Hinzu kommen die Schikanen, welchen die Land-Durchreisenden (Eisenbahn) von Pommern nach Danzig und Ostpreußen seitens Polen ausgesetzt sind. Es muss von Stettin aus extra ein Seedienst Ostpreußen aufgebaut werden, um den Korridor auf dem Seeweg zu umgehen Der von polnischer Seite so kompromisslos geführte Grenzkampf macht viele Pommern und Deutsche allgemein empfänglich für verhängnisvolle Ideen.

Ebenso geht aus Punkt 13 nicht hervor, ob der freie Zugang zum Meer durch polnische Landeshoheit sichergestellt werden soll oder ob hierfür bilaterale Vereinbarungen ausreichen. Ungeachtet dieser Schwierigkeiten wollen die geschlagenen Deutschen auf Grundlage der insgesamt ausgewogenen Programmatik Wilsons in Friedensverhandlungen eintreten. Doch verhandelt wird nicht, zumindest nicht mit den Deutschen. Das Reich muss vielmehr die Friedensbedingungen, die ihm von den Pariser Vorortkonferenzen diktiert werden, unverändert annehmen oder es wird erobert, besetzt und aufgeteilt. Bessere Einflussmöglichkeiten hat das gemeinsam von Nationalkomitee und Regentschaftsrat vertretene neu gegründete Polen, dem eine Delegation zugestanden wird. Da aufgrund der unklaren Situation Russlands, in dem nach der Revolution ein Bürgerkrieg ausbricht, die Frage der polnischen Ostgrenze ausgeklammert wird, teilen sich die Konkurrenten die Aufgaben: Während Pilsudski als Staatschef den Aufbau des Landes vorantreiben soll, werden die führenden Piasten Paderewski und Dmowski nach Paris geschickt, um ihre speziellen Kenntnisse und Ambitionen im Westen für ein gutes Ergebnis zur Westgrenze einzusetzen. Dementsprechend fordert Roman Dmowski hier 84.000 Quadratkilometer bisher preußischen Staatsgebietes, darunter die Kreise Lauenburg, Bütow und den östlichen Teil des Kreises Stolp. Das geht selbst Gastgeber Frankreich unter Ministerpräsident Georges Clemenceau, der selbst eine harte Linie gegen den „Erbfeind" vertritt, zu weit. Der britische Premierminister Lloyd George kommentiert die Forderungen der Piasten so:
„Der Vorschlag der polnischen Kommission, 2,1 Millionen Deutsche der Aufsicht eines Volkes von anderer Religion zu unterstellen, […] muss meiner Beurteilung nach früher oder später zu einem neuen Kriege in Osteuropa führen."

Gleichwohl weichen die alliierten Siegermächte an der deutschen Ostgrenze vom Selbstbestimmungsrecht ab. Im Versailler Vertrag, der im Januar 1920 in Kraft tritt, muss das Deutsche Reich auf weite deutsch besiedelte Teile von Posen und Westpreußen ohne vorherige Volksabstimmung verzichten. Ein polnischer Korridor westlich der Weichsel, vom britischen Botschafter in Berlin, Viscont d' Abernon, *„das Pulverfass Europas"* genannt, trennt Ostpreußen vom Rest des Reiches. Die Stadt Danzig und ihr Umland werden ein wirtschaftlich eng an Polen angebundener Freistaat. Das östliche Westpreußen und das südliche Ostpreußen hingegen bleiben nach eindeutigen Abstimmungsmehrheiten von über 90 Prozent beim Deutschen Reich, Oberschlesien wird nach einer Abstimmung, die im Verhältnis 60 zu 40 für Deutschland ausgeht, geteilt. Im Verlauf des Abstimmungskampfes kommt es mehrfach zu bürgerkriegsähnlichen Kämpfen in Oberschlesien, wie sie sich bereits 1918 in Posen abgespielt haben. Jedes Mal geht es den polnischen Aktivisten darum, bereits vor Entscheidungen der Bevölkerung oder der Entente gewaltsam Fakten zu schaffen. Aus dem verbleibenden schmalen westlichen Streifen Westpreußens und nördlichen Streifen Posens wird im Deutschen Reich die neue preußische Provinz „Grenzmark Posen-Westpreußen" gebildet. Die polnischen Ansprüche hinsichtlich Pommerns werden von der Entente somit zurückgewiesen, Pommern bleibt in Gänze preußische Provinz innerhalb des Deutschen Reiches. Indes verändert sich sein Charakter, denn das zuvor binnendeutsche Land ist jetzt Grenzregion: im Nordosten direkt an der Grenze, weiter südlich als Hinterland für die schmale Grenzmark Posen-Westpreußen.

Die mit der Niederlage des Deutschen Reiches und dem Zerfall der Großmächte Russland, Österreich-Ungarn und Osmanisches Reich obsolet gewordene Mächtebalance in Europa, die es seit dem Wiener Kongress 1815 gab, wird durch eine Neuordnung ersetzt. Diese vermag jedoch unter dem Einfluss des französischen Gastgebers keine neue *balance of power* herzustellen. Zudem können der Vertrag von Versailles und die weiteren Pariser Vorortverträge mit Österreich (St. Germain), Ungarn (Trianon) und Bulgarien (Neuilly) die zum Ende des Weltkrieges ausgebrochenen Volkstumskämpfe in Mitteleuropa trotz einiger Plebiszite nicht befrieden. Vielerorts führen die Abstimmungskämpfe im Gegenteil zu einer weiteren Aufwallung nationalistischer Gefühle. Als besonders fatal erweist sich der 1921 in Lausanne vereinbarte Friedensvertrag der Westmächte mit der Türkei. Denn dieser ist mit einem griechisch-türkischen Abkommen zum Bevölkerungsaustausch verbunden. Im Glauben, durch „Entmischung der Bevölkerung" Kriege zu vermeiden, stimmt sogar der Völkerbund als Vorläuferorganisation der Vereinten Nationen dem Bevölkerungsaustausch zu. Die Folge ist nicht nur, dass 1,2 Millionen Griechen und 400.000 Türken unter teils grausamen Bedingungen ihre Heimat verlieren. Vertreibung gilt plötzlich als ein anerkanntes Mittel internationaler Politik.

Das auf der Pariser Friedenskonferenz am 28. Februar 1919 (Westgrenze) bzw. am 3. März 1919 (Ostgrenze) von der polnischen Delegation für Polen geforderte Territorium (sog. „Dmowski-Linie“)
------- intendierte teilautonome „Republik Königsberg“

Quelle: Roman Dmowski, Polityka polska i odbudowanie paristwa. 2. Aufl., Warschau 1926, S. 521ff., 526ff.

Zu Tafel 12: Deutsch-polnischer Grenzkonflikt

Unter den geschilderten Umständen ist es nicht überraschend, dass das deutsch-polnische Verhältnis nach dem Ersten Weltkrieg äußerst angespannt ist. Der Konflikt verschärft sich zudem dadurch, dass Frankreich den

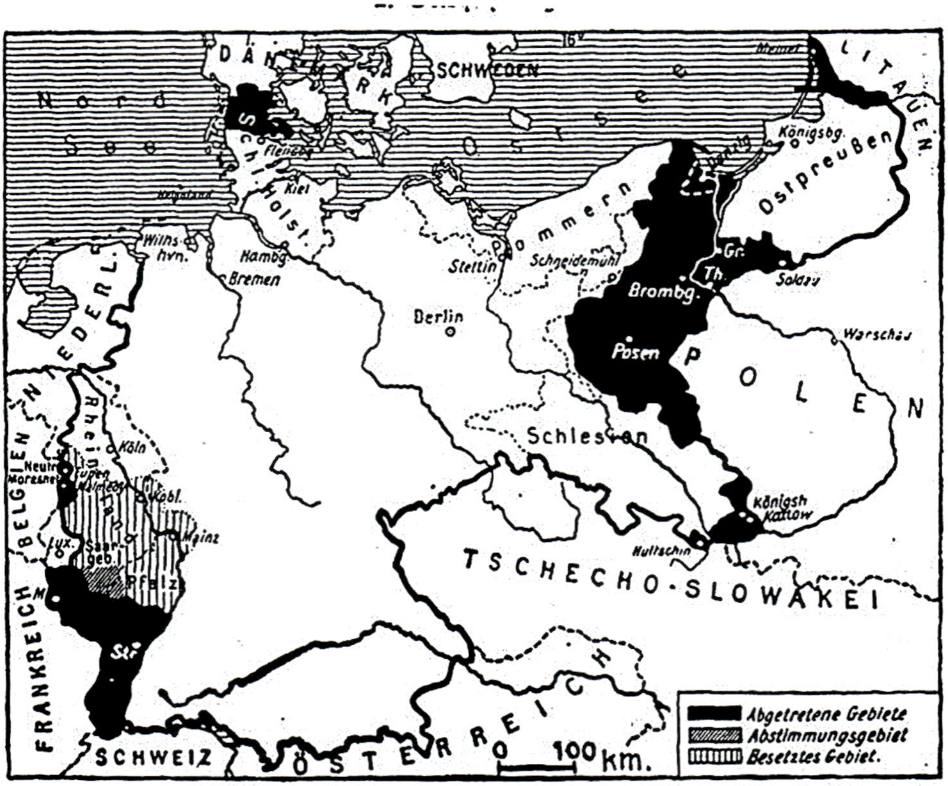

3. Die abgetretenen und besetzten Gebiete Deutschlands nach dem Vertrag von Versailles.

Aus Tafel 11: „Die abgetretenen und besetzten Gebiete Deutschlands nach dem Vertrag von Versailles"

Quelle: E. von Seydlitzsche Geographie für höhere Lehranstalten.
1. Heft: Das Deutsche Reich (1929:4)

mit dem Paris seine Ostgrenze schützen und möglichst weiter nach vorn schieben will. Da Russland durch den Separatfrieden mit Deutschland und die unklare revolutionäre Situation mit sich selbst beschäftigt ist, soll ein Sicherheitsgürtel kleinerer wehrhafter mittel- und osteuropäischer Staaten an dessen Stelle treten und einen Puffer zwischen dem Bolschewismus und dem Deutschen Reich schaffen. Bereits sprachlich lässt sich die Motivation dieser Strategie erschließen: Der Raum zwischen Deutschland und der Sowjetunion wird im französischen Sprachgebrauch zum „Cordon sanitaire“, eigentlich die Bezeichnung für ein Isolationsgebiet zur Eindämmung von Seuchen. Als der in Paris erhoffte Beistandspakt der Amerikaner und Engländer für Frankreich nicht zustande kommt, versucht Frankreich eine „Kleine Entente“ mit den Staaten des „Cordon sanitaire“ aufzubauen: Auf französisches Geheiß kommt es zu Verträgen der Tschechoslowakei mit Jugoslawien (1920), der Tschechoslowakei mit Rumänien, Rumäniens mit Jugoslawien, Polens mit Rumänien und Polens mit der Tschechoslowakei sowie zum formellen Bündnis von Frankreich und Polen (alle 1921).

Doch weder die „Kleine Entente“ noch die bereits etwas verblasste Idee des Panslawismus hindern Polen und Tschechen am Krieg um das zuvor österreichisch-schlesische Gebiet um Teschen – nur einer von sechs Grenzkriegen in den ersten vier Jahren des Bestehens der Zweiten Republik Polen. Wegen der langen Zeit staatlicher Nichtexistenz ist die Frage „Wo liegt Polen?“ eines der schwierigsten Probleme der Zwischenkriegszeit.

Auch die polnische Ostgrenze ist umstritten. Die letzte Grenze vor der Polnischen Teilung von 1772 war die der weit nach Osten ausgreifenden polnisch-litauischen Republik. Der englische Außenminister Lord Curzon schlägt nach dem Weltkrieg eine deutlich westlichere Grenze vor. Westlich dieser Curzon-Linie ist die Bevölkerungsmehrheit polnisch, östlich davon ruthenisch oder ukrainisch. Im polnisch-sowjetischen Krieg 1920/21 schiebt Pilsudski die polnische Ostgrenze aber 250 km über die Curzon-Linie hinaus und bekommt im Frieden von Riga 1921 tatsächlich einen großen Teil des so eroberten Landes zugesprochen. Noch schwieriger ist die Frage nach der polnischen Westgrenze. Deutsche Mehrheiten leben in Bromberg, Graudenz und Thorn östlich von ländlichen Regionen mit polnischer Mehrheitsbevölkerung. Volksgruppen wie die Masuren und manche Oberschlesier sprechen einen polnischen Dialekt, sehen sich aber nicht als Polen an. Die Regelungen des Versailler Vertrages hierzu haben keine Seite befriedigt. Zwei Millionen Deutsche leben nun als Minderheit in der Zweiten Republik Polen. Im Deutschen Reich verbleibt eine polnische Minderheit von etwa 1,5 Millionen. Die Minderheitenfrage verleiht somit beiden Seiten eine Legitimation von Gebietsansprüchen. Neben den bereits als unerträglich empfundenen Gebietsverlusten im Osten drohen Deutschland also weitere polnische Gebietsforderungen. Diese müssen insbesondere deswegen befürchtet werden, weil Frankreich sie unterstützt. Immerhin bilden Frankreich und Polen zusammen in dieser Zeit die größte Militärmacht Europas, das Deutsche Reich ist hingegen in Folge des Versailler Vertrages nahezu entwaffnet. Wie weit man in der französischen Einkreisungspolitik zu gehen bereit ist, zeigt die aktive Unterstützung der polnischen Aufständischen in Oberschlesien durch französische Besatzungstruppen 1921.

Die Piasten unter Dmowski fordern weiterhin mehr. Aus den Polnischen Teilungen wollen sie gelernt haben, dass ein „lebensfähiges" Polen mindestens bis zur Oder reichen muss. Manche gehen noch weiter und wollen die gesamte Ostsiedlung rückgängig machen bis nach Lübeck als angeblich westlichster slawischer Stadt. (Vgl. Wolfgang Wagner, „Die Entstehung der Oder-Neisse-Linie"; Stuttgart 1959, S.8) Diese Idee ist an sich schon abwegig, denn nach 800 Jahren kann die kulturelle Vermischung und Neustammbildung nicht aufgelöst werden. Hinzu kommt, dass die slawischen Stämme des Mittelalters mit den Polen der Neuzeit wenig zu tun haben. Und die Pomoranen, die sich einst mit den deutschen Siedlern zum Neustamm der Pommern verbunden hatten und mit der Greifendynastie über Jahrhunderte das pommersche Herrscherhaus bildeten, waren ja gerade keine Polen. Allein ihr Name verortete sie am Wasser – im Gegensatz zu den im Land wohnenden Polanen (vgl. Kapitel 1). Doch maßgebliche Kräfte im neuen polnischen Staat werden derartige Forderungen und noch weiter gehende Gebietsansprüche nie aufgeben. Piasten und Jagellionen finden im Laufe der 1920er Jahre zusammen in der Konzeption des „Dritten Europas". Das europäische Festland wird nach dieser auch „Intermarium" genannten Theorie nach Meeresverbindungen dreigeteilt: Frankreich verbindet den Atlantik mit dem Mittelmeer, Deutschland die Nordsee mit der Adria, Polen die Ostsee mit dem Schwarzen Meer.

POMMERELLEN

Kreis	Volkszählung 1910 Gesamt-bevölk.	Deutsche insges.	%	Volkszählung 1931 Gesamt-bevölk.	Deutsche	Deutsche n. d. privat dt. Zähl. v. 1934–1931	%	1934 weniger Deutsche gegen 1910 insges.	%
Berent	52980	20804	39,3	51716	5978	5974	11,6	14830	71,3
Briesen	49506	24007	48,5	49852	7051	7344	14,7	16663	69,4
Bromberg Stadt	96473	74292	77,4	117200	11276	10021	8,5	64271	86,5
Bromberg Land	57696	31212	53,7	58139	7517	12211	21,0	19001	60,9
Dirschau, Schwetz	154033	70279	45,6	155397	17781	17571	11,3	52708	75,0
Graudenz Stadt	40325	34194	84,8	54014	3609	3875	7,2	30319	88,7
Graudenz Land	48738	28698	58,9	42801	7760	8990	19,1	20508	71,5
Karthaus	66190	14170	21,4	68674	4445	3927	5,7	10243	72,3
Konitz	74963	30326	40,5	76935	7635	8070	10,5	22256	73,4
Kulm	50069	23345	46,6	52765	7517	7673	14,6	15672	67,1
Neumark	58959	12122	20,5	53621	1612	1689	3,1	10433	86,1
Neustadt (Gdingen)	71336	24528	34,4	118512	5542	6305	4,9	18223	74,3
Pr. Stargard	65427	17165	26,2	71829	3433	3418	4,7	13747	80,1
Soldau und Strasburg	86929	30307	34,9	99003	7962	10733	10,8	19574	64,6
(davon Soldau)	24787	19261	77,4						
Thorn Stadt	46227	30509	66,0	53993	2450	2057	3,8	28452	93,3
Thorn Land	59317	27757	46,8	60214	7124	6738	11,2	21019	75,7
Tuchel	33951	11268	33,2	41249	3151	2861	6,9	8407	74,6
Wirsitz	67219	34235	50,9	68873	13736	12410	18,6	21825	63,8
Zempelburg	30541	21554	70,6	29563	11942	11130	37,7	10424	48,4
	1210879	560772	46,3	1324350	137521	142197	10,7	418575	74,6

Besonders gravierend wirkte sich die Entdeutschung in den Städten aus. Der deutsche Bevölkerungsanteil sank z. B. in

Bromberg-Stadt von	77,4% auf	12,6%
Bromberg-Land von	53,7% auf	25,7%
Dirschau-Stadt von	62,1% auf	13,0%
Graudenz-Stadt von	84,8% auf	10,6%
Graudenz-Land von	58,9% auf	21,4%
Thorn-Stadt von	66,0% auf	5,7%
Wirsitz Kreis von	50,9% auf	21,6%.

Angaben gemäß: Bericht über das vorläufige Ergebnis der statistischen Erhebung der Deutschen Vereinigung in Bromberg über das deutsche Volkstum in Posen-Pommerellen. Bromberg, ohne Jahreszahl. Zur Bewertung s. 1. »Versailles, die Teilung Westpreußens«.

Verdrängung der Deutschen aus Posen und Westpreußen, aus: Rasmus, Hugo: Pommerellen/Westpreußen 1919–1939, München u.a. 1989.

Konsequent durchgeführt wäre damit die holsteinische Küste polnische Westgrenze, was der Intention der polnischen Panslawisten entsprochen hätte, die Ostsiedlung „rückgängig“ zu machen. Häufiger ist indes die Forderung nach der Odermündung und einer von hier gerade nach Süden verlaufenden Linie bis Böhmen zu hören. Alle Gebiete östlich von Oder und Neiße rücken demnach ins Visier der Verfechter des Drittes Europas, nachdem sie Ziel der Piasten seit jeher waren.

Einen Vorgeschmack, was für die Deutschen in den anvisierten Gebieten, also zum Beispiel auch für die Pommern, polnische Staatshoheit bedeuten würde, bekommen die anfangs zwei Millionen deutschen Landsleute in Westpreußen, Posen und Ostoberschlesien zu spüren. Die Devise der polnischen Minderheitenpolitik der Zwischenkriegszeit gibt der spätere Kultusminister Wladislaw Grabski bereits im Oktober 1919 aus: *„Es gibt eine Liebe für Volksgenossen und eine andere für Fremdstämmige. Ihr Prozentsatz bei uns ist entschieden zu hoch. Posen kann uns den Weg weisen, in welcher Weise der Prozentsatz von 14 oder gar 20 auf 1,5 gebracht werden kann. Das fremde Element wird sich umsehen müssen, ob es nicht anderswo besser aufgehoben ist“.*

Grabski äußert hier eine Einstellung, die in der Zwischenkriegszeit vor allem in Mitteleuropa weit verbreitet ist, häufig in Verbindung mit Antisemitismus. Nationale Minderheiten – wie die Juden, Ruthenen, Weißrussen, Litauer und Deutschen in der polnischen Republik – werden nicht als zu integrierender Teil des Staatsvolkes angesehen, sondern als potentielle Staatsfeinde. Zeitgenössisch geht man davon aus, dass Minderheiten und der für sie ethnisch „zuständige“ Staat über kurz oder lang eine gewaltsame Verbindung eingehen. Die „Irredenta“ als Raum, in dem ein Volk unter fremder staatlicher Macht lebt, ist das Schlagwort der Territorialkonflikte dieser Zeit. Zu Kompromissen kommt es nur an der Oberfläche, wie sich am deutsch-polnischen Minderheitenkonflikt zeigt. Zwar wird im Versailler Vertrag der Minderheitenschutz in der Verfassung der Republik Polen festgeschrieben. Warschau muss also den Schutz seiner Minderheiten garantieren, um die zuvor reichsdeutschen Regionen zugesprochen zu bekommen. Doch in der Aushebelung dieser Verträge zeigt sich der polnische Staat kreativ. Das zeigt sich exemplarisch am auferlegten Optionsrecht, dem „Recht" der Bürger in Regionen, die durch die Abtrennung vom Deutschen Reich ihre Staatszugehörigkeit verändert haben, sich zwischen der Staatsangehörigkeit des alten und des neuen Staates entscheiden zu müssen („optieren"). 150.000 sogenannte Optanten werden einfach ausgewiesen, nachdem sie sich für die deutsche Staatsangehörigkeit entschieden haben. Hinzu kommt eine Fülle von Einzelgesetzen: Das Annulationsgesetz von 1920 entzieht den Deutschen allen Besitz, der im November 1918 noch nicht eingetragen war. Das Liquidationsgesetz drei Jahre später beinhaltet ein Vorkaufsrecht für polnische Staatsbürger bei diesen und anderen enteigneten Gütern und die Auflösung deutscher Minderheitenschutzverbände. Durch das 1925 beschlossene Agrarreformgesetz gehen bis 1929 zusätzliche 500.000 Hektar deutschen Grundbesitzes an Polen über. Das ein Jahr zuvor verabschiedete Schulgesetz sorgt für die Verringerung deutscher Schulen von 1.300 im Schuljahr 1923/24 auf 396 im Schuljahr 1937/38. Auch auf dem Gebiet der Religionspolitik geht der polnische Staat trotz des offiziell neutralen Charakters restriktiv gegen die nichtkatholischen Bevölkerungsteile vor: Der Status von evangelischen Geistlichen gilt grundsätzlich als „provisorisch", Pastoren deutscher Staatsangehörigkeit werden des Amtes enthoben. Zu der staatlichen Diskriminierung kommt die Agitation der nichtstaatlichen Organisationen „Westmarkenverein", „Verein zur Verteidigung der Westgebiete" und regionaler Vereinigungen wie der „Zentralen Organisation zur Säuberung Posens von Juden und Deutschen". Da ist die einseitige Kündigung des Minderheitenschutzvertrages durch Polen am 13. Oktober 1934 fast schon ein logischer, wenn auch zynischer Schritt – die Deutschen im Zwischenkriegspolen haben wenig zu lachen. Später wird man in Unterscheidung zur Vertreibung nach 1945 von der „Verdrängung" der Deutschen sprechen.

Nicht zuletzt wegen der polnischen Verdrängungspolitik hält das Deutsche Reich den Revisionsanspruch der Ostgrenze aufrecht, was wiederum die polnische Motivation zur Verdrängung stetig aufrechterhält. Sämtliche deutsche Parteien und gesellschaftliche Gruppen fordern immer wieder die Rückkehr des Polnischen Korridors, von Danzig und Ostoberschlesien. Auch als die Westgrenze im Vertrag von Locarno 1925 anerkannt wird, bleibt das Reich bei seiner klaren Haltung und hält die Ostgrenze weiterhin offen. Für diese Forderung ist ein möglichst großer deutscher Bevölkerungsanteil und Grundbesitz das beste Argument. Daher unterstützt die Reichsregierung in Berlin die deutsche Minderheit in Polen nach Kräften. Ihr Credo lautet: *„Da es fraglich sein dürfte, ob sich in den nächsten Jahren eine aktive Revisionspolitik im Osten durchführen lassen wird, die zu einer Änderung der territorialen Grenzen führen könnte, bleibt zur Zeit nichts anderes übrig, als für die Erhaltung aller derjenigen Positionen des Deutschtums in den abgetretenen Gebieten zu sorgen, die noch irgendwie haltbar sind. Es handelt sich hierbei in gleicher Weise um politische, wirtschaftliche und kulturelle Positionen."* (Auswärtiges Amt/ Abt. IV, Denkschrift betr. Aufstellung der Deutschtumsmittel v. 15.11.1932, Bundesrachiv Koblenz, R 43 I/458).

Da wegen der völkerrechtlichen Vorgaben direkte Zahlungen aus der Staatskasse nicht opportun erscheinen, wird die deutsche Minderheit durch geheime Organisationen und über verschlungene Wege unterstützt. Das Auswärtige Amt zahlt über die Preußische Zentralgenossenschaftskasse an Privatleute in den Niederlanden. Diese bringen das erhaltene Geld in die eigens hierfür gegründete Hollandsche Buitenlands-Bank (HBB) in Den Haag ein, in deren Generalversammlung die deutsche Reichsregierung über die Stimmenmehrheit verfügt. Die HBB investiert im Freistaat Danzig, wo es einerseits keine polnische Bankenaufsicht gibt, anderseits aber einen ungehinderten Geldfluss in die Polnische Republik. Allein zwischen 1925 und 1932 werden so 38 Millionen Reichsmark in die Strukturen der deutschen Minderheit investiert. Zudem kommt es 1926 zu einer gewissen politischen Entspannung, als Pilsudski und seine Anhänger die Macht im polnischen Staat den bis dato dominierenden deutschfeindlichen Nationaldemokraten Dmowskis durch einen Putsch entreißen. So kann der totale Exodus zwar verhindert werden, doch 1926 haben bereits 900.000 Westpreußen, Posener und Oberschlesier ihre Heimat verlassen, was eine Halbierung der deutschen Minderheit in Polen bedeutet. Besonders die Städte verlieren

fast alle deutschen Einwohner und damit oft über die Hälfte ihrer gesamten Altbevölkerung: In der Stadt Posen sinkt der Anteil der Deutschen zwischen 1910 und 1931 von 42 auf zwei Prozent. In Thorn sind 1919 noch zwei von drei Einwohnern Deutsche, 1931 nur noch einer von 25! Und Graudenz, das 1910 noch fast zu 90 Prozent deutsch war, ist es 1931 nicht einmal mehr zu zehn Prozent. Das grenznahe Pommern wird zum Auffangbecken verdrängter Deutscher. Die Verdrängten werden von der Reichsregierung nur mäßig unterstützt, da man keine Anreize zur Ausreise schaffen will. Es kommt zu Verteilungskämpfen, zudem müssen neue Siedlungen gegründet werden, was bei der allgemeinen Armut nach der Weltwirtschaftskrise die Probleme verschärft. Die Unruhe, die dadurch in Pommern entsteht, lässt Polen in der öffentlichen Meinung noch negativer erscheinen. Die religiöse Intoleranz des katholischen Polen gegenüber den verdrängten Deutschen – die nach Pommern kommenden Westpreußen und Posener sind in der Regel evangelisch – kommt im protestantischen Pommern denkbar schlecht an. Hinzu kommen die Schikanen, welchen die Reisenden von Pommern nach Danzig und Ostpreußen durch Polen ausgesetzt sind. Es muss von Stettin aus extra ein „Seedienst Ostpreußen“ aufgebaut werden, um den Korridor auf dem Seeweg zu umgehen.

Zu Tafel 13: Hitlers Herrschaft und Expansionspolitik im Osten

Der von polnischer Seite so kompromisslos geführte Grenzkampf macht viele Pommern und Deutsche allgemein empfänglich für revisionistische Ideen. Die auch wegen dieser allgemeinen nationalen Polarisierung möglich gewordene nationalsozialistische Regierungsübernahme Anfang 1933 läutet eine verhängnisvolle Entwicklung ein, die Europa in Trümmern hinterlassen wird. Viele lassen sich von den anfänglichen wirtschafts- und außenpolitischen Erfolgen der neuen Regierung blenden. Die verbleibenden Kritiker werden mit allen Mitteln eines totalitären Regimes bekämpft.

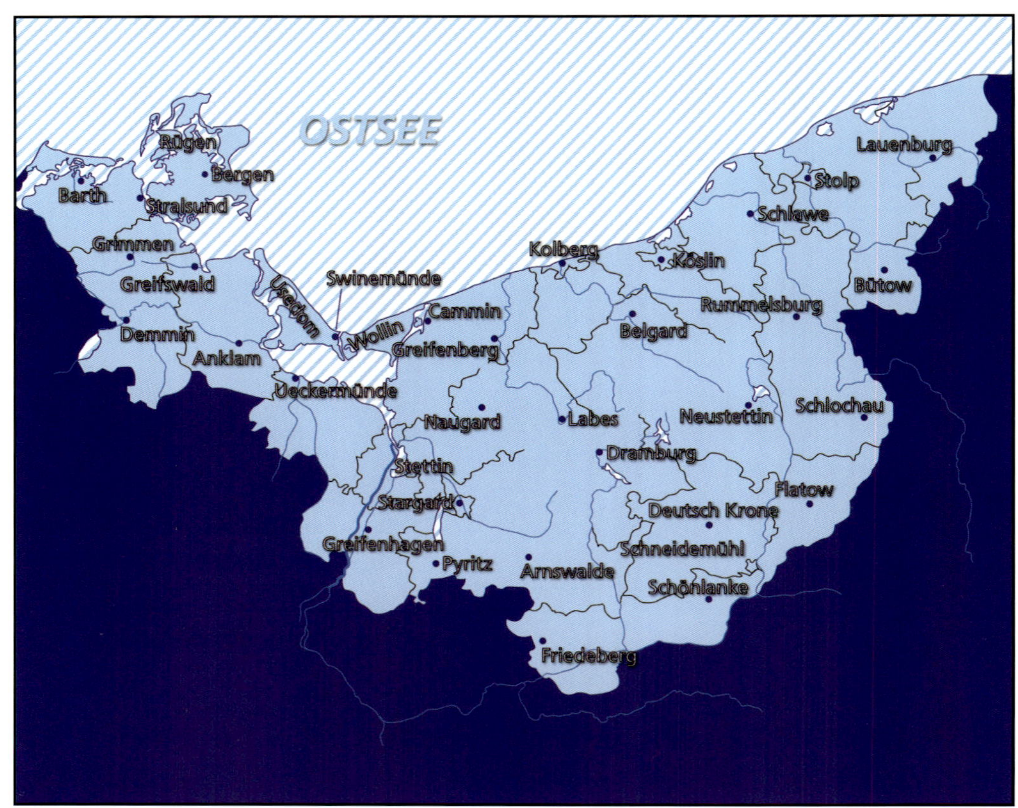

Aus Tafel 13 und 14: Pommern seit 1938

Außenpolitisch erklärt Hitler das Reich zum „Bollwerk Europas" gegen die Sowjetunion. Polen ist jetzt nicht mehr, wie noch zu Zeiten der Weimarer Republik, der Hauptfeind.

Der deutsch-polnische Grenz- und Minderheitenkonflikt steht zunächst nicht im Vordergrund der aggressiven NS-Außenpolitik. Pilsudski steht einer Verständigung mit Deutschland nicht gänzlich abgeneigt gegenüber und ist durch die bevorstehende Aufnahme der Sowjetunion in den Völkerbund in Fragen der eigenen Ostgrenze alarmiert. Der Bolschewismus als Feindbild der Nationalsozialisten und Russland als Feind der Jagellionen bie-

Hitlers Herrschaft und Expansionspolitik im Osten

Die nationalsozialistische Regierungsübernahme Anfang 1933 läutet eine verhängnisvolle Entwicklung ein, die Europa in Trümmern hinterlassen wird – im Nachhinein.
Für den Zeitzeugen sieht das natürlich anders aus. Viele lassen sich von den scheinbaren wirtschafts- und außenpolitischen Erfolgen der neuen Regierung blenden. Die verbleibenden Kritiker werden mit allen Mitteln eines totalitären Regimes bekämpft. Die Ausschaltung des Rechtsstaates geht einher mit dem Terror von SS und SA gegen politische Gegner und rassenideologische Feinde. Mit Franz Schwede wird 1934 ein Gauleiter in Pommern eingesetzt (die preußische Provinz besteht seit der NSDAP-Machtübernahme nur noch pro forma), der als besonders ergeben und brutal bekannt ist. Die Verfolgung der Juden wird von Gauleiter Schwede mit besonderem Eifer betrieben. Seit 1936 wird in Peenemünde auf der pommerschen Insel Usedom ein Raketenversuchsprogramm betrieben. Auch unter dem Einsatz von KZ-Häftlingen werden die späteren V-Waffen entwickelt. Alle wichtigen Raketenprogramme der Zukunft – die der USA, der Sowjetunion und auch Frankreichs – basieren auf den Forschungen dieses Programms, alle unter Einbeziehung von „angeworbenen" Peenemünder Ingenieuren.

Außenpolitisch erklärt Hitler das Reich zum „Bollwerk Europa" gegen die Sowjetunion. Polen ist jetzt nicht mehr, wie noch zu Zeiten der Weimarer Republik, der Hauptfeind. Im Gegenteil: Das deutsch-polnische Verhältnis erlebt zunächst einen Kontinuitätsbruch zum Positiven. Im Januar 1934 wird ein Nichtangriffspakt zwischen Polen und dem Deutschen Reich abgeschlossen. Hitler versucht Warschau in den folgenden Jahren zu weiterer Offensive in der Ukraine als Teil seiner antisowjetischen Politik anzustiften. Doch zuvorderst interessiert den Diktator die Erweiterung des Reiches nach Südosten. Dort bieten sich gute Voraussetzungen für die von Hitler angestrebte Expansionspolitik. 1918 wurde der erklärte Willen der Österreicher nach einem Anschluss an Deutschland von der Entente ignoriert, die 3,5 Millionen Deutschen in Böhmen und Mähren durften ihren Willen gar nicht erst äußern. Seinerzeit gab Frankreich den Ton innerhalb der Entente an, nun zeigen sich die Westmächte unter britischer Dominanz kompromissbereiter. Als im März 1938 die deutsche Wehrmacht in Österreich einmarschiert, erheben sie keinen Widerspruch. Zusammen mit Italien zwingen sie Ende September die Tschechoslowakei durch das Münchner Abkommen zur Abtretung des Sudetenlandes. Daher kommt es nicht zum Krieg, den Hitler durchaus einkalkulierte. Ungewollt stärken die Westmächte damit das Regime in Deutschland. Nicht nur das Deutsche Reich, auch Pommern wird 1938 größer – die Auflösung der Grenzmark „Posen-Westpreußen" bringt die Erweiterung der pommerschen Provinz um die Kreise Schlochau, Flatow, Deutsch-Krone und den Netzekreis mit sich. Damit verlängert sich die pommersch-polnische Grenze um das Doppelte.
Und genau hier wird die Situation im Folgejahr eskalieren.

Im März 1939 befiehlt Hitler zunächst den Einmarsch in die „Rest-Tschechei". Böhmen und Mähren werden zum Protektorat des Reiches erklärt, Polen reagiert mit einer Teilmobilmachung. Angst vor den Deutschen spielt dabei ebenso eine Rolle wie eigene Ambitionen auf zuvor tschechoslowakisches Gebiet. Der englische Premierminister Neville Chamberlain fühlt sich durch den deutschen Bruch des Münchner Abkommens betrogen. Seine zuvor nachgiebige Haltung, die sog. Appeasementpolitik, ist ihm nicht gedankt worden. Statt nun den Rückzug der Deutschen aus mehrheitlich tschechischen Gebieten zu verlangen, konzentriert sich der immer noch zaghafte Brite auf das vermutete nächste Opfer. England gibt eine Garantieerklärung ab, dass es Polen im Falle eines deutschen Angriffes beisteht. Frankreich, traditioneller Freund der Polen, hat vorher schon ähnliches erklärt. Diese Garantien der Westmächte sorgen in Polen für Übermut. Die Ausschreitungen gegen die deutsche Minderheit nehmen wieder zu. Die deutsche Propaganda nimmt das dankbar auf und nutzt den Umstand für sich. Als Reaktion auf die Kompromisslosigkeit des polnischen Außenministers Beck in der Minderheiten-, Danzig- und Grenzfrage, das antideutsche Bündnis aus Polen und Westmächten und aus Enttäuschung über den nicht erfolgten polnischen Angriff gegen die Sowjetunion wechselt Hitler jetzt die Bündnisse. Statt mit Warschau gegen Moskau heißt es nun mit Moskau gegen Warschau. Der Nichtangriffspakt mit Polen wird im April gekündigt, dafür gelingt im August der sog. Hitler-Stalin-Pakt. In einem geheimen Zusatzprotokoll wird Polen aufgeteilt und die Interessensphären im östlichen Mitteleuropa werden abgesteckt. Am 1. September 1939 eröffnet die Wehrmacht nach wochenlangem diplomatischem Schlagabtausch das Feuer gegen den polnischen Nachbarn. Die im Vorjahr verlängerte pommersche Grenze ist zur Front geworden.

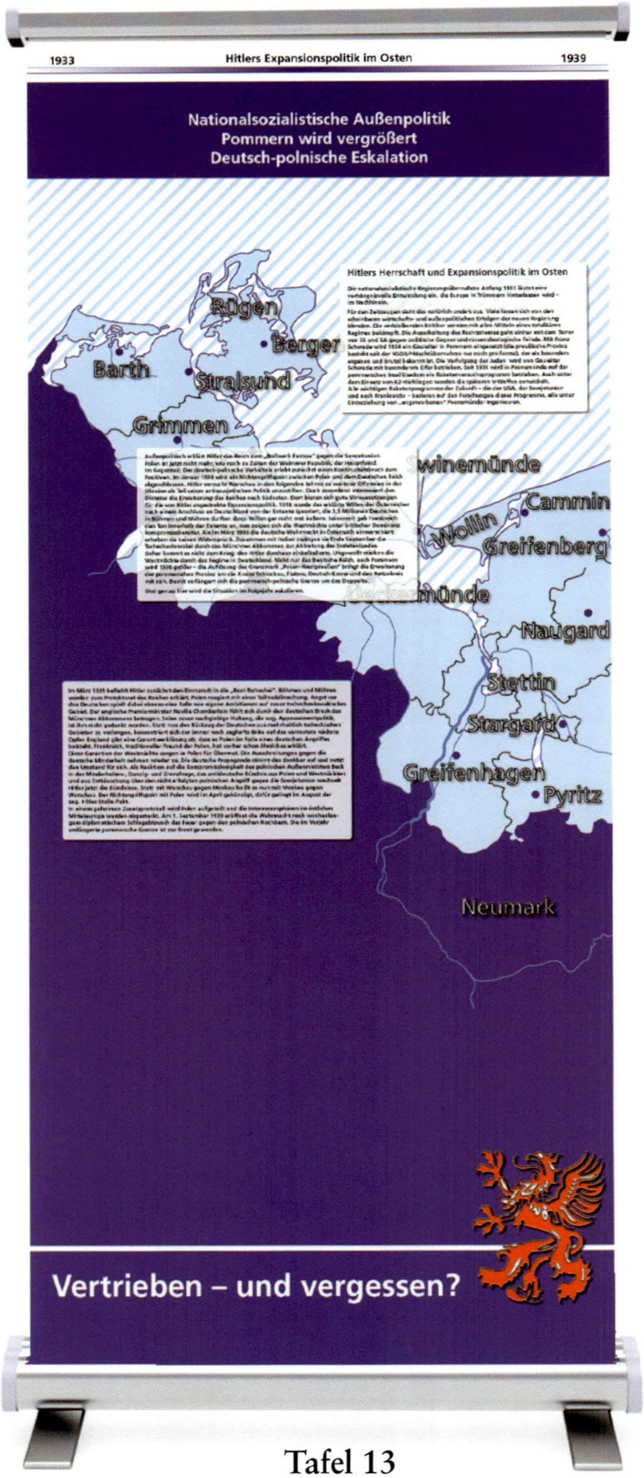

1933 Hitlers Expansionspolitik im Osten 1939

Nationalsozialistische Außenpolitik
Pommern wird vergrößert
Deutsch-polnische Eskalation

Hitlers Herrschaft und Expansionspolitik im Osten

Rügen
Bergen
Barth
Stralsund
Grimmen
Swinemünde
Cammin
Wollin
Greifenberg
Ueckermünde
Naugard
Stettin
Stargard
Greifenhagen
Pyritz
Neumark

Vertrieben – und vergessen?

Tafel 13

1939 Generalplan Ost 1941

Nationalsozialistische Pläne
Vernichtungspolitik und Widerstand
Germanisierung von Osteuropa

Pommern 1939

Polnisch-deutscher Krieg und Widerstand in Pommern

Lauenburg
Stolp
Kolbe
Bütow
Rummelsburg
Belgard
Labes
Neust
Dramburg
Flatow
Arnswalde
Friedeberg

Vertrieben – und vergessen?

Tafel 14

Polnisch-deutscher Krieg und Widerstand in Pommern

Am 1. September 1939 um 4.45 Uhr eröffnet die „Schleswig-Holstein" in der Danziger Bucht das Feuer auf die unter polnischer Hoheit stehende Westerplatte. Der deutsch-polnische Krieg hat begonnen. Es folgen Kriegserklärungen von England und Frankreich an Deutschland, womit der Krieg sich entgegen den Plänen Hitlers sofort zum europäischen Konflikt ausweitet, wenn auch zunächst ohne Kampfhandlungen im Westen („Sitzkrieg"). In den folgenden Jahren wird ein Weltkrieg daraus, der in Ausmaß und Grausamkeit und auch hinsichtlich Vertreibungen alles bisher Dagewesene in den Schatten stellt. Noch am 1. September löst sich der Freistaat Danzig, in dem bereits seit Mitte August Nationalsozialisten den Ton angeben, auf und kehrt, wie es im Jargon der Zeit heißt, „heim ins Reich zurück". Gegen den erbitterten Widerstand der technisch hoffnungslos unterlegenen Polen bewegt sich die Wehrmacht nun in einer Zangenbewegung in das Symbol der unversöhnlichen Territorialansprüche beider Seiten – den Polnischen Korridor. Von Norden aus dem eroberten Danzig und aus Ostpreußen, von Westen aus Pommern. In vorderster Front kämpft der spätere Bundespräsident Richard von Weizsäcker, Sohn des Staatssekretärs im Auswärtigen Amt, Ernst von Weizsäcker. 2 ½ Wochen später ist das komplette polnische Heer westlich des Bugs eingekesselt, die Front steht an der Stadtgrenze Warschaus. Nun erklärt die Sowjetunion, sie betrachte den polnischen Staat als nicht mehr existent. Ab dem 17. September rückt die Rote Armee in Ostpolen ein und besetzt das Land bis zur im geheimen Zusatzprotokoll des „Hitler-Stalin-Paktes" vereinbarten Linie. Warschau, das sich weigert zu kapitulieren, steht unter verheerendem Bombardement der deutschen Luftwaffe.

Vielleicht ahnt die polnische Elite die Vernichtungspolitik, die ihr von beiden Seiten droht, und hält deswegen trotz der nun offensichtlichen Aussichtslosigkeit noch bis zum Monatsende durch. Zum Symbolort der stalinistischen Vernichtungspolitik in Ostpolen wird Katyn in der Nähe von Smolensk. Die deutsche Besatzungspolitik verfolgt neben der polnischen Intelligenz vor allem Juden. Auch gegen die jüdische Bevölkerung im Reich wird durch die Radikalisierung des Krieges immer brutaler vorgegangen, was letztlich in der Vernichtungsmaschinerie des Holocausts grausam endet. Vorreiter ist hier der pommersche Gauleiter Franz Schwede-Coburg. Bereits 1940 lässt er deutsche Juden aus dem Stettiner Raum nach Lublin deportieren, dies schon mit einer sehr hohen Opferzahl. Für diese reichsweit überhaupt erste Deportation bekommt Schwede-Coburg sogar einen Rüffel aus Berlin, weil dafür noch keine Planungen und Vorbereitungen vorgelegen haben.

Im Widerstand gegen das NS-Regime ist Pommern vielschichtig beteiligt, so etwa im christlichen Widerstand der Bekennenden Kirche. Diese ist als Reaktion gegen die von den nationalsozialistischen „Deutschen Christen" angestrebte Selbstgleichschaltung der Evangelischen Kirche entstanden. Ihr prominentester Vertreter ist der Schlesier Dietrich Bonhoeffer. Ab 1935 leitet er das Predigerseminar der Bekennenden Kirche in Finkenwalde bei Stettin. Obwohl die Nationalsozialisten das Seminar 1937 schließen, predigt Bonhoeffer in Finkenwalde noch bis 1940 illegal weiter. Erst als das Regime ihm ein Rede- und Schreibverbot erteilt, muss Bonhoeffer seine Tätigkeit in Pommern beenden. Das bedeutet jedoch keineswegs das Ende seines Engagements, denn nun schließt sich der Theologe dem militärischen Widerstand um den Admiral Wilhelm Franz Canaris an und gehört damit zum Kreis der Verschwörer des 20. Juli 1944. Auch Teile des pommerschen Hochadels unterstützen diesen Kreis, so etwa Reinhold von Thadden und Ewald von Kleist. Von Kleist wird als Mitverschwörer des 20. Juli von den Nationalsozialisten ebenso hingerichtet wie Bonhoeffer, der am 9. April 1945 im KZ Flossenbüttel einer der letzten Toten der Gruppe des 20. Juli ist.

Mit der völligen Besetzung des polnischen Staates durch Wehrmacht und Rote Armee beginnt ab Oktober 1939 auch die Vertreibungspolitik. In der wiedereroberten einstigen preußischen Provinz Posen soll eine deutsche Mustergesellschaft entstehen. Zu Kriegsbeginn leben hier als Ergebnis polnischer Verdrängungspolitik nur noch wenige Deutsche. Die nationalsozialistische Regierung erklärt das Gebiet zum „Reichsgau Wartheland" und deportiert 700.000 Polen und 500.000 Juden von hier – einen Großteil nach Süden und Osten in das deutsch besetzte Gebiet Kernpolens, das sog. Generalgouvernement. Die verlassenen Häuser, Betriebe und Gehöfte sollen mit Deutschen gefüllt werden. Neben 370.000 Reichsdeutschen werden 350.000 Volksdeutsche aus dem Baltikum, Ostgalizien, Wolhynien und Südtirol im „Wartheland" angesiedelt. Mit dem deutschen Angriff auf die Sowjetunion im Juni 1941 weiten sich die Bevölkerungsverschiebungen aus. Stalin lässt die Russlanddeutschen kollektiv und wahrheitswidrig zu Kollaborateuren erklären. Deportiert aus ihren traditionellen Siedlungsgebieten am Schwarzen Meer und an der Wolga sind sie die erste große Gruppe deutscher Vertriebener. Hitler führt nun seinen Weltanschauungskrieg gegen den Bolschewismus, um aus der sowjetischen Konkursmasse „Lebensraum" zu gewinnen und die Millionen Auslandsdeutschen in einem geschlossenen Siedlungsraum an das Reich zu binden. Durch das sich wendende Kriegsgeschehen bleibt dieser „Generalplan Ost" aber in Ansätzen stecken.

ten die Gelegenheit zu einem oberflächlichen deutsch-polnischen Ausgleich. Am 26. Januar 1934 wird ein Nichtangriffspakt zwischen Polen und dem Deutschen Reich geschlossen. Die Vertragspartner garantieren sich hierin zehn Jahre Gewaltverzicht und Nichteinmischung in innere Angelegenheiten, zudem wird der Wille zum „Aufbau eines guten nachbarschaftlichen Verhältnisses" bekundet. Hitler versucht Warschau in den folgenden Jahren zu weitergehenden Gebietsansprüchen in der Ukraine als Teil seiner antisowjetischen Politik anzustiften. Doch in erster Linie interessiert den Diktator die Erweiterung des Reiches nach Südosten. Dort bieten sich gute Voraussetzungen für die angestrebte Expansionspolitik. Nach dem Weltkrieg wurde der erklärte Wille der Österreicher zu einem Anschluss an Deutschland von der Entente ignoriert. Die 3,5 Millionen Deutschen in Böhmen und Mähren durften ihren Willen gar nicht erst äußern, sie werden seither als Minderheit in der neu gegründeten Tschechoslowakei ähnlich repressiv behandelt wie ihre Landsleute in Polen. 1919 gab Frankreich den Ton innerhalb der Entente an, nun zeigen sich die Westmächte unter britischer Dominanz kompromissbereiter. Als im März 1938 die Wehrmacht in Österreich einmarschiert, erheben sie keinen Einspruch. Zusammen mit Italien zwingen sie Ende September die Tschechoslowakei durch das Münchner Abkommen zur Abtretung des Sudetenlandes. Daher kommt es nicht zum Krieg, den Hitler durchaus einkalkuliert. Zwangsläufig stärken die Westmächte so das Regime in Deutschland. Nicht nur das Deutsche Reich, auch Pommern wird 1938 größer – die innerstaatliche Auflösung der Grenzmark „Posen-Westpreußen" bringt die Erweiterung der pommerschen Provinz um die Kreise Schlochau, Flatow, Deutsch-Krone und den Netzekreis mit sich. Damit verlängert sich die pommersch-polnische Grenze um das Doppelte. Und auch hier wird die Situation im Folgejahr eskalieren.

Am 1. Oktober 1938 marschiert die Wehrmacht ohne Widerstand in die Sudetengebiete ein, umjubelt von vielen Sudetetendeutschen, die nach jahrelangen Konflikten mit dem tschechoslowakischen Staat verblendet sind. Einen Tag später besetzen polnische Truppen das Teschener Schlesien und nutzen die Gelegenheit, um sich ihren Anteil am tschechoslowakischen Kuchen zu sichern. Treibende Kraft dieser Expansion ist der seit 1932 amtierende Außenminister der Republik Polen, Józef Beck. Beck, seit dem Ersten Weltkrieg ein enger Mitarbeiter Pilsudskis, ist Verfechter des Dritten Europas. Sein erklärtes Ziel ist es, Polen zur Großmacht in Mittel- und Osteuropa zu machen. Nach dem Tod von Józef Pilsudski 1935 verselbständigt sich diese Großmachtpolitik nach außen. Obwohl formell weiterhin Republik, wird Polen zunehmend ein undemokratischer Staat, was Mitwirkungs- und Minderheitenrechte betrifft. Ausschreitungen gegen Juden werden zwar nicht wie im benachbarten Deutschen Reich von der Regierung initiiert, aber zeitweise zumindest toleriert. Das nationaldemokratische Lager inszeniert einen Kampf zwischen dem Modell eines ethnisch einheitlichen „polnischen Nationalstaates“ und dem als „deutsch-jüdischer Nationalitätenstaat“ bezeichneten multiethnischen Modell. Während man die Deutschen ins Reichsgebiet zu verdrängen sucht, wird den Juden die „freiwillige“ Emigration nahegelegt, und es kursieren Ideen einer jüdischen Ansiedlung auf Madagaskar. Die im nationalsozialistischen Deutschland eskalierende Agitation wird von nicht wenigen Polen trotz ihrer abstoßenden Unmenschlichkeit als Vorbild betrachtet. Zerbrochene Fenster, Parolen-Schmierereien und Boykottaktionen sind auch in Warschau nicht unbekannt. Hier zeigt sich: Es ist der gleiche fehlgeleitete Nationalismus, der Ende der 1930er Jahre endgültig eskaliert.

Im März 1939 befiehlt Hitler zunächst den Einmarsch in die „Rest-Tschechei“. Böhmen und Mähren werden zum Protektorat des Reiches erklärt, Polen reagiert mit einer Teilmobilmachung. Angst vor den Deutschen spielt dabei ebenso eine Rolle wie eigene Ambitionen auf zuvor tschechoslowakisches Gebiet. Der englische Premierminister Neville Chamberlain fühlt sich durch den deutschen Bruch des Münchner Abkommens betrogen. Seine zuvor nachgiebige Haltung, die „Appeasementpolitik“, hat sich nicht ausgezahlt. Statt nun den Rückzug der Deutschen aus den mehrheitlich tschechischen Gebieten zu verlangen, die vom Deutschen Reich entgegen allen Absprachen besetzt wurden, konzentriert sich der immer noch zaghafte Brite auf das vermutete nächste Opfer Hitlers. England gibt eine Garantieerklärung ab, dass es Polen im Falle eines deutschen Angriffes bei-

steht. Frankreich, traditioneller Freund der Polen, hat vorher schon Ähnliches erklärt. Diese Garantien der Westmächte verstärken in Polen das Gefühl der Stärke, das der eigene Einmarsch in Teschen hervorgerufen hat und von dem Becks Großmachtpolitik zehrt. Das eigene militärische Potential wird dabei deutlich überschätzt. Aus dieser vermeintlichen eigenen Stärke heraus wird das Revisionsansinnen der Deutschen für den Korridor und Danzig, welches das NS-Regime in zunehmend aggressiver Rhetorik vorträgt, rigoros zurückgewiesen. Als Hitler mit Krieg droht, zeigt man sich in Polen gänzlich unbeeindruckt und prophezeit den schnellen eigenen Sieg im Kriegsfall. Auch die Ausschreitungen gegen die deutsche Minderheit nehmen 1939 wieder zu. Die deutsche Propaganda nimmt das dankbar auf und nutzt den Umstand für sich. In Änderung seiner ursprünglichen Strategie wechselt Hitler jetzt die Bündnisse. Statt mit Warschau gegen Moskau heißt es nun mit Moskau gegen Warschau. Der Nichtangriffspakt mit Polen wird im April gekündigt, dafür verbünden sich die totalitären Regime im August durch den sogenannten Hitler-Stalin-Pakt. In einem geheimen Zusatzprotokoll wird eine Einigung über die Aufteilung Polens und die Absteckung der Interessensphären im östlichen Mitteleuropa erzielt.

Zu Tafel 14: Generalplan Ost

Am 1. September 1939 eröffnet die Wehrmacht das Feuer gegen den polnischen Nachbarn. Um 4.45 Uhr beschießt die „Schleswig-Holstein" in der Danziger Bucht die unter polnischer Hoheit stehende Westerplatte. Es folgen Kriegserklärungen von England und Frankreich an Deutschland, womit der Krieg sich entgegen den Plänen Hitlers sofort zum europäischen Konflikt ausweitet, wenn auch zunächst ohne Kampfhandlungen („Sitzkrieg" im Westen). In den folgenden Jahren wird ein Weltkrieg daraus, der an Ausmaß und Grausamkeit und auch hinsichtlich der Vertreibungen alles bisher Dagewesene in den Schatten stellt. Noch am 1. September löst sich der Freistaat Danzig, in dem bereits seit Mitte August Nationalsozialisten den Ton angeben, auf und kehrt, wie es im Jargon der Zeit heißt, „heim ins Reich". Gegen den erbitterten Widerstand der technisch hoffnungslos unterlegenen Polen bewegt sich die Wehrmacht nun in einer Zangenbewegung in den Polnischen Korridor, das Symbol der unversöhnlichen Territorialansprüche beider Seiten: von Norden aus Danzig und Ostpreußen, von Westen aus Pommern. Die im Vorjahr verlängerte pommersch-polnische Grenze ist zur Front geworden. Die polnischen Behörden im Korridor reagieren auf den deutschen Angriff mit dem Aufstellen fragwürdiger „Bürgerwehren", es kommt zu Ausschreitungen gegen die deutsche Minderheit. Am 3. und 4. September 1939 werden bei Massakern in Bromberg mindestens 400, nach manchen Historikern bis zu 5.000 deutsche Zivilisten getötet.

Zweieinhalb Wochen später ist das gesamte polnische Heer westlich des Bugs eingekesselt, die Front steht an der Stadtgrenze Warschaus. Nun erklärt die Sowjetunion, sie betrachte den polnischen Staat als nicht mehr existent. Ab dem 17. September rückt die Rote Armee in Ostpolen ein und besetzt das Land bis zur im geheimen Zusatzprotokoll des Hitler-Stalin-Paktes vereinbarten Linie. Warschau, das sich weigert zu kapitulieren, steht unter verheerendem Bombardement der deutschen Luftwaffe. Vielleicht ahnt die polnische Elite die Vernichtungspolitik, die ihr von beiden Seiten droht, und hält deswegen trotz der nun offensichtlichen Aussichtslosigkeit noch bis zum Monatsende durch.

Mit der vollständigen Besetzung des polnischen Staates durch Wehrmacht und Rote Armee beginnt ab Oktober 1939 auch die Vertreibungspolitik im nördlichen Osteuropa. Hitler ernennt den Chef der SS Heinrich Himmler zum „Reichskommissar für die Festigung deutschen Volkstums". Seine Aufgaben: „Rückführung" von Auslandsdeutschen in das (wieder-)eroberte Gebiet und „Ausschaltung des schädigenden Einflusses volksfremder Bevölkerungsteile". Das deutsch besetzte Gebiet wird in die Reichsgaue Danzig-Westpreußen und Wartheland sowie das „Generalgouvernement" aus den ehemaligen Bezirken Warschau, Krakau, Radom und Lublin, zu dem später noch Galizien kommt, unterteilt. Aus Danzig-Westpreußen, dem Wartheland, aus Oberschlesien, dem Bezirk Zichenau (Ciechanów) und dem Kreis Sudauen (Suwalki) werden insgesamt etwa 840.000 Polen vertrieben oder deportiert, davon etwa 70.000-80.000 polnische Juden, die in Ghettos und später in Konzentrationslager ver-

bracht werden. Das Generalgouvernement wird ähnlich der „Rest-Tschechei“ wie eine Kolonie von Deutschland beherrscht, ohne dem Reich formell angeschlossen zu werden. Volkstumskämpfe zwischen SS-Einheiten, Polen und Ukrainern, die ihre Chance zur Revanche gegen die Polen ergreifen, gehören zur Tagesordnung. Die verlassenen Häuser, Betriebe und Gehöfte im Wartheland sollen mit Deutschen gefüllt werden. Neben 195.000 Reichsdeutschen werden 245.000 Volksdeutsche aus dem Baltikum, Ostgalizien, Wolhynien und Südtirol im Wartheland angesiedelt. Trotz dieser Ansiedlung bleiben die Deutschen einschließlich der Volkslistenangehörigen auch zu Beginn des Jahres 1944 gegenüber der Gesamtbevölkerung mit einem Anteil von etwa 22 Prozent deutlich in der Minderheit.

Mit dem deutschen Angriff auf die Sowjetunion im Juni 1941 weiten sich die Bevölkerungsverschiebungen aus. Stalin lässt die Russlanddeutschen kollektiv und wahrheitswidrig zu Kollaborateuren erklären. Deportiert aus ihren traditionellen Siedlungsgebieten am Schwarzen Meer oder an der Wolga sind sie die erste große Gruppe deutscher Vertriebener. Hitler führt nun seinen Weltanschauungskrieg gegen den Bolschewismus. Aus der sowjetischen „Konkursmasse“ sollen „Lebensraum“ gewonnen und die Millionen Auslandsdeutschen in einem geschlossenen Siedlungsraum an das Reich gebunden werden. Als erster Schritt sollen das Generalgouvernement nun germanisiert und die Polen – sowohl die hier beheimateten als auch die erst im Jahr zuvor hierher umgesiedelten – weiter nach Osten vertrieben werden. Gegen den Widerstand der zivilen deutschen Behörden will Himmler in Zamość, 100 km nordwestlich von Lemberg, 27.000 Volksdeutsche ansiedeln und lässt die heimischen Bauern ausweisen. „Himmlerstadt“, wie Zamość in der Propaganda nun genannt wird, ist der Prototyp einer germanisierten Stadt in Osteuropa. SS-Standartenführer Konrad Meyer, im zivilen Leben Professor für Agrarwissenschaften der Universität Berlin, arbeitet im Auftrag Himmlers ein Gesamtkonzept aus. Seine Denkschrift *„Generalplan Ost – Rechtliche, wirtschaftliche und räumliche Grundlagen des Ostaufbaus“* legt er Ende Mai 1942 vor. Derartige Planungen und die erst in Ansätzen verwirklichten Zwangsumsiedlungen dienten nach dem Kriegsende zur Legitimation der rechtswidrigen Vertreibung der Deutschen.

Zu Tafel 15: Haltung der Alliierten und der Polen im Exil zur Vertreibung der Deutschen

Der Angriff gegen die Sowjetunion führt letztlich zum Gegenteil der vorgesehenen neuen deutschen Siedlungsgebiete in Osteuropa. Stattdessen werden die Deutschen aus dem östlichen Mitteleuropa vertrieben – sogar aus dem Hunderte Kilometer von den umkämpften Gebieten entfernten Pommern. Denn das sowjetische Regime unter Josef Stalin schließt sich nach dem Angriff des zuvor verbündeten Deutschen Reiches mit den angelsächsischen Mächten zusammen. Sein Kriegsziel der Expansion nach Westen bleibt jedoch. Mindestens die im polnisch-sowjetischen Krieg 1921 verlorenen Gebiete bis zur Curzon-Linie sollen zurückgewonnen werden. Um den sowjetischen Machtbereich abzusichern, soll zudem Nachkriegspolen zum einen im Westen und Norden mit deutschem Gebiet entschädigt, zum anderen mit einer ebenfalls kommunistischen Regierung versehen werden.

Auch die nichtkommunistische polnische Exilregierung in London hält die bereits vor dem Krieg geäußerten Annexionswünsche im Laufe des Krieges verstärkt aufrecht. Großbritannien ist zwar zu Grenzbegradigungen und Zugeständnissen bereit, fixiert aber bis 1941 keine vertragliche Zusage. Erst nach konkreten Schritten zur Zusammenarbeit mit den USA im Frühjahr 1941 und der Erweiterung des Kriegsschauplatzes in Osteuropa durch den deutschen Angriff auf die Sowjetunion vom 22. Juni 1941 sieht sich die britische Regierung in der Pflicht, zu einer Nachkriegsordnung für Mittel- und Osteuropa Stellung zu beziehen. An Bord des britischen Schlachtschiffs HMS Prince of Wales in der Neufundlandbai verabschieden der amerikanische Präsident Franklin D. Roosevelt und der britische Premierminister Winston Churchill nach langen Beratungen mit der Zielvorgabe der *„endgültigen Zerstörung der Nazityrannei“* die sogenannte „Atlantik-Charta“. Diese acht Punkte umfassende Charta ist von jenem Moment an Leitfaden der westlichen Verbündeten. Unter anderem besagt sie, dass *„keine territorialen Veränderungen zustande kommen, die nicht mit den frei geäußerten Wünschen der betroffenen Völker übereinstimmen.“* Für die polnischen Forderungen stellt das zunächst einen herben Rückschlag dar. Der Atlantik-Char-

ta schließen sich schnell weitere alliierte Mächte an, auch die Sowjetunion, obwohl sich diese wegen der Nichtberücksichtigung bei den Verhandlungen brüskiert fühlt und eigene Pläne zur Neuordnung Ost- und Mitteleuropas hat. Im Dezember 1941 kann der britische Außenminister Anthony Eden ersten Überlegungen Josef Stalins mit Verweis auf die Atlantik-Charta noch nicht verbindlich zustimmen. Doch die sowjetischen Forderungen nach der Übertragung des nördlichen Ostpreußens und der Landvergabe Hinterpommerns *„bis zur Oder“* an Polen leiten ein Umdenken der Alliierten ein. Ab April 1943 ist dieses Prinzip der *„Kompensation für Polen durch Landgewinn im Westen“* nicht mehr nur eine Maxime der sowjetischen, sondern auch der britischen Politik. Weil die Sowjetunion unter keinen Umständen bereit ist, die durch den Hitler-Stalin-Pakt zurückeroberten, östlich der Curzon-Linie liegenden polnischen Gebiete nach dem Krieg an Polen zurückzugeben, arrangieren sich die Briten mit der Westverschiebung Polens. So werden die Spannungen zwischen den beiden europäischen Großmächten, die es durch den Abbruch der diplomatischen Beziehungen zwischen der Sowjetunion und der polnischen Exilregierung am 16. Januar 1943 nach der Aufdeckung der Massenerschießungen von Katyn gegeben hat, auch auf dem Rücken der Pommern bereinigt. Auf der Geheimkonferenz in Teheran vom 28. November bis zum 1. Dezember 1943 sollen die Positionen der Alliierten endgültig auf eine Linie gebracht werden. Der Kriegsverlauf und die Tatsache, dass die Rote Armee kurz vor der sowjetisch-polnischen Vorkriegsgrenze steht, führen auf der Konferenz dazu, dass die amerikanische und die britische Delegation rasch auf die Westverschiebung Polens eingehen.

Sie formulieren, dass *„die Heimstatt des polnischen Staates und Volkes zwischen der sogenannten Curzon-Linie und der Oder-Linie liegen soll“*. Die westlichen Alliierten sind somit entschlossen, die Ostgrenze Polens bereits zu diesem frühen Zeitpunkt endgültig zugunsten der Sowjetunion zu klären. Eine genaue Festlegung der Westgrenze bleibt allerdings aus. Nun stehen diesem Ziel Stalins nur noch Forderungen der polnischen Exilregierung unter Mikolajczyk nach der Wiederherstellung der Vorkriegsgrenze Polens im Osten entgegen. Daher setzt Stalin nach dem Einmarsch der Roten Armee in Polen eine ohnehin angedachte neue kommunistische Regierung ein, das sogenannte Lubliner Komitee. Mit dieser in Lublin tagenden polnischen Zweitregierung schließt er am 27. Juli 1944 einen völkerrechtlichen Vertrag ab, in dem Polen seine Westverschiebung anerkennt. Als Grenzen werden im Osten ungefähr die Curzon-Linie und im Westen die in Schlesien sogar noch über die Oder-Linie hinausgehende Oder-Neiße-Grenze festgelegt. Dieses zunächst geheim gehaltene Abkommen wird am 18. Dezember 1944 durch die Forderung nach diesen Grenzen durch das Lubliner Komitee in der Prawda bekannt. Auf Seiten der westlichen Alliierten ist die Betroffenheit groß, zumal bis zuletzt die Exilregierung Mikolajczyk unterstützt wird. Zudem hat das Londoner Protokoll vom 12. September 1944 noch die Aufteilung Deutschlands in Besatzungszonen *„innerhalb seiner Grenzen, wie sie am 31. Dezember 1937 waren"* festgelegt. Die Territorialfrage wollen die westlichen Alliierten auf eine Friedenskonferenz vertagen. So lange wollen Stalin und das Lubliner Komitee nicht warten.

Aus Tafel 15 und 16: Konferenz in Jalta 1945 mit Churchill, Roosevelt und Stalin

Die polnische Exilregierung in London hält bereits vor dem Krieg geäußerte Annexionswünsche im Laufe des Krieges verstärkt aufrecht. Großbritannien ist zwar zu Grenzbegradigungen und Zugeständnissen bereit, fixiert aber bis 1941 keine vertragliche Zusage. Erst nach konkreten Schritten zur Zusammenarbeit mit den USA im Frühjahr 1941 und der Erweiterung des Kriegsschauplatzes in Osteuropa durch den deutschen Angriff auf die Sowjetunion vom 22. Juni 1941 sieht sich die britische Regierung in der Pflicht, zu den polnischen Annexionsforderungen Stellung zu beziehen. An Bord des britischen Schlachtschiffs HMS Prince of Wales in der Neufundlandbai verabschieden der amerikanische Präsident Franklin D. Roosevelt und der britische Premierminister Winston Churchill nach langen Beratungen mit der Zielvorgabe der „endgültigen Zerstörung der Nazityrannei“ die sogenannte „Atlantik-Charta“. Diese acht Punkte umfassende Charta ist von jenem Moment an Leitfaden der westlichen Verbündeten. Unter anderem besagt sie, dass „keine territorialen Veränderungen zustande kommen, die nicht mit den frei geäußerten Wünschen der betroffenen Völker übereinstimmen.“ Für die polnischen Forderungen stellt das zunächst einen herben Rückschlag dar.

Der Atlantik-Charta schließen sich schnell weitere alliierte Mächte an. Auch die Sowjetunion, obwohl sich diese wegen der Nichtberücksichtigung bei den Verhandlungen brüskiert fühlt und eigene Pläne zur Neuordnung Ost- und Mitteleuropas hat. Im Dezember 1941 kann der britische Außenminister Anthony Eden ersten Überlegungen Josef Stalins mit Verweis auf die Atlantik-Charta noch nicht verbindlich zustimmen. Doch die sowjetischen Forderungen nach der Übertragung des nördlichen Ostpreußens und der Landvergabe Hinterpommerns „bis zur Oder“ an Polen leiten ein Umdenken der Alliierten ein. Ab April 1943 ist dieses Prinzip der „Kompensation für Polen durch Landgewinn im Westen“ nicht mehr nur eine Maxime der sowjetischen, sondern auch der britischen Politik. Weil die Sowjetunion unter keinen Umständen bereit ist, die durch den Hitler-Stalin-Pakt zurückeroberten, östlich der Curzonlinie liegenden polnischen Gebiete nach dem Krieg an Polen zurückzugeben, arrangieren die Briten sich mit der Westverschiebung Polens. So werden die Spannungen zwischen den beiden europäischen Großmächten, die es durch den Abbruch der diplomatischen Beziehungen zwischen der Sowjetunion und der polnischen Exilregierung am 16. Januar 1943 nach der Aufdeckung der Massenerschießungen von Katyn gegeben hat, auch auf dem Rücken der Pommern bereinigt.

Auf der Geheimkonferenz in Teheran vom 28. November bis zum 1. Dezember 1943 sollen die Positionen der Alliierten endgültig auf eine Linie gebracht werden. Der Kriegsverlauf und die Tatsache, dass die Rote Armee kurz vor der sowjetisch-polnischen Vorkriegsgrenze steht, führen auf der Konferenz dazu, dass die amerikanische und die britische Delegation rasch auf die Westverschiebung Polens eingehen. Sie formulieren, dass „die Heimstatt des polnischen Staates und Volkes zwischen der sogenannten Curzonlinie und der Oderlinie liegen soll“. Die westlichen Alliierten sind somit entschlossen, die Ostgrenze Polens bereits zu diesem frühen Zeitpunkt endgültig zu Gunsten der Sowjetunion zu klären. Eine Festlegung der Westgrenze bleibt allerdings aus. Nun stehen diesem Ziel Stalins nur noch Forderungen der polnischen Exilregierung unter Mikolajczyk nach der Wiederherstellung der Vorkriegsgrenze Polens im Osten entgegen. Daher setzt Stalin nach dem Einmarsch der Roten Armee in Polen eine neue kommunistische Regierung ein, das sogenannte Lubliner Komitee. Mit dieser in Lublin tagenden polnischen Zweitregierung schließt er am 27. Juli 1944 einen völkerrechtlichen Vertrag ab, in dem die Polen die Westverschiebung ihres Landes anerkennen. Als Grenzen werden im Osten ungefähr die Curzonlinie und im Westen die in Schlesien sogar noch über die Oderlinie hinausgehende Oder-Neiße-Grenze festgelegt. Dieses zunächst geheim gehaltene Abkommen wird am 18. Dezember 1944 durch die Forderung nach diesen Grenzen durch das Lubliner Komitee in der Prawda bekannt. Auf Seiten der westlichen Alliierten ist die Betroffenheit groß, zumal man bis zuletzt die Exilregierung Mikolajczyk unterstützt hat. Zudem hatte das Londoner Protokoll vom 12. September 1944 noch die Aufteilung Deutschlands „innerhalb seiner Grenzen, wie sie am 31. Dezember 1937 waren,“ festgelegt. Die Territorialfrage wollen die westlichen Alliierten auf eine Friedenskonferenz vertagen. So lange wollen Stalin und das Lubliner Komitee nicht warten.

1941
Haltung der Alliierten und der Polen im Exil zur Vertreibung der Deutschen
1944
Atlantikcharta
Britische und sowjetische Pläne
Polnische Exilregierung und Lubliner Komitee
Vertrieben – und vergessen?

Tafel 15

1944 Alliierte Pläne für die Zukunft Pommerns 1945

Jalta
Hinterpommern geteilt?
Potsdam

Vertrieben – und vergessen?

Tafel 16

Die Anerkennung des Lubliner Komitees als einzige polnische Regierung durch die Sowjetunion am 1. Januar 1945 verschärft die Atmosphäre erheblich. Auf der Krimkonferenz in Jalta vom 4. bis zum 11. Februar 1945 treten die drei alliierten Großmächte mit grundsätzlich verschiedenen Zielen an. Vor allem die Grenzen Pommerns sehen sie dabei vollkommen unterschiedlich. Die USA wollen „nur“ den östlichen Zipfel Hinterpommerns bis zu einer Linie Belgard – Kreuz den Polen zubilligen. Die britische Delegation um Churchill und Eden steht für die Odergrenze ein, will es aber definitiv dabei belassen. Stalin und die sowjetische Delegation haben weitergehende Pläne. Ihr Auftreten ist durch das Vorrücken der Roten Armee auf deutschem Territorium selbstbewusst und geradlinig. Die USA dagegen sind wegen Schwierigkeiten auf dem asiatischen Kriegsschauplatz kompromissbereit. Für die beiden westlichen Alliierten ist es ohnehin prinzipiell entscheidender, Nachkriegspolen nicht in den Machtbereich der Sowjetunion fallen zu lassen. Die Diskussion über die deutsch-polnische Nachkriegsgrenze führt zu keinem Ergebnis. Stalin rückt von seinen Forderungen nicht ab. Churchill kommentiert die Situation, indem er das berühmte geflügelte Wort von der polnischen Gans, die sich den Magen mit den deutschen Ostgebieten vollstopft, nutzt: „It would be a great pity to stuff the Polish goose so full of German blood that it died of indigestion.“ Die Oder-Grenze wird zum Minimalprogramm, das bei den Alliierten allseits akzeptiert ist. Alles Weitere wird auf eine nach dem Krieg einzuberufende Friedenskonferenz verschoben. Damit scheint das Schicksal Hinterpommerns entschieden. Die USA legen ihre Überlegungen, nur den östlichen Teil Hinterpommerns den Polen zuzugestehen, zunächst zu den Akten und stimmen der Verwaltung ganz Pommerns östlich der Oder durch Nachkriegspolen zu.

Bis zur ersten Nachkriegskonferenz schafft die Sowjetunion nun zum Ärger der westlichen Alliierten vollendete Tatsachen in den eroberten deutschen Ostprovinzen. Die deutsche Bevölkerung wird gequält, gedemütigt und vertrieben, besonders in den Gebieten unmittelbar östlich der Oder. Schon am 14. März 1945 werden die Gebiete in polnische Wojewodschaften unterteilt und somit unter polnische Verwaltung gestellt. Die massiven Proteste der westlichen Alliierten, welche vor allem aufgrund machtpolitischer und nicht humanitärer Bedenken eingelegt werden, bleiben erfolglos.
In Potsdam soll die Frage endgültig geregelt werden.

Die Potsdamer Konferenz findet vom 17. Juli bis zum 2. August 1945 im Schloss Cecilienhof statt. Die Situation zwischen den westlichen Alliierten und der Sowjetunion ist angespannt. Die westlichen Alliierten wollen im Gegensatz zu Jalta und Teheran nicht wieder der Sowjetunion nachgeben. Besonders Winston Churchill besteht auf einer anderen Grenzregelung. Doch die äußeren Umstände machen einen geschlossenen Auftritt der westlichen Alliierten zunichte. Beide Vertreter, die noch auf den vorherigen Konferenzen anwesend waren, können der Potsdamer Konferenz in ihrer entscheidenden Phase nicht beiwohnen. Franklin D. Roosevelt ist am 12. April 1945 gestorben und wird durch Harry S. Truman ersetzt. Winston Churchill wird während der Konferenz von den britischen Wählern abgewählt und muss abreisen. Die neuen Delegationen haben nicht so viel Erfahrung und Vorwissen wie die sowjetische Delegation. Deshalb werden die Forderungen des Westens schroff zurückgewiesen. Die Argumente der USA und Großbritanniens schließen sich an die Vorbehalte aus Jalta und die daraus resultierenden Folgen an. Neben den Zweifeln an der Aufnahmefähigkeit dieser wertvollen deutschen Gebiete durch Polen sprechen sie besonders die enormen Menschenmassen der Vertriebenen an. Die Verhandlungen laufen so in der Grenzfrage auf einen toten Punkt zu. Die abschließende Erklärung der Potsdamer Konferenz sieht die vorläufige polnische Verwaltung der Gebiete östlich von Oder und westlicher Neiße bis zur endgültigen Regelung auf einer Friedenskonferenz vor. Die in Jalta den Polen versprochenen territorialen Kompensationen im Norden und Westen sollen auf dieser Friedenskonferenz näher definiert werden. Somit akzeptiert der Westen die sowjetischen Forderungen zwar vorerst, lässt sich aber die Hintertür der Friedenskonferenz offen.

Kapitel III

Die Vertreibung der Pommern aus ihrer Heimat

Zu Tafel 16: Alliierte Pläne für die Zukunft Pommerns

Die Anerkennung des Lubliner Komitees als einzige polnische Regierung durch die Sowjetunion am 1. Januar 1945 verschärft die Atmosphäre unter den Alliierten erheblich. Auf der Krimkonferenz in Jalta vom 4. bis zum 11. Februar 1945 treten die drei alliierten Großmächte mit grundsätzlich verschiedenen Zielen an. Vor allem die Grenzen Pommerns sehen sie dabei vollkommen unterschiedlich. Die USA wollen „nur" den östlichen Zipfel Hinterpommerns bis zu einer Linie Belgard–Kreuz den Polen zubilligen. Die britische Delegation um Churchill und Eden steht für die Oder-Grenze ein, will es aber definitiv dabei belassen. Stalin und die sowjetische Delegation haben weitergehende Pläne. Ihr Auftreten ist durch das Vorrücken der Roten Armee auf deutschem Territorium selbstbewusst und geradlinig. Die USA dagegen sind wegen Schwierigkeiten auf dem asiatischen Kriegsschauplatz kompromissbereit. Für die beiden westlichen Alliierten ist es ohnehin prinzipiell entscheidender, Nachkriegspolen nicht in den Machtbereich der Sowjetunion fallen zu lassen. Die Diskussion über die deutsch-polnische Nachkriegsgrenze führt zu keinem Ergebnis. Stalin rückt von seinen Forderungen nicht ab. Churchill bezweifelt in bildlicher Sprache die Möglichkeiten eines polnischen Nachkriegsstaates, Westgebiete in dem von Stalin geforderten Umfang zu bewirtschaften: *„It would be a great pity to stuff the Polish goose so full of German blood that it died of indigestion."* Die Oder-Grenze wird zum Minimalprogramm, das bei den Alliierten allseits akzeptiert ist. Alles Weitere wird auf eine nach dem Krieg einzuberufende Konferenz verschoben. Damit scheint das Schicksal Hinterpommerns entschieden. Die USA legen ihre Überlegungen, nur den östlichen Teil Hinterpommerns den Polen zuzugestehen, zunächst zu den Akten und stimmen der Verwaltung ganz Pommerns östlich der Oder durch Nachkriegspolen zu.

Zu Tafel 17: Flucht und Vertreibung der Pommern

Der Untergang des deutschen Ostens beginnt bereits einen Monat vor dem entsprechenden Beschluss in Jalta. Schon im Herbst 1944 ist es zu ersten Überschreitungen der alten Reichsgrenze durch die Rote Armee und zum Massaker von Nemmersdorf gekommen. Zahlreiche Ost- und einige Westpreußen sind bereits geflohen. Viele davon nach Pommern, nachdem die NS-Führung auf Betreiben des Danziger Gauleiters Albert Foster die Weigerung Schwede-Coburgs, Flüchtlinge aufzunehmen, und seinen Versuch, die „Grenze" nach Westpreußen abzuriegeln, zurückgewiesen hat. Pommern gilt gemeinhin als sicher, was sich später sowohl für die Ortsansässigen wie auch für die nach hier geflohenen Ostdeutschen als fataler Irrtum erweisen soll. Aber nur wenige von ihnen wissen um die alliierten und die polnischen Pläne für Pommern, nur wenige um die apokalyptische Züge annehmende Strategie, zu der Hitler die Militärführung in den letzten Kriegsmonaten nötigt: Statt einer beweglichen Verteidigung, wie sie unter anderem der Stabschef des Heeres, Generaloberst Heinz Guderian, vorschlägt, ordnet der Diktator an, generell keinen Meter zurückzuweichen. Neben dem taktischen Fehler, den dieses unflexible Halten jeder Stellung zu jeder Zeit bedeutet, erhöht das Regime damit auch die Zahl der menschlichen Tragödien, welche die Eroberung durch die Rote Armee mit sich bringt. Denn auch eine Evakuierung der Zivilbevölkerung lehnen die Gauleiter ab, entsprechend ihrer zynischen Erkenntnis: *„Ein Bauernhof voller Kinder wird hartnäckiger verteidigt als ein leeres Gehöft."* Von den nach jahrelangen verlustreichen Kämpfen ohnehin ausgezehrten deutschen Verbänden an der Ostfront lässt Hitler weitere Soldaten für die Ardennenoffensive im Westen abziehen – für einen Strohhalm, dessen Wirkung nach Anfangserfolgen verpufft. Zudem weigert er sich beharrlich gegen das ständige Drängen Guderians, die in Kurland militärisch sinnlos gewordene Front zurückzunehmen und die dort stehenden, noch relativ starken Verbände zur Verteidigung des Reiches freizugeben. Die *„Verlorenen von Kurland"* sollen letztlich bis in den Mai 1945 (!) untätig und nutzlos im Baltikum sein.

1944 — Flucht und Vertreibung der Pommern — 1948

Ankunft der Vertriebenen aus dem Osten
Fluchtverbot
Überstürzte Vertreibung

Flucht und Vertreibung der Pommern

Vertrieben – und vergessen?

Tafel 17

Flucht und Vertreibung der Pommern

Mit der sowjetischen Großoffensive im Januar 1945 beginnt der Untergang des deutschen Ostens. Bereits im Herbst des Vorjahres ist es zu ersten Überschreitungen der alten Reichsgrenze durch die Rote Armee und zum Massaker von Nemmersdorf gekommen. Nun setzt eine massenhafte Flucht aus den Ostprovinzen des Reiches ein. Am 12. Januar 1945 brechen die ersten Massentrecks in den Westen auf, Tausende werden folgen. Diejenigen, die bleiben (müssen) oder deren Flüchtlingstrecks von der Roten Armee eingeholt werden, fallen deren Terror anheim. Im Schlepptau der Roten Armee sind oft polnische Milizen, die dem „Lubliner Komitee" nahestehen. Sie führen das brutale Vorgehen gegen die deutsche Bevölkerung fort, übertreffen es zum Teil sogar. Neben Massentötungen und Massenvergewaltigungen beginnen die „Wilden Vertreibungen", also das unorganisierte und willkürliche Verjagen deutscher Hausbewohner. Die Vertreibung ist mit zahlreichen Repressalien verbunden, zunächst durch ungeheuere Brutalität der Roten Armee gegenüber der Zivilbevölkerung (Morde, Brandschatzungen, Massenvergewaltigungen), später durch Drangsalierungen von der neu angesiedelten polnischen Bevölkerung und Verwaltung. Manchmal sind vormalige polnische oder russische Opfer oder deren Angehörige jetzt die Täter, in den seltensten Fällen jedoch sind die jetzigen Opfer identisch mit den ehemaligen Tätern – denn die höheren Parteifunktionäre bringen sich selbst im Unterschied zur Zivilbevölkerung als erste in Sicherheit. Letztendlich wird ganz Pommern dem Inferno zum Opfer fallen.

Dem sowjetischen Ansturm an der gesamten Ostfront haben die deutschen Verbände nach jahrelangen verlustreichen Kämpfen nichts mehr entgegenzusetzen. Da hilft auch der 1944 in den Kulissen der Stadt Treptow an der Rega gedrehte Propagandafilm „Kolberg", der mit der Erinnerung an die Rolle der pommerschen Stadt in den napoleonischen Kriegen das Volk zu Tapferkeit und Heldenmut anheizen soll, nicht mehr viel. Nach schweren Bombenangriffen auf Stettin, Anklam, Stralsund, Peenemünde und Sassnitz erreicht Ende Januar 1945 auch der Landkrieg pommersches Gebiet, zunächst die 1938 angegliederte Grenzmark mit der ehemaligen Hauptstadt Schneidemühl. Der mit großem propagandistischen Aufwand errichtete Pommernwall erweist sich als militärisch völlig bedeutungslos. Furchtbare Szenen spielen sich bei der Evakuierung der Bevölkerung über die Ostsee ab, der Untergang der Wilhelm Gustloff mit vielen tausend Opfern vor der pommerschen Küste am 30. Januar ist nur das namhafteste Beispiel. Immerhin gelingt es, den größten Teil der Einwohner sowie bis zu 80.000 Flüchtlinge aus der eingeschlossenen Stadt Kolberg über See zu retten. 20.000 Menschen, darunter über hundert der bereits aus Kolberg Evakuierten, kommen jedoch bei einem schweren amerikanischen Bombenangriff auf Swinemünde ums Leben. Der Vormarsch der russischen Truppen in Pommern ist von besonderer Grausamkeit gegen die Zivilbevölkerung gekennzeichnet, die aufgrund der NS-Durchhalteparolen häufig erst zu spät die Treck- bzw. Fluchterlaubnis erhält.

Auf der Potsdamer Konferenz der drei Siegermächte Sowjetunion, Großbritannien und USA wird dann das skizziert, was schon längst in vollem Gange ist und worüber eigentlich auch schon in Jalta eine grobe Einigung erzielt wurde. Wie andere Reichsprovinzen (Ostpreußen, Schlesien, Ost-Brandenburg) sowie weitere deutsche Siedlungsgebiete außerhalb der Reichsgrenzen von 1937 (Sudetenland, Westpreußen, Banat, Siebenbürgen u.a.) ist Pommern jetzt von der Vertreibung der ansässigen deutschen Bevölkerung betroffen, d.h. von der gewaltsamen und unter Druck betriebenen dauerhaften Verbringung der Bevölkerung von ihren angestammten Heimatorten. Dies betrifft auch die Bevölkerungsteile, die vor Herannahen der Front in Richtung Westen geflüchtet sind, denn ihnen wird nach Beendigung der Kampfhandlungen die Rückkehr verwehrt oder aber man schickt sie zurück, um sie von dort erneut zu vertreiben. Von der Potsdamer Vereinbarung, dass die Ausweisung „in ordnungsgemäßer und humaner Weise erfolgen soll", ist in Pommern ebenso wenig zu spüren wie im gesamten Vertreibungsgebiet. In Pommern lässt sich die Bevölkerungszahl des Vertreibungsgebietes im Gegensatz zum Gesamtkomplex der Vertreibung (Schätzungen zwischen 12 und 15 Millionen Deutsche) ziemlich genau ermitteln: Es sind etwa 1,89 Millionen, dem stehen 500.000 in Vorpommern verbliebene Deutsche gegenüber. Etwa ein Fünftel der Pommern überlebt Flucht und Vertreibung bzw. die damit zusammenhängenden Umstände durch Beschuss von Trecks, willkürliches Erschießen nach Einmarsch, Tod durch Deportation nach Russland, Hunger, Infektionskrankheiten, vor allem Typhus, Ruhr und Diphtherie usw., nicht. Die Überlebenden sind schwer traumatisiert. In der pommerschen Geschichte ist dieser Exitus beispiellos. Selbst der Dreißigjährige Krieg, der grausam in pommerschen Landen wütete und mit einer Teilung Pommerns unter zwei Mächte (Schweden und Preußen) endete, ging nicht mit einer Vertreibung der ansässigen Bevölkerung einher.

Zum Jahreswechsel 1944/45 stehen an der Weichsel nur noch etwa 450.000 deutsche Soldaten mit 700 Panzern und 2.600 Geschützen 2,2 Millionen Rotarmisten gegenüber, die ihrerseits über 7.000 Panzer und 35.000 Geschütze verfügen. Gegen diese Übermacht muss die Ostfront eine insgesamt 700 km lange Frontlinie halten – ein auswegloses Unterfangen.

In der Nacht vom 11. auf den 12. Januar 1945 beginnt die sowjetische Großoffensive, die letztlich auch Pommern unter sich begräbt. Während die 1. Weißrussische Front unter Marschall Georgi Schukow über Posen zum direkten Sturm auf die Reichshauptstadt ansetzt, soll die 2. Weißrussische Front unter Marschall Konstantin Rokossowski nördlich davon über Ostpreußen an der Küste nach Pommern vorrücken. Jetzt setzt eine massenhafte Flucht aus den Ostprovinzen des Reiches ein, viel zu spät und zumeist unorganisiert. Am 12. Januar 1945, dem Tag des sowjetischen Angriffes, brechen die ersten Massentrecks gen Westen auf. Tausende werden folgen. Ohne ihr Hab und Gut, ohne ausreichende Nahrung und in der klirrenden Kälte eines der härtesten Winter des 20. Jahrhunderts versuchen die Menschen, sich in Sicherheit zu bringen. 25 Grad unter dem Gefrierpunkt sind bis in den März hinein keine Seltenheit. Diejenigen, die bleiben oder deren Flüchtlingstrecks von der Roten Armee eingeholt und buchstäblich überrollt werden, fallen deren Terror anheim. Im Schlepptau der Roten Armee sind polnische Milizen, die oft dem Lubliner Komitee nahestehen. Sie führen das brutale Vorgehen gegen die deutsche Bevölkerung fort. Es kommt zu einem Plünderungswettlauf zwischen Sowjets und Polen: Wenn schon das eroberte Land den Polen überlassen werden soll, will die Sowjetunion zumindest die Reichtümer des Landes für sich ausbeuten. Die scheinbare Anarchie in den ersten Wochen ist dabei Kalkül Stalins und seiner Offiziere und genauso wenig ungewollt oder zufällig wie die brutalen Misshandlungen. Der Vergeltungsdrang russischer Soldaten, die über Hunderte von Kilometern durch ihr zerstörtes Land marschiert sind, wird keineswegs unterbunden, sondern von den politisch Verantwortlichen schamlos instrumentalisiert. Hierzu hatte die Frontpropaganda die Rotarmisten bereits seit 1941 regelmäßig mit haßerfüllten deutschfeindlichen Aufrufen überschüt-

tet, von denen die Texte Ilja Ehrenburgs von besonderer Menschenverachtung geprägt waren.

Auf diese Weise will Stalin das intendierte „deutschfreie“ östliche Mitteleuropa möglichst schnell realisieren und seine Machtposition gegenüber dem Westen so weit wie möglich ausbauen. Jetzt sind vormalige polnische oder russische Opfer der Deutschen oder deren Angehörige die Täter, in den seltensten Fällen jedoch sind die jetzigen Opfer die ehemaligen Täter – denn die NS-Funktionäre bringen sich im Unterschied zur Zivilbevölkerung selbst meist im letzten Moment in Sicherheit, mitunter wenige Minuten, nachdem sie die letzten Durchhalteparolen ausgegeben haben. Es trifft nun vor allem die Schwächsten, die oft nicht oder nicht schnell genug flüchten können. Es trifft Alte, Frauen und Kinder, vor allem Letztere ohne irgendeine Verantwortlichkeit für die Taten eines Regimes, das bereits bei ihrer Geburt bestand.

Schukows Verbände stürmen in atemberaubender Geschwindigkeit durch das „Generalgouvernement“, den „Warthegau“ und durch Ostbrandenburg und überqueren noch im Januar die winterlich zugefrorene brandenburgische Oder. Auch in Schlesien nehmen sie bald das kriegswichtige Industrierevier ein und dringen bis zur Lausitzer Neiße vor. Zurück bleiben lediglich einzelne zur Festung erklärte Städte wie Posen und Breslau, an denen die Rote Armee einfach vorbeistürmt und deren Bevölkerung gegen den Willen der Offiziere von Hitler und den Gauleitern in einen monatelangen Festungskampf mit zunehmend illusorischer Hoffnung auf Entsatz geschickt wird. Rokossowski im Norden ist derweil nicht so erfolgreich: Zwar gelingt der 2. Weißrussischen Front bei Elbing der Durchbruch zur Ostsee, die in Ostpreußen eingeschlossenen Verbände der Wehrmacht wehren sich aber derart hartnäckig, dass die Rote Armee hier wochenlang aufgehalten wird. Pommern erhält so eine letzte Schonfrist. Furchtbare Szenen spielen sich bei der Evakuierung der ostpreußischen Bevölkerung über die Ostsee ab, denn die Russen haben hier zahlreiche U-Boote in Stellung gebracht, und an allen Ausgangshäfen besitzen sie die Lufthoheit und beschießen die Flüchtlingsschiffe und die über das Eis des Haffs Ziehenden bei jeder sich bietenden Gelegenheit. Der Untergang der Wilhelm Gustloff mit über 9.000 Menschen vor der pommerschen Küste am 30. Januar ist nur das namhafteste Beispiel. Der sowjetische Vormarsch durch die Neumark ist so schnell, dass mittlerweile die Nachschubwege zu lang sind und die immer länger werdende Nordflanke völlig ungedeckt ist. Daher entscheidet Stalin gegen den Willen des ehrgeizigen Schukows, der lieber auf schnellstem Wege nach Berlin will, dass die 1. Weißrussische Front an der Oder haltmachen und sich zunächst nach Norden wenden soll. Nach dem Vorbild Ostpreußens soll jetzt auch in Pommern ein Durchstoß zum Meer Ostpommern und Westpreußen in die Zange nehmen. Damit erreicht Ende Januar 1945 auch der Landkrieg pommersches Gebiet.

Zuvor ist es in Pommern verhältnismäßig ruhig zugegangen, von einer Abgeschiedenheit vom Krieg kann aber keine Rede sein. Nach wiederholten Bombenangriffen auf Stettin, Anklam, Stralsund, Peenemünde und Sassnitz wird in der Gauleitung bereits 1944 ein Angriff der Russen auf die Provinz theoretisch durchgespielt. Das offiziell Undenkbare, eine Evakuierung der pommerschen Bevölkerung vor der herannahenden Front, soll mit einem System von drei Alarmstufen („Regen“, „Hagel“, „Schnee“) sichergestellt werden. Jeder Arbeitsfähige ab 14 Jahren wird zum Ausheben von Panzergräben und zur Instandhaltung der „Pommernstellung“, eines 1934 errichteten Bunkersystems an der damaligen pommersch-polnischen Grenze, verpflichtet.

Die eilends aus den zerschlagenen Truppenverbänden zwischen Oder und Weichsel geschaffene „Heeresgruppe Weichsel“ soll nun die noch unter deutscher Kontrolle stehenden Gebiete an der Ostsee halten und nach Süden ausweiten. Das seit dem 20. Juli 1944 endgültig gestörte Verhältnis der NS-Führung zum Offizierskorps zeigt sich hier einmal mehr, denn die Führung der ambitionierten Operation wird nicht in die Hände eines erfahrenen Offiziers gelegt, wie ihn Guderian mit Generalfeldmarschall Freiherr von Weichs vorschlägt. Stattdessen erhält der „Reichsführer-SS“ Heinrich Himmler das Oberkommando der Heeresgruppe. Neben seiner indirekten Schuld am Schicksal Pommerns als Protagonist des auf das Reich zurückschlagenden Expansionskrieges im Osten ist Himmler damit auch direkt am Untergang des

Landes beteiligt. In der parteiamtlichen Pommerschen Zeitung verkündet er: *„Die Auswertung der vorhandenen Vorräte an Soldaten und Waffen und der Einsatz der gesamten Kraft des rückwärtigen Gebietes wirken geradezu Wunder. Die Bevölkerung Südpommerns hat die Aufgabe der Stunde erkannt, die Front steht und wird ständig stärker."*

Vertriebenentransport aus Pommern.
Quelle: Süddeutsche Zeitung Photo

Wie bei allen Durchhalteparolen dieser Tage hat auch das mit der Realität wenig zu tun. Spätestens als Himmlers Brigadeführer Ballauf bei seiner Flucht vor herannahenden Rotarmisten die Pläne der deutschen Stellungen im Oder-Warthe-Bogen zurücklässt und diese damit dem Feind in die Hände fallen, ist der Weg nach Pommern für Schukows Verbände frei.

Zum Monatswechsel in den Februar erobert die 1. Weißrussische Armee die südpommerschen Stellungen im Handstreich. Der Versuch eines Flankenstoßes aus dem Raum Schneidemühl, für den Himmler die besten noch verfügbaren Einheiten der Waffen-SS einsetzt, scheitert. Durch eine überraschende Gegenoffensive aus dem Raum Stargard soll noch einmal Zeit gewonnen und zudem eine Verbindung nach Küstrin, einem der wenigen deutschen Brückenköpfe östlich der Oder in Brandenburg, hergestellt werden. Guderian hat hierfür am 13. Februar in der Reichskanzlei gegenüber Hitler den Einsatz seines Stellvertreters im Generalstab des Heeres, General Walther Wenck, durchgesetzt. In der Nacht zum 18. Februar, für den der große Schlag geplant ist, ist Wenck selbst bis vier Uhr in Berlin bei der diesbezüglichen Einsatzbesprechung. Auf der Rückfahrt gerät sein Wagen von der Fahrbahn ab und prallt an einen Baum. Wenck kommt mit einem Schädelbruch davon, ist aber vorerst außer Gefecht gesetzt. Die pommersche Südfront ist damit praktisch führungslos, der Entlastungsangriff verpufft.

Die deutschen Panzerverbände in Pommern müssen mittlerweile jeden vierten Panzer aufgeben, um die übrigen noch mit Sprit versorgen zu können; pro Panzer stehen ihnen nur noch etwa zehn Granaten zur Verfügung. Durch die ausgebluteten Verbände stoßen nun Schukows Verbände aus dem Raum um Deutsch-Krone mit ungebremster Schnelligkeit vor. Am 28. Februar erreichen ihre Spitzen Köslin-Schlawe, in der Nacht zum 1. März gelingt ihnen hier der Durchbruch zur Ostsee, das östliche Hinterpommern ist damit abgeschnitten. Bereits im Tagesverlauf des 1. März greifen sowjetische Truppen weiter westlich auf breiter Front an. Über Dramburg, Schivelbein und Belgard rücken sie gegen Kolberg vor. Was sich in Belgard abspielt, ist bezeichnend für das Schicksal der Pommern in diesen Tagen: Am Morgen des 3. März lässt die NS-Ortsgruppenleitung plakatieren: *„Für Belgard besteht kein Räumungsbefehl; alle dem widersprechenden Gerüchte werden mit den härtesten Strafen geahndet.“* – Doch schon am selben Abend ziehen russische Panzer ohne nennenswerte Gegenwehr in die Stadt ein. Den Gauleitern von Ostpreußen, Erich Koch, und Schlesien, Karl Hanke, die als „Durchhaltefanatiker“ traurige Berühmtheit erlangen, wollen Schwede-Coburg und mit ihm viele pommersche Kreis- und Orts-

gruppenleiter nicht nachstehen. Die Zeche zahlt einmal mehr die Bevölkerung. Drei große Flüchtlingsströme versuchen sich vor dem Inferno in Sicherheit zu bringen: Aus dem westlichen Hinterpommern (Kreise Cammin, Naugard, Saatzig) sucht man den Weg über die nahe Oder, weiter östlich ist der Hafen Kolberg das Ziel. Den Pommern im östlichen Teil des Landes ist seit dem Durchbruch bei Köslin weder der Weg nach Kolberg noch der zur Oder möglich. Die Flüchtlinge aus diesem Raum müssen nach Osten und versuchen den Hafen Gdingen oder Danzig zu erreichen, während der deutsch beherrschte Küstenstreifen Westpreußens unter den Angriffen Rokossowskis immer schmaler wird. Für die nicht rechtzeitig geflüchteten Pommern wiederholen sich die grausamen Szenen der vorherigen Okkupation Posens, Schlesiens und der Neumark jetzt in Hinterpommern. Neben Massentötungen und systematischen Massenvergewaltigungen beginnen die „Wilden Vertreibungen“, also das unorganisierte und willkürliche Verjagen deutscher Hausbewohner durch die Russen oder die Polen. Die Vertreibung ist mit zahlreichen Repressalien verbunden, zunächst durch ungeheure Brutalität der Roten Armee gegenüber der Zivilbevölkerung (Morde, Brandschatzung, Vergewaltigungen), später durch Drangsalierungen von der neu angesiedelten polnischen Bevölkerung und Verwaltung. Denn in den eroberten deutschen Ostprovinzen schafft die Sowjetunion zum Ärger der westlichen Alliierten vollendete Tatsachen. Ihre massiven Proteste dagegen, welche eher aufgrund machtpolitischer als humanitärer Bedenken eingelegt werden, bleiben erfolglos. Das nördliche Ostpreußen wird annektiert und Teil der Russischen Föderativen Sowjetrepublik. Das restliche Vorkriegsdeutschland bis zur Oder bzw. Lausitzer Neiße wird Ort für Ort nach Rache und Plünderung durch die Rote Armee und die polnischen militärischen Hilfsverbände der „Provisorischen Polnischen Regierung“ übergeben, wie das kommunistische Lubliner Komitee nach einer von den Westmächten erwirkten Erweiterung um demokratische Mitglieder, die von den Kommunisten jedoch majorisiert werden, offiziell genannt wird. Das ist ein offener Verstoß gegen das Londoner Protokoll, nach dem die deutschen Ostgebiete eindeutig zunächst der Sowjetischen Besatzungszone zugeteilt werden. Bereits am 27. Februar setzen mit Schukow vorgerück-

te polnische Soldaten bei Zellin an der Oder einen polnischen Grenzstein. Und am 14. März 1945, also parallel zur russischen Einnahme Hinterpommerns, werden die Ostgebiete in polnische Wojewodschaften unterteilt und somit unter polnische Verwaltung gestellt, d.h. also noch während des Krieges. Als Zwischenebene wird eine Sonderregierung für die deutschen Ostgebiete etabliert, die „Provisorische Polnische Regierung für die wiedergewonnenen Gebiete". Die Bezeichnung „wiedergewonnene Gebiete" auch für Regionen, die niemals einem modernen polnischen Staatsverband angehört haben, zeigt, wie sich die Ideologie der „Piasten" und ihr polnischer Panslawismus durch den Krieg und durch Stalins zielstrebige Einflussnahme in der praktischen polnischen Politik durchgesetzt haben. Das „Posener Westinstitut", dessen Arbeit trotz Besatzung konspirativ fortgesetzt wurde, hat hierfür propagandistisches und siedlungstheoretisches Material im Stile des „Generalplan Ost" bereitgestellt. Entsprechend der piastischen Geographie wird jetzt das historische Pommerellen als Pommern bezeichnet. Damit soll einerseits der Begriff Westpreußen vermieden, anderseits eine Verbindung zur mittelalterlichen Slawenzeit in der Ostseeregion hergestellt werden, als die damaligen Pomoranen tatsächlich zwischen den Unterläufen von Oder und Weichsel siedelten. Dieser Geschichtspolitik folgend wird das deutsche Hinterpommern im polnischen Sprachgebrauch zu Westpommern. Es entsteht eine „Provisorische Polnische Regierung für Westpommern" mit Sitz in Schneidemühl. Der Regierungsbevollmächtigte für „Westpommern", Oberstleutnant Leonard Borkowicz, ist zufrieden:
„Die Rückkehr der Westgebiete hat dem deutschen Imperialismus die strategischen Basen für eine neue Revanche aus der Hand genommen. Früher lagen die deutschen Flugplätze nicht einmal 100 Kilometer vom Herzen Polens, Warschau, entfernt; heute ist es umgekehrt, wir sind nur einige Dutzend Kilometer von Berlin entfernt."

Zwischenzeitlich ist Shukow am 4. März ein zweiter Durchbruch zur Ostsee gelungen, diesmal westlich von Kolberg, so dass die Hafenstadt nun vollständig eingeschlossen ist. Ihr bleibt nur ein winziges südliches Vorland, auf dem nicht weniger als 22 Flüchtlingszüge ihre Einfahrt in die Stadt erwarten. Die Einwohnerzahl wächst unter dem Ansturm der Flücht-

linge von 35.000 auf 85.000. Dass auch für Kolberg ein Führerbefehl ergangen ist, die Stadt als Festung bis zur letzten Patrone zu verteidigen, versteht sich angesichts der propagandistischen Bedeutung der Stadt von selbst. In diesem Fall erweist sich das lange Halten der eingeschlossenen Stadt tatsächlich als Segen, denn dadurch gelingt es, den größten Teil der Einwohner und Flüchtlinge über See zu retten. Dabei müssen jedoch grauenhafte Tage überstanden werden: Als am 9. März 1945 der russische Angriff auf die Stadt beginnt, sind hier nur noch etwa 3.000 „Soldaten" aus Ersatz- und Volkssturmeinheiten, die über 15 Geschütze verfügen. Angesichts der enormen Menschenmassen in der Stadt ist es unmöglich, ausreichend Luftschutzraum zur Verfügung zu stellen – zumal das Grundwasser hier so hoch ist, dass viele Häuser keinen Keller haben. Straße für Straße kämpfen sich die sowjetischen Soldaten vor, ihre Panzer schießen Haus für Haus in Brand. Die Ruhr greift um sich, das Trinkwasser fällt aus. Der Wind peitscht bei nach wie vor eisigen Temperaturen durch die Straßen. Säuglinge sterben, ganze Familien wählen kollektiv den Freitod. Am Ende bleibt ein 400 Meter breiter und knapp 2 km langer Streifen am Hafen, der unter pausenlosem Artilleriebeschuss steht. Es gleicht einem Wunder, dass sich die letzten Zivilisten sowie zuletzt etwa 2.000 überlebende Soldaten durch den Kugelhagel auf Flüchtlingsschiffe retten können. Über hundert der bereits aus Kolberg Evakuierten kommen jedoch bei einem schweren amerikanischen Bombenangriff auf Swinemünde durch Volltreffer auf im Hafen liegende Schiffe ums Leben. Das zurückbleibende Kolberg – menschenverlassen und voller Ruinen und brennender Häuser – steht sinnbildlich für das im Frühjahr 1945 untergehende alte Hinterpommern.

Nach dem zweiten Durchbruch ist Schukows Arbeit in Hinterpommern erledigt und die 1. Weißrussische Front kann sich wieder Richtung Berlin orientieren. Während sich in der Reichshauptstadt ein letzter grausamer Häuserkampf abspielt und das Reich von Westen und Süden durch westalliierte Truppen eingenommen wird, ist für Pommern nun wie ursprünglich geplant die 2. Weißrussische Front zuständig. Ohne noch auf nennenswerten Widerstand zu stoßen, besetzen Rokossowskis Truppen nach und nach ganz

Pommern. Dabei behandeln sie Vorpommern als direkte Besatzungszone, Hinterpommern treten sie an Polen ab. Einmal mehr kommt es somit zur Ost-West-Teilung des Landes, einmal mehr stellt sich in diesem Zusammenhang die Frage: Was wird aus Stettin?

Zu Tafel 18: Die Stettin-Frage

Insgeheim hat Stalin den Polen die Stadt bereits seit langem versprochen. Anfang Januar 1944 verhandelte er mit Vertretern des kommunistischen „Verbandes Polnischer Patrioten" in Moskau. Dabei präsentierte er seinen Gästen eine Grenzlinie, die von der Ostsee östlich der Insel Wollin entlang, aber westlich an Stettin vorbeiführte. Daraufhin erwiderten die Polen, dass Stettin sich für sie nur mit Anschluss an die Ostsee lohne. Gemeint waren das Stettiner Haff und besonders die Swine als zentrale Verbindung vom Haff zum offenen Meer. Daraufhin zog Stalin mit einem Stift eine neue Linie, die westlich von Swinemünde verlief und erst südlich von Stettin mit der Oder zusammentraf. Weitergehende Territorialforderungen seiner Gesprächspartner kommentierte der Diktator sinngemäß: *„Rügen könnt ihr nach dem nächsten Krieg bekommen"*. Doch auch diese 1944 in Moskau verabredete Grenzregelung ist nicht nur ein Affront gegenüber den Westalliierten und ein klarer Verstoß gegen die zuvor in Teheran verabredete Oder-Grenze. Mit Stettin, Wollin und Swinemünde gehen die Sowjets zudem sogar über ihre eigene offizielle Position der Oder-Neiße-Grenze hinaus. Entsprechend geheim wird diese Verabredung gehalten, entsprechend vorsichtig wird sie realisiert.

Am 26. April 1945 marschiert die 2. Weißrussische Armee unter Rokossowski kampflos in die zwischenzeitlich von der Wehrmacht aufgegebene Stadt ein. Stettin ist durch den Krieg völlig zerstört, von den einst 300.000 Einwohnern sind nicht einmal mehr 6.000 in der immer noch brennenden Stadt. Mit dem Kommunisten Ernst Rusch wird noch am Tag des sowjetischen Einmarsches ein deutscher Bürgermeister für Stettin bestimmt, der auch tatsächlich diese deutsche Amtsbezeichnung führt. Zwei Tage später sind auch die Polen da. Unter der Führung des Posener Ingenieurs Piotr Zaremba versuchen sie eine eigene Stadtregierung zu etablieren. Die Gunst der leeren Stadt soll durch polnische Siedler genutzt werden. Es beginnt ein Wettrennen um Häuser und Wohnungen zwischen von Zaremba angeworbenen polnischen Neusiedlern und zurückströmenden deutschen Flüchtlingen. Neben heimkehrenden Stettinern wird die Stadt dabei zeitweise zum Auffangbecken für zahlreiche Hinterpommern, Westpreußen und Ostpreußen, die hier auf die erhoffte Rückkehr in ihre Heimat warten. Die sowjetische Besatzungsmacht beordert zudem Stettiner Flüchtlinge aus Vorpommern und sogar Mecklenburg zurück. Die Einwohnerzahl steigt täglich um etwa 3.000 Menschen!

Währenddessen halten die Westmächte weite Teile der im Londoner Protokoll von 1944 vereinbarten Sowjetischen Besatzungszone besetzt (Mecklenburg, Teile von Sachsen, Thüringen). Im beginnenden Konflikt des Kalten Krieges wollen sie das Druckpotential nutzen, um die sowjetische Willkür in Mitteleuropa einzudämmen. Stalin erkennt die ungünstige diplomatische Lage und zögert, Stettin wie versprochen den Polen zu übergeben. Da die Amerikaner auch im am 2. Mai eingenommenen Schwerin verbleiben, erwägt er womöglich tatsächlich ein deutsches Stettin als Hauptstadt des vorgesehenen Verwaltungsbezirkes „Mecklenburg-Vorpommern“. Die Sowjets werfen Zaremba und seine Operationsgruppe am 17. Mai aus der Stadt, gestatten ihnen am 9. Juni die Rückkehr (mit der Bedingung, sich nur um die dortigen Polen kümmern zu dürfen), um sie am 19. Juni erneut auszuweisen. Nach Rusch ernennen sie Anfang Mai den erst 26-jährigen Erich Spiegel zum Oberbürgermeister und schließlich mit dem KPD-Funktionär Erich Wiesner am 21. Mai ein drittes deutsches Stadtoberhaupt. Die westlich der Oder liegenden Teile des vormaligen Landkreises Randow werden zum Kreis Stettin-Land bestimmt. Die deutsche Bürgermeisterei wird zum zweitgrößten Arbeitgeber der Stadt, neben den fünf Bezirksämtern (Zabelsdorf, Grabow, Nord, Torney und Süd) wird sogar wieder eine deutsche Polizei zugelassen. Mit der „Deutschen Zeitung“ gibt die sowjetische Besatzungsmacht in Stettin zudem eine Publikation heraus, die der Bevölkerung eine deutsche Perspektive der Stadt verspricht und sie zum Bleiben animiert.

1945 | Die Stettin-Frage | 1945

Oder-Neisse?
Deutscher Rat im Frühjahr 1945
Einsetzen der polnischen Verwaltung

Die Stettin-Frage

Was wird aus Stettin? So lautet im Frühjahr 1945 die für die Zukunft Pommerns vielleicht wichtigste Frage. Denn mit der wichtigsten Hafenstadt an der Ostsee und ihrem Umland sind kulturelle Identität und wirtschaftliches Potential des Landes am Meer traditionell verbunden. Eigentlich hat Stalin die Stadt bereits den Polen versprochen. Anfang Januar 1944 verhandelte er mit Vertretern des kommunistischen „Bund Polnischer Patrioten" (Związek Patriotów Polskich - ZPP) in Moskau. Dabei präsentierte er seinen Gästen eine Grenzlinie, die von der Ostsee östlich der Insel Wollin entlang, aber westlich an Stettin vorbeiführte. Daraufhin erwiderten die Polen, dass Stettin sich für sie nur mit Anschluss an die Ostsee lohne. Gemeint war damit der Anspruch auf weite Teile des Haffs und besonders auf die Swine als zentrale Verbindung zum offenen Meer. Daraufhin zog Stalin mit einem Stift eine neue Linie, die westlich von Swinemünde verlief und erst südlich von Stettin mit der Oder zusammentraf. Spätere noch weitergehende Forderungen seiner Gesprächspartner kommentierte der Diktator sinngemäß: „Rügen könnt ihr nach dem nächsten Krieg bekommen".

Doch auch die in Moskau verabredete Grenzregelung ist nicht nur ein Affront gegenüber den Westalliierten und ein klarer Verstoß gegen die zuvor in Teheran verabredete Odergrenze. Mit Stettin, Wollin und Swinemünde gehen die Sowjets zudem sogar über ihre eigene Position der Oder-Neisse-Grenze hinaus. Entsprechend geheim wird diese Verabredung gehalten, entsprechend vorsichtig wird sie realisiert. Am 26. April 1945 marschiert die 2. Weißrussische Armee unter Marschall Rokossowski in die von der Wehrmacht aufgegebene Stadt kampflos ein. Stettin ist durch den Krieg völlig zerstört, von den mehr als 300.000 Einwohnern sind nicht einmal mehr 6.000 Menschen in der immer noch buchstäblich brennenden Stadt. Mit dem Kommunisten Ernst Rusch wird noch am selben Tag ein deutscher Oberbürgermeister (der auch tatsächlich diese deutsche Amtsbezeichnung führt) bestimmt. Zwei Tage später sind auch die Polen da. Unter der Führung des Posener Ingenieurs Piotr Zaremba versuchen sie eine eigene Stadtregierung zu etablieren. Die Gunst der leeren Stadt soll durch polnische Siedler genutzt werden. Es beginnt ein Wettrennen um Häuser und Wohnungen zwischen von Zaremba angeworbenen polnischen Neusiedlern und zurückströmenden deutschen Flüchtlingen. Neben heimkehrenden Stettinern wird die Stadt dabei zeitweise zum Auffangbecken für Hinterpommern, Westpreußen oder Ostpreußen, die hier auf eine erhoffte Rückkehr in ihre Heimat warten. Währenddessen halten die Westmächte weite Teile der eigentlich vereinbarten Sowjetischen Besatzungszone besetzt. Im beginnenden Konflikt mit dem Westen wollen sie das Druckpotential nutzen, um die sowjetische Willkür in Mitteleuropa einzudämmen. Stalin erkennt die ungünstige diplomatische Lage und zögert, Stettin wie versprochen den Polen zu übergeben. Da die Amerikaner auch im am 2. Mai eingenommenen Schwerin verbleiben, erwägt er womöglich tatsächlich ein deutsches Stettin als Hauptstadt des vorgesehenen Verwaltungsbezirkes „Mecklenburg-Vorpommern". Die Sowjets werfen Zaremba und seine Operationsgruppe am 17. Mai aus der Stadt, gestatten ihnen am 9. Juni die Rückkehr (mit der Bedingung, sich nur um die dortigen Polen kümmern zu dürfen), um sie am 19. Juni erneut auszuweisen. Nach Rusch ernennen sie Anfang Mai den erst 26jährigen Überläufer Erich Spiegel zum Oberbürgermeister und schließlich mit dem KPD-Funktionär Erich Wiesner am 21. Mai ein drittes deutsches Stadtoberhaupt. Die westlich der Oder liegenden Teile des vorigen Landkreises Randow werden mit der Stadt zum deutschen Kreis Stettin bestimmt. Mit der „Deutschen Zeitung" gibt die Besatzungsmacht zudem in Stettin eine Publikation heraus, die der Bevölkerung eine deutsche Perspektive der Stadt verspricht und sie zum Bleiben animiert. Doch an einen geordneten Wiederaufbau ist in dem Chaos kaum zu denken, vor allem die Ernährungslage bleibt dramatisch schlecht.

Landeshauptarchiv Schwerin, 10.31-1, Nr. 28, Bl. 195

Letztlich sind die sowjetische Unterstützung im Krieg gegen Japan und die eigene Beteiligung an der Besatzung der Reichshauptstadt Berlin den Westmächten wichtiger als die Odergrenze. Mit ihrem diesen Zielen dienenden Rückzug auf die vereinbarten Besatzungszonen und damit auch der Freigabe von ganz Mecklenburg für die Sowjets Ende Juni/Anfang Juli 1945 wendet sich sofort das Blatt in der alten Pommernhauptstadt. Am 5. Juli 1945 überlässt die UdSSR Stettin Zarembas Leuten, Erich Wiesner und die deutsche Verwaltung müssen die Stadt verlassen. Vier Tage später befiehlt der sowjetische Militärgouverneur für Deutschland, Marschall Shukow, die Einrichtung deutscher Länder. Für das Land Mecklenburg verfügt er als Bestandteil den „Westteil von Pommern – die Stadt Stettin ausgenommen." Stettin und ein breiter Streifen westlich davon, einschließlich des Städtchens Neuwarp am Warper See (Ausbuchtung des Stettiner Haffs) werden am 21. September 1945 wie zuvor Hinterpommern polnischer Verwaltung unterstellt. So erscheint als chaotisches Hin und Her, was in Wahrheit ein taktisches Meisterstück zu Lasten der angestammten Bevölkerung Stettins ist. Diese Menschen werden nicht nur zweimal vertrieben, ihnen wird zwischendurch auch noch Hoffnung auf einen Verbleib in der Heimat gemacht.

Wieder einmal sind die Pommern ein Spielball im Kampf der Großmächte.

Vertrieben – und vergessen?

Tafel 18

Die Stettin-Frage

Was wird aus Stettin? So lautet im Frühjahr 1945 die für die Zukunft Pommerns vielleicht wichtigste Frage. Denn mit der wichtigsten Hafenstadt an der Ostsee und ihrem Umland sind kulturelle Identität und wirtschaftliches Potential des Landes am Meer traditionell verbunden. Eigentlich hat Stalin die Stadt bereits den Polen versprochen. Anfang Januar 1944 verhandelte er mit Vertretern des kommunistischen „Bund Polnischer Patrioten" (Zwi⊠zek Patriotów Polskich - ZPP) in Moskau. Dabei präsentierte er seinen Gästen eine Grenzlinie, die von der Ostsee östlich der Insel Wollin entlang, aber westlich an Stettin vorbeiführte. Daraufhin erwiderten die Polen, dass Stettin sich für sie nur mit Anschluss an die Ostsee lohne. Gemeint war damit der Anspruch auf weite Teile des Haffs und besonders auf die Swine als zentrale Verbindung zum offenen Meer. Daraufhin zog Stalin mit einem Stift eine neue Linie, die westlich von Swinemünde verlief und erst südlich von Stettin mit der Oder zusammentraf. Spätere noch weitergehende Forderungen seiner Gesprächspartner kommentierte der Diktator sinngemäß: „Rügen könnt Ihr nach dem nächsten Krieg bekommen".

Doch auch die in Moskau verabredete Grenzregelung ist nicht nur ein Affront gegenüber den Westalliierten und ein klarer Verstoß gegen die zuvor in Teheran verabredete Odergrenze. Mit Stettin, Wollin und Swinemünde gehen die Sowjets zudem sogar über ihre eigene Position der Oder-Neisse-Grenze hinaus. Entsprechend geheim wird diese Verabredung gehalten, entsprechend vorsichtig wird sie realisiert. Am 26. April 1945 marschiert die 2. Weißrussische Armee unter Marschall Rokossowski in die von der Wehrmacht aufgegebene Stadt kampflos ein. Stettin ist durch den Krieg völlig zerstört, von den mehr als 300.000 Einwohnern sind nicht einmal mehr 6.000 Menschen in der immer noch buchstäblich brennenden Stadt. Mit dem Kommunisten Ernst Rusch wird noch am selben Tag ein deutscher Oberbürgermeister (der auch tatsächlich diese deutsche Amtsbezeichnung führt) bestimmt. Zwei Tage später sind auch die Polen da. Unter der Führung des Posener Ingenieurs Piotr Zaremba versuchen sie eine eigene Stadtregierung zu etablieren. Die Gunst der leeren Stadt soll durch polnische Siedler genutzt werden. Es beginnt ein Wettrennen um Häuser und Wohnungen zwischen von Zaremba angeworbenen polnischen Neusiedlern und zurückströmenden deutschen Flüchtlingen. Neben heimkehrenden Stettinern wird die Stadt dabei zeitweise zum Auffangbecken für Hinterpommern, Westpreußen oder Ostpreußen, die hier auf eine erhoffte Rückkehr in ihre Heimat warten. Währenddessen halten die Westmächte weite Teile der eigentlich vereinbarten Sowjetischen Besatzungszone besetzt. Im beginnenden Konflikt mit dem Westen wollen sie das Druckpotential nutzen, um die sowjetische Willkür in Mitteleuropa einzudämmen. Stalin erkennt die ungünstige diplomatische Lage und zögert, Stettin wie versprochen den Polen zu übergeben. Da die Amerikaner auch im am 2. Mai eingenommenen Schwerin verbleiben, erwägt er womöglich tatsächlich ein deutsches Stettin als Hauptstadt des vorgesehenen Verwaltungsbezirkes „Mecklenburg-Vorpommern". Die Sowjets werfen Zaremba und seine Operationsgruppe am 17. Mai aus der Stadt, gestatten ihnen am 9. Juni die Rückkehr (mit der Bedingung, sich nur um die dortigen Polen kümmern zu dürfen), um sie am 19. Juni erneut auszuweisen. Nach Rusch ernennen sie Anfang Mai den erst 26jährigen Überläufer Erich Spiegel zum Oberbürgermeister und schließlich mit dem KPD-Funktionär Erich Wiesner am 21. Mai ein drittes deutsches Stadtoberhaupt. Die westlich der Oder liegenden Teile des vorigen Landkreises Randow werden mit der Stadt zum deutschen Kreis Stettin bestimmt. Mit der „Deutschen Zeitung" gibt die Besatzungsmacht zudem in Stettin eine Publikation heraus, die der Bevölkerung eine deutsche Perspektive der Stadt verspricht und sie zum Bleiben animiert. Doch an einen geordneten Wiederaufbau ist in dem Chaos kaum zu denken, vor allem die Ernährungslage bleibt dramatisch schlecht.

Letztlich sind die sowjetische Unterstützung im Krieg gegen Japan und die eigene Beteiligung an der Besatzung der Reichshauptstadt Berlin den Westmächten wichtiger als die Odergrenze. Mit ihrem diesen Zielen dienenden Rückzug auf die vereinbarten Besatzungszonen und damit auch der Freigabe von ganz Mecklenburg für die Sowjets Ende Juni/Anfang Juli 1945 wendet sich sofort das Blatt in der alten Pommernhauptstadt. Am 5. Juli 1945 überlässt die UdSSR Stettin Zarembas Leuten, Erich Wiesner und die deutsche Verwaltung müssen die Stadt verlassen. Vier Tage später befiehlt der sowjetische Militärgouverneur für Deutschland, Marschall Shukow, die Einrichtung deutscher Länder. Für das Land Mecklenburg verfügt er als Bestandteil den „Westteil von Pommern – die Stadt Stettin ausgenommen." Stettin und ein breiter Streifen westlich davon, einschließlich des Städtchens Neuwarp am Warper See (Ausbuchtung des Stettiner Haffs) werden am 21. September 1945 wie zuvor Hinterpommern polnischer Verwaltung unterstellt. So erscheint als chaotisches Hin und Her, was in Wahrheit ein taktisches Meisterstück zu Lasten der angestammten Bevölkerung Stettins ist. Diese Menschen werden nicht nur zweimal vertrieben, ihnen wird zwischendurch auch noch Hoffnung auf einen Verbleib in der Heimat gemacht.
Wieder einmal sind die Pommern ein Spielball im Kampf der Großmächte.

Neben der deutschen und der polnischen Option kursiert das Modell eines Freistaates nach Danziger Vorbild. Die zunächst nicht erfolgende Vertreibung der Deutschen (im Unterschied zu Hinterpommern) bei gleichzeitiger polnischer Zuwanderung (im Unterschied zu Vorpommern) macht die Stadt tatsächlich zu einer Besonderheit.

Aus Tafel 18:
Die Hakenterrasse in Stettin
(Dreißiger Jahre).

Das im Juni 1945 anscheinend mögliche Szenario einer Verschonung Stettins von der Vertreibung ist der letzte Hoffnungsschimmer für den Fortbestand zumindest eines Teils des historischen Pommerns. Durch den Fortbestand des kulturellen und infrastrukturellen Oberzentrums wäre dem verbliebenen deutschen Restpommern eine Perspektive eigenständiger pommerscher Identität erhalten geblieben. Denn mit der wichtigsten Hafenstadt an der Ostsee und ihrem Umland sind kulturelle Strahlkraft und wirtschaftliches Potential des Landes am Meer traditionell verbunden. Doch letztlich sind die sowjetische Unterstützung im Krieg gegen Japan und die eigene Beteiligung an der Besatzung der Reichshauptstadt Berlin den Westmächten wichtiger als die Eindämmung der sowjetisch-polnischen Willkür bezüglich der Oder-Grenze. Mit ihrem Rückzug auf die vereinbarten Besatzungszonen und damit auch der Freigabe von ganz Mecklenburg für die Sowjets zum Monatswechsel vom Juni auf den Juli 1945 wendet sich sofort das Blatt in der alten Pommernhauptstadt. Am 5. Juli 1945 überlässt die UdSSR Stettin Zarembas Leuten; Erich Wiesner, die deutsche Verwaltung und die inzwischen auf 80.000 Einwohner angewachsene deutsche Bevölkerung müssen die Stadt verlassen. Vier Tage später befiehlt Marschall Schukow, der als Eroberer von Berlin zum Leiter der Sowjetischen Militäradministration Deutschlands (SMAD) wurde, die Einrichtung deutscher Länder. Für das neugeschaffene Land Mecklenburg-Vorpommern verfügt er als Bestandteil den „Westteil von Pommern – die Stadt Stettin ausgenommen." So erscheint als chaotisches Hin und Her, was in Wahrheit ein taktisches Meisterstück zu Lasten der angestammten Bevölkerung Stettins ist. Die Stettiner werden so nicht nur zweimal vertrieben, ihnen wird zwischendurch auch noch die trügerische Hoffnung auf einen Verbleib in der Heimat gemacht.

Als die Siegermächte vom 17. Juli bis zum 2. August in Potsdam über die Nachkriegsordnung in Europa verhandeln, haben die Polen und die Sowjetunion Fakten geschaffen. Die unter den Alliierten umstrittenen Gebiete zwischen Lausitzer Neiße und Oder sowie grenznahe Regionen östlich der Oder, die die USA unter Umständen bei Deutschland belassen wollen, sind völlig entvölkert. Weil der kommunistische Charakter Nachkriegspolens immer deutlicher hervortritt, versuchen die Westmächte jetzt den Vorgang zu bremsen. Besonders Winston Churchill besteht auf einer anderen Grenzregelung. Die Argumente der USA und Großbritanniens schließen sich an die Vorbehalte aus Jalta und Teheran an. Neben den Zweifeln an der Aufnahmefähigkeit Polens für diese großen und wertvollen Gebiete sprechen sie besonders die enormen Menschenmassen der Vertriebenen an. Doch die äußeren Umstände machen ein geschlossenes Auftreten der westlichen Alliierten zunichte. Beide angloamerikanischen Regierungschefs, die noch auf den vorherigen Konferenzen anwesend waren, können der Potsdamer Konferenz in ihrer entscheidenden Phase nicht beiwohnen. Franklin D. Roosevelt ist am 12. April 1945 gestorben und wird durch Harry S. Truman ersetzt. Winston Churchill wird während der Konferenz bei den Unterhauswahlen abgewählt und muss abreisen. Die neuen westlichen Delegationen haben nicht so viel Erfahrung und Vorwissen wie die sowjetische Delegation.

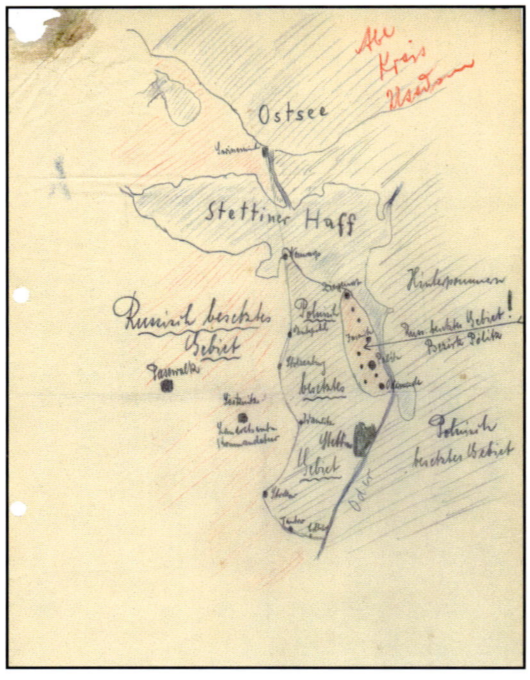

Aus Tafel 18
„Der Stettiner Zipfel"
Landeshauptarchiv Schwerin, 10.31-1, Nr. 38, Bl. 195

Das zeigt sich am Beispiel Schlesiens: Die Amerikaner legen den Entwurf einer Grenzlinie vor, indem explizit die östliche Neiße (ein östlich verlaufender, auch „Glatzer Neiße" genannter Arm) genannt wird, was die Oder etwa bis Oppeln zur Grenze gemacht hätte. Dann lassen sie aber zu, dass Stalin im Entwurf vor Neiße das Wort östliche durch westliche ersetzt und damit die Lausitzer Neiße zur Grenze macht. Im Falle Pommerns vereinbaren die Westalliierten mit der Sowjetunion einen Text, der den Großteil Stettins eigentlich bei Deutschland belassen hätte. Der Wortlaut des Potsdamer Protokolls gibt eine Angliederung Stettins nicht her:
„Die Häupter der drei Regierungen stimmen darin überein, dass bis zur endgültigen Festlegung der Westgrenze Polens die früher deutschen Gebiete östlich der Linie, die von der Ostsee unmittelbar westlich von Swinemünde entlang der Oder bis zur Einmündung der westlichen Neiße und die westliche Neiße entlang bis zur tschechoslowakischen Grenze verläuft, […] unter die Verwaltung des polnischen Staates kommen und in dieser Hinsicht nicht als ein Teil der sowjetischen Besatzungszone in Deutschland betrach-

tet werden sollen.“

Aus Tafel 19: Pommern zu Beginn des Krieges

Fläche gesamt	38.409 km^2	Bevölkerung nach Regierungsbezirken		
Späteres Vertreibungsgebiet	31.310 km^2	Stettin	Köslin	Grenzmark
Bevölkerung gesamt	2.393.844	1.237.782	676.790	479.272
Späteres Vertreibungsgebiet	1.895.230			
Einwohner je km^2	62			
Einwohner je km^2 in Preußen	140			
Einwohner je km^2 Deutsches Reich	147			

Erwerbsquoten		Religionszugehörigkeit	
Land- und Forstwirtschaft	51%	Evangelische Landeskirche	90%
Industrie und Handel	24%	Römisch-Katholische Kirche	7%
Handel und Verkehr	13%	Sonstige	3%
Übrige Wirtschaftsgruppen	12%		

Quelle: Pommern-Fibel

Die deutschen Ostgebiete mit Hinterpommern werden also *„unter die Verwaltung des polnischen Staates“* gestellt, die offizielle Staatshoheit geht somit nicht auf Polen über. Damit akzeptiert der Westen die Forderungen der sowjetischen und polnischen Kommunisten zwar vorerst, lässt sich aber immerhin die Hintertür einer Friedenskonferenz offen. Der Friedensvertragsvorbehalt wird in der späteren Geschichte der Bundesrepublik und der Vertriebenenverbände als „Rechtsposition“ eine wichtige Bedeutung haben. Des Weiteren ergeht in Potsdam der formelle Vertreibungsbeschluss:
„Die Konferenz erzielte folgendes Abkommen über die Ausweisung Deutscher aus Polen, der Tschechoslowakei und Ungarn: Die drei Regierun-

gen haben die Frage unter allen Gesichtspunkten beraten und erkennen an, dass die Überführung der deutschen Bevölkerung oder Bestandteile derselben, die in Polen, der Tschechoslowakei und Ungarn zurückgeblieben sind, nach Deutschland durchgeführt werden muss. Sie stimmen darin überein, dass jede derartige Überführung, die stattfinden wird, in ordnungsgemäßer und humaner Weise erfolgen soll.“

Es sollen also die Deutschen aus „Polen“ ausgewiesen werden. Aber die Grenzen Polens sind noch gar nicht festgelegt, sondern sollen doch erst einer späteren Friedenskonferenz vorbehalten bleiben. Folglich wäre dieser Text nur die Grundlage für Ausweisungen aus dem polnischen Territorium innerhalb der Vorkriegsgrenzen und damit nicht für Pommern; insofern ist die Vertreibung der Deutschen aus Pommern ein willkürlicher und nicht einmal durch das Potsdamer Abkommen gedeckter Akt gewesen. Doch selbst wenn man unterstellt, auch „polnisch verwaltete Gebiete“ seien hier mit „Polen“ gemeint, steht das Völkerrecht (z.B. die Haager Landkriegsordnung von 1907) einer Vertreibung der einheimischen Bevölkerung aus okkupierten Gebieten generell entgegen. In diesem Krieg ist das Recht indes längst durch die Willkür ersetzt worden, und dass dieser Zustand auch über das Kriegsende hinaus anhält, müssen diejenigen Pommern jetzt erfahren, die nicht schon geflüchtet oder umgekommen sind. Wie andere Reichsprovinzen (Ostpreußen, Schlesien, Ost-Brandenburg) sowie weitere deutsche Siedlungsgebiete außerhalb der Reichsgrenzen von 1937 (Sudetenland, Westpreußen, Banat, Siebenbürgen u.a.) ist Pommern jetzt von der „Organisierten Vertreibung“ der deutschen Bevölkerung betroffen, das heißt von der gewaltsamen und unter äußerstem Druck betriebenen dauerhaften Ausweisung aus ihren angestammten Heimatorten. Von „ordnungsgemäßer und humaner Weise“ ist dabei in Pommern ebenso wenig zu spüren wie im gesamten Vertreibungsgebiet. Millionen Deutsche, unter ihnen hunderttausende Pommern, werden in völlig überfüllten Zügen abtransportiert, häufig in Güterwagen oder Viehwagons. In der Regel sind es Frauen, Kinder und Greise. Misshandlungen und Bandenüberfälle sind an der Tagesordnung, Nahrung hingegen nicht. Am Bahnhof Stettin-Scheune sind diejenigen, die diese Pein überlebt haben, in dem berüchtigten dortigen „Flüchtlingsla-

ger" vogelfrei. Repressionen der polnischen Verwaltung wechseln sich mit Überfällen krimineller Banden ab. Wer diese Gräuel auch noch übersteht, wird irgendwann auf Züge verladen und aus dem hier endenden polnischen Machtbereich deportiert – in eine völlig ungewisse Zukunft.

Aus Tafel 19: Nach der Umsiedlung innerhalb der ehemaligen Westzonen und der nachmaligen Bundesländer

	Pommern 1950	Pommern 1970	Differenz
Schleswig-Holstein	307.000	191.000	–116.000
Hamburg	26.000	50.000	24.000
Niedersachsen	265.000	228.000	–37.000
Bremen	8.000	18.000	10.000
Nordrhein-Westfalen	161.000	290.000	129.000
Hessen	35.000	62.000	27.000
Rheinland-Pfalz	16.000	38.000	22.000
Baden-Württemberg	38.000	77.000	39.000
Bayern	35.000	40.000	5.000
Saarland	0*	5.000	5.000
Bundesgebiet	891.000	999.000	108.000
West-Berlin	32.000	61.000	29.000

*gehörte nicht zum Bundesgebiet

alle Zahlen gerundet auf Tausend

Quelle: Volkszählungen 1950 und 1970 nach Statistischem Bundesamt

1970 wurden vertriebene Pommern und Brandenburger gemeinsam erfasst. Gemäß dem Anteil der beiden Gruppen im Bundesgebiet 1950 (87% Pommern) wurden die Zahlen der Pommern für 1970 geschätzt

Bestimmte Bevölkerungsteile hingegen werden sogar an der Ausreise gehindert: Polnisch sprechende Kaschuben in Ostpommern gelten wie Masuren und Oberschlesier als „germanisierte Slawen" und werden zwangsassimiliert. Fachkräfte, die der in diesen Regionen völlig neu aufzubauende polnische Staat etwa zum Betrieb vorhandener Industrieanlagen braucht, lässt man jahrelang nicht fort. Zu diesen deutschen Siedlungsrudimenten stoßen zahlreiche, zum Teil recht zwielichtige Einwanderer („Glücksritter“) aus Zentralpolen sowie die östlich der Curzon-Linie beheimateten Polen, die nicht bereit sind, für die sowjetische Staatsangehörigkeit zu optieren und daraufhin gegen ihren Willen in die deutschen Ostgebiete umgesiedelt und somit auch aus ihrer Heimat verdrängt werden. Bei ihnen werden die deutschen Vertriebenen einst auf das größte Verständnis stoßen.

In Pommern lässt sich die Bevölkerungszahl des Vertreibungsgebietes im Gegensatz zum Gesamtkomplex der Vertreibung – Schätzungen liegen zwischen 12 und 15 Millionen – ziemlich genau ermitteln: Es sind rund 1,89 Millionen in Hinterpommern und 500.000 im deutsch gebliebenen Vorpommern. Etwa jeder Fünfte der Pommern überlebt Flucht und Vertreibung bzw. die damit zusammenhängenden Umstände (Beschuss von Trecks, willkürliches Erschießen nach Einmarsch, Tod durch Deportation nach Russland, Hunger, Infektionskrankheiten, vor allem Typhus, Ruhr und Diphtherie usw.) nicht, die Überlebenden sind schwer traumatisiert. Diese Katastrophe ist in der pommerschen Geschichte beispiellos, sie übertrifft selbst den Dreißigjährigen Krieg. Wenn auch dieser grausam in pommerschen Landen wütete und mit einer Teilung Pommerns unter zwei Mächte (Schweden und Preußen) endete, so ging er wenigstens nicht mit einer Vertreibung der ansässigen Bevölkerung einher. Wieder einmal sind die Pommern ein Spielball im Kampf der Großmächte. Auf der Potsdamer Konferenz wird nur einmal in Bezug auf die Stettin-Frage explizit über sie gesprochen:

„Stalin: Stettin is in the Polish territory.
Bevin: Yes. We should inform the French.
Stalin: Yes.
Truman: Next question.“

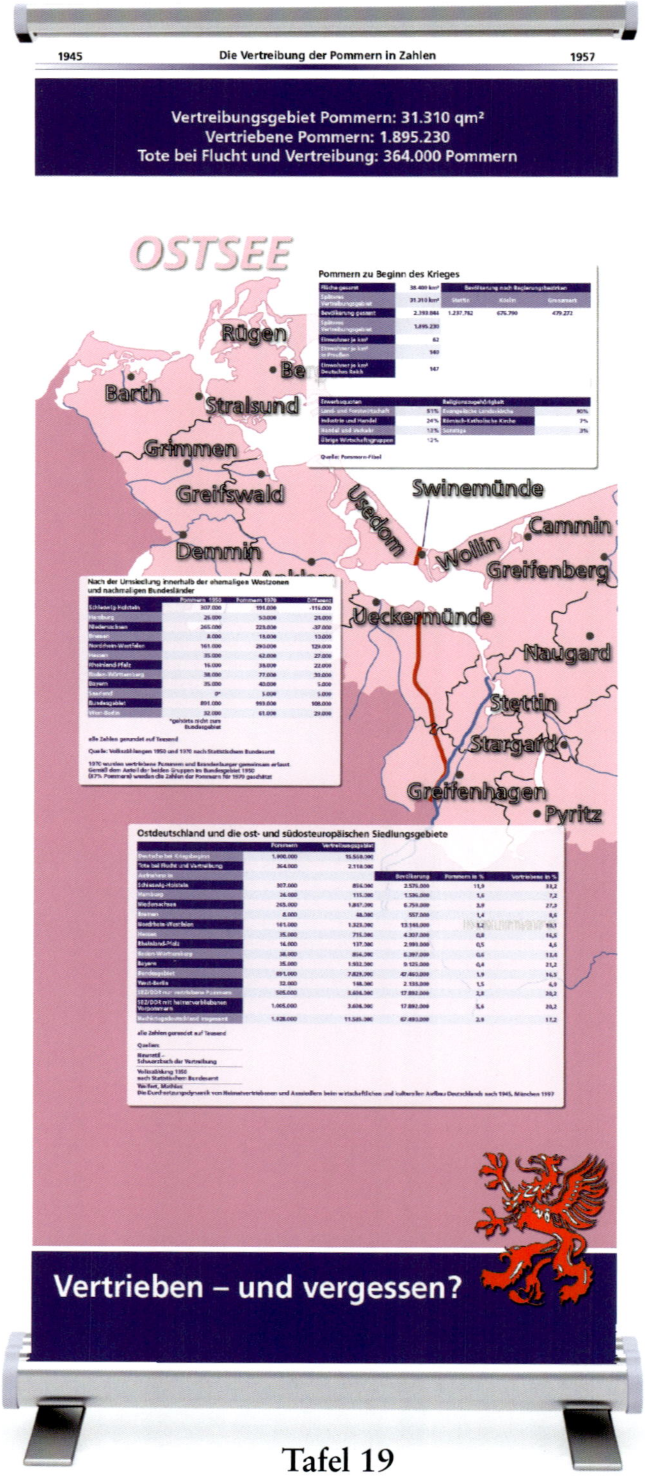

1945 Die Vertreibung der Pommern in Zahlen 1957

Vertreibungsgebiet Pommern: 31.310 qm²
Vertriebene Pommern: 1.895.230
Tote bei Flucht und Vertreibung: 364.000 Pommern

OSTSEE

Rügen
Barth
Stralsund
Grimmen
Greifswald
Demmin
Usedom
Swinemünde
Wollin
Cammin
Greifenberg
Ueckermünde
Naugard
Stettin
Stargard
Greifenhagen
Pyritz

Pommern zu Beginn des Krieges

		Bevölkerung nach Regierungsbezirken		
Fläche gesamt	38.400 km²			
Späteres Vertreibungsgebiet	31.310 km²	Stettin	Köslin	Grenzmark
Bevölkerung gesamt	2.393.844	1.237.782	676.790	479.272
Späteres Vertreibungsgebiet	1.895.230			
Einwohner je km²	62			
Einwohner je km² in Preußen	140			
Einwohner je km² Deutsches Reich	147			

Erwerbsquoten		Religionszugehörigkeit	
Land- und Forstwirtschaft	51%	Evangelische Landeskirche	90%
Industrie und Handel	24%	Römisch-Katholische Kirche	7%
Handel und Verkehr	13%	Sonstige	3%
Übrige Wirtschaftsgruppen	12%		

Quelle: Pommern-Fibel

Nach der Umsiedlung innerhalb der ehemaligen Westzonen und nachmaligen Bundesländer

	Pommern 1950	Pommern 1970	Differenz
Schleswig-Holstein	307.000	191.000	-116.000
Hamburg	26.000	53.000	28.000
Niedersachsen	265.000	228.000	-37.000
Bremen	8.000	18.000	10.000
Nordrhein-Westfalen	161.000	290.000	129.000
Hessen	35.000	62.000	27.000
Rheinland-Pfalz	16.000	38.000	22.000
Baden-Württemberg	38.000	77.000	39.000
Bayern	35.000	40.000	5.000
Saarland	0*	5.000	5.000
Bundesgebiet	891.000	993.000	108.000
West-Berlin	32.000	61.000	29.000

*gehörte nicht zum Bundesgebiet

alle Zahlen gerundet auf Tausend

Quelle: Volkszählungen 1950 und 1970 nach Statistischem Bundesamt

1970 wurden vertriebene Pommern und Brandenburger gemeinsam erfasst. Gemäß dem Anteil der beiden Gruppen im Bundesgebiet 1950 (87% Pommern) werden die Zahlen der Pommern für 1970 geschätzt

Ostdeutschland und die ost- und südosteuropäischen Siedlungsgebiete

	Pommern	Vertreibungsgebiet	Bevölkerung	Pommern in %	Vertriebene in %
Deutsche bei Kriegsbeginn	1.900.000	15.550.000			
Tote bei Flucht und Vertreibung	364.000	2.118.000			
Aufnahme in					
Schleswig-Holstein	307.000	854.000	2.575.000	11,9	33,2
Hamburg	26.000	115.000	1.596.000	1,6	7,2
Niedersachsen	265.000	1.857.000	6.759.000	3,9	27,3
Bremen	8.000	48.000	557.000	1,4	8,6
Nordrhein-Westfalen	161.000	1.323.000	13.148.000	1,2	10,1
Hessen	35.000	715.000	4.307.000	0,8	16,6
Rheinland-Pfalz	16.000	137.000	2.993.000	0,5	4,6
Baden-Württemberg	38.000	854.000	6.397.000	0,6	13,4
Bayern	35.000	1.932.000	9.125.000	0,4	21,2
Bundesgebiet	891.000	7.829.000	47.463.000	1,9	16,5
West-Berlin	32.000	148.000	2.133.000	1,5	6,9
SBZ/DDR nur vertriebene Pommern	505.000	3.604.000	17.892.000	2,8	20,2
SBZ/DDR mit heimatverbliebenen Vorpommern	1.005.000	3.604.000	17.892.000	5,6	20,2
Nachkriegsdeutschland insgesamt	1.928.000	11.585.000	67.493.000	2,9	17,2

alle Zahlen gerundet auf Tausend

Quellen:

Nawratil – Schwarzbuch der Vertreibung

Volkszählung 1950 nach Statistischem Bundesamt

Weifert, Mathias: Die Durchsetzungsdynamik von Heimatvertriebenen und Aussiedlern beim wirtschaftlichen und kulturellen Aufbau Deutschlands nach 1945, München 1997

Vertrieben – und vergessen?

Tafel 19

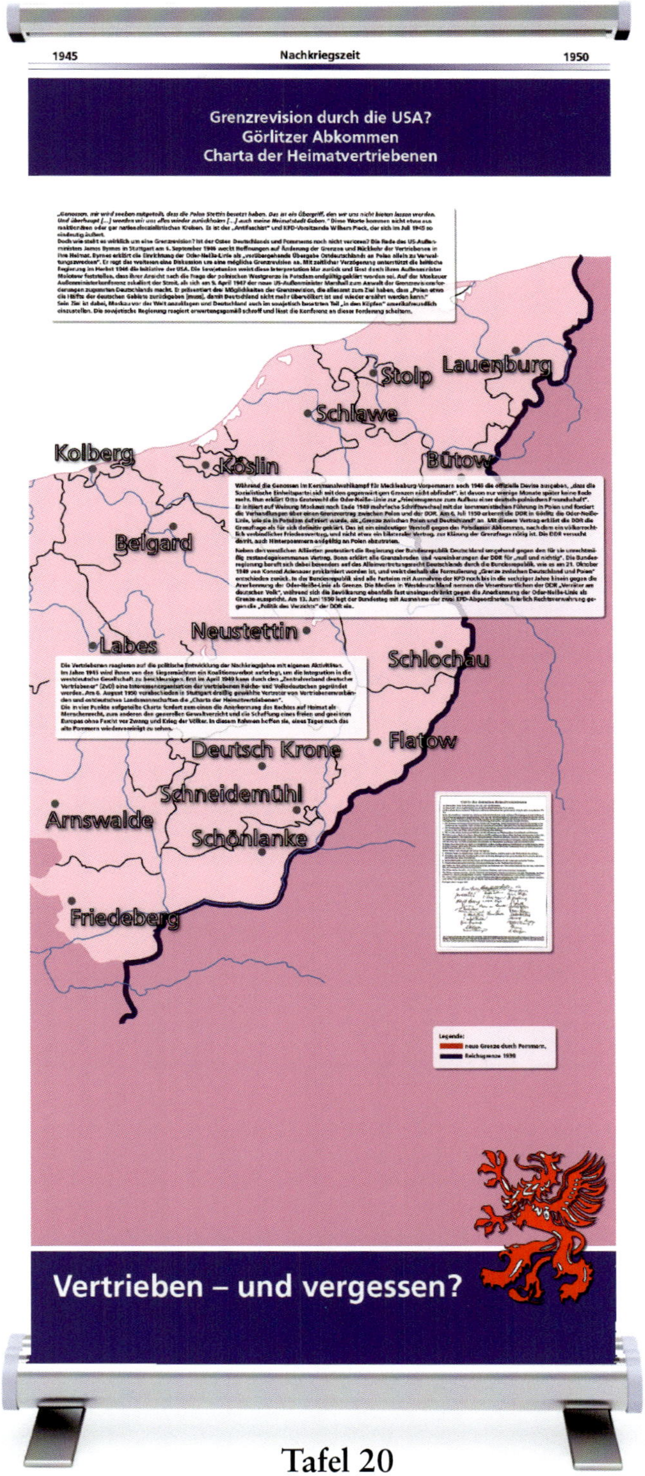

1945 — Nachkriegszeit — 1950

Grenzrevision durch die USA?
Görlitzer Abkommen
Charta der Heimatvertriebenen

„Genossen, mir wird soeben mitgeteilt, dass die Polen Stettin besetzt haben. Das ist ein Übergriff, den wir uns nicht bieten lassen werden. Und überhaupt [...] werden wir uns alles wieder zurückholen [...] auch meine Heimatstadt Guben." Diese Worte kommen nicht etwa aus reaktionären oder gar nationalsozialistischen Kreisen. Es ist der „Antifaschist" und KPD-Vorsitzende Wilhelm Pieck, der sich im Juli 1945 so eindeutig äußert.

Doch wie steht es wirklich um eine Grenzrevision? Ist der Osten Deutschlands und Pommerns noch nicht verloren? Die Rede des US-Außenministers James Byrnes in Stuttgart am 6. September 1946 weckt Hoffnungen auf Änderung der Grenzen und Rückkehr der Vertriebenen in ihre Heimat. Byrnes erklärt die Einrichtung der Oder-Neiße-Linie als „vorübergehende Übergabe Ostdeutschlands an Polen allein zu Verwaltungszwecken". Er regt des weiteren eine Diskussion um eine mögliche Grenzrevision an. Mit zeitlicher Verzögerung unterstützt die britische Regierung im Herbst 1946 die Initiative der USA. Die Sowjetunion weist diese Interpretation klar zurück und lässt durch ihren Außenminister Molotow feststellen, dass ihrer Ansicht nach die Frage der polnischen Westgrenze in Potsdam endgültig geklärt worden sei. Auf der Moskauer Außenministerkonferenz eskaliert der Streit, als sich am 5. April 1947 der neue US-Außenminister Marshall zum Anwalt der Grenzrevisionsforderungen zugunsten Deutschlands macht. Er präsentiert drei Möglichkeiten der Grenzrevision, die allesamt zum Ziel haben, dass „Polen etwa die Hälfte der deutschen Gebiete zurückgeben [muss], damit Deutschland nicht mehr übervölkert ist und wieder ernährt werden kann." Sein Ziel ist dabei, Moskau vor der Welt anzuklagen und Deutschland auch im sowjetisch besetzten Teil „in den Köpfen" amerikafreundlich einzustellen. Die sowjetische Regierung reagiert erwartungsgemäß schroff und lässt die Konferenz an dieser Forderung scheitern.

Stolp
Lauenburg
Schlawe
Kolberg
Köslin
Bütow

Während die Genossen im Kommunalwahlkampf für Mecklenburg-Vorpommern noch 1946 die offizielle Devise ausgeben, „dass die Sozialistische Einheitspartei sich mit den gegenwärtigen Grenzen nicht abfindet", ist davon nur wenige Monate später keine Rede mehr. Nun erklärt Otto Grotewohl die Oder-Neiße-Linie zur „Friedensgrenze zum Aufbau einer deutsch-polnischen Freundschaft". Er initiiert auf Weisung Moskaus noch Ende 1949 mehrfache Schriftwechsel mit der kommunistischen Führung in Polen und forciert die Verhandlungen über einen Grenzvertrag zwischen Polen und der DDR. Am 6. Juli 1950 erkennt die DDR in Görlitz die Oder-Neiße-Linie, wie sie in Potsdam definiert wurde, als „Grenze zwischen Polen und Deutschland" an. Mit diesem Vertrag erklärt die DDR die Grenzfrage als für sich definitiv geklärt. Das ist ein eindeutiger Verstoß gegen das Potsdamer Abkommen, nach dem ein völkerrechtlich verbindlicher Friedensvertrag, und nicht etwa ein bilateraler Vertrag, zur Klärung der Grenzfrage nötig ist. Die DDR versucht damit, auch Hinterpommern endgültig an Polen abzutreten.

Neben den westlichen Alliierten protestiert die Regierung der Bundesrepublik Deutschland umgehend gegen den für sie unrechtmäßig zustandegekommenen Vertrag. Bonn erklärt alle Grenzabreden und -vereinbarungen der DDR für „null und nichtig". Die Bundesregierung beruft sich dabei besonders auf das Alleinvertretungsrecht Deutschlands durch die Bundesrepublik, wie es am 21. Oktober 1949 von Konrad Adenauer proklamiert worden ist, und weist deshalb die Formulierung „Grenze zwischen Deutschland und Polen" entschieden zurück. In der Bundesrepublik sind alle Parteien mit Ausnahme der KPD noch bis in die sechziger Jahre hinein gegen die Anerkennung der Oder-Neiße-Linie als Grenze. Die Medien in Westdeutschland nennen die Verantwortlichen der DDR „Verräter am deutschen Volk", während sich die Bevölkerung ebenfalls fast uneingeschränkt gegen die Anerkennung der Oder-Neiße-Linie als Grenze ausspricht. Am 13. Juni 1950 legt der Bundestag mit Ausnahme der zwei KPD-Abgeordneten feierlich Rechtsverwahrung gegen die „Politik des Verzichts" der DDR ein.

Belgard
Neustettin
Labes
Schlochau

Die Vertriebenen reagieren auf die politische Entwicklung der Nachkriegsjahre mit eigenen Aktivitäten. Im Jahre 1945 wird ihnen von den Siegermächten ein Koalitionsverbot auferlegt, um die Integration in die westdeutsche Gesellschaft zu beschleunigen. Erst im April 1949 kann durch den „Zentralverband deutscher Vertriebener" (ZvD) eine Interessenorganisation der vertriebenen Reichs- und Volksdeutschen gegründet werden. Am 6. August 1950 verabschieden in Stuttgart dreißig gewählte Vertreter von Vertriebenenverbänden und ostdeutschen Landsmannschaften die „Charta der Heimatvertriebenen".
Die in vier Punkte aufgeteilte Charta fordert zum einen die Anerkennung des Rechtes auf Heimat als Menschenrecht, zum anderen den generellen Gewaltverzicht und die Schaffung eines freien und geeinten Europas ohne Furcht vor Zwang und Krieg der Völker. In diesem Rahmen hoffen sie, eines Tages auch das alte Pommern wiedervereinigt zu sehen.

Deutsch Krone
Flatow
Schneidemühl
Arnswalde
Schönlanke
Friedeberg

Legende:
neue Grenze durch Pommern,
Reichsgrenze 1938

Vertrieben – und vergessen?

Tafel 20

„Genossen, mir wird soeben mitgeteilt, dass die Polen Stettin besetzt haben. Das ist ein Übergriff, den wir uns nicht bieten lassen werden. Und überhaupt [...] werden wir uns alles wieder zurückholen [...] auch meine Heimatstadt Guben." Diese Worte kommen nicht etwa aus reaktionären oder gar nationalsozialistischen Kreisen. Es ist der „Antifaschist" und KPD-Vorsitzende Wilhem Pieck, der sich im Juli 1945 so eindeutig äußert. Doch wie steht es wirklich um eine Grenzrevision? Ist der Osten Deutschlands und Pommerns noch nicht verloren? Die Rede des US-Außenministers James Byrnes in Stuttgart am 6. September 1946 weckt Hoffnungen auf Änderung der Grenzen und Rückkehr der Vertriebenen in ihre Heimat. Byrnes erklärt die Einrichtung der Oder-Neiße-Linie als „vorübergehende Übergabe Ostdeutschlands an Polen allein zu Verwaltungszwecken". Er regt des weiteren eine Diskussion um eine mögliche Grenzrevision an. Mit zeitlicher Verzögerung unterstützt die britische Regierung im Herbst 1946 die Initiative der USA. Die Sowjetunion weist diese Interpretation klar zurück und lässt durch ihren Außenminister Molotow feststellen, dass ihrer Ansicht nach die Frage der polnischen Westgrenze in Potsdam endgültig geklärt worden sei. Auf der Moskauer Außenministerkonferenz eskaliert der Streit, als sich am 9. April 1947 der neue US-Außenminister Marshall zum Anwalt der Grenzrevisionsforderungen zugunsten Deutschlands macht. Er präsentiert drei Möglichkeiten der Grenzrevision, die allesamt zum Ziel haben, dass „Polen etwa die Hälfte der deutschen Gebiete zurückgeben [muss], damit Deutschland nicht mehr übervölkert ist und wieder ernährt werden kann." Sein Ziel ist dabei, Moskau vor der Welt anzuklagen und Deutschland auch im sowjetisch besetzten Teil „in den Köpfen" amerikafreundlich einzustellen. Die sowjetische Regierung reagiert erwartungsgemäß schroff und lässt die Konferenz an dieser Forderung scheitern.

Während die Genossen im Kommunalwahlkampf für Mecklenburg-Vorpommern noch 1946 die offizielle Devise ausgeben, „dass die Sozialistische Einheitspartei sich mit den gegenwärtigen Grenzen nicht abfindet", ist davon nur wenige Monate später keine Rede mehr. Nun erklärt Otto Grotewohl die Oder-Neiße-Linie zur „Friedensgrenze zum Aufbau einer deutsch-polnischen Freundschaft". Er initiiert auf Weisung Moskaus noch Ende 1949 mehrfache Schriftwechsel mit der kommunistischen Führung in Polen und forciert die Verhandlungen über einen Grenzvertrag zwischen Polen und der DDR. Am 6. Juli 1950 erkennt die DDR in Görlitz die Oder-Neiße-Linie, wie sie in Potsdam definiert wurde, als „Grenze zwischen Polen und Deutschland" an. Mit diesem Vertrag erklärt die DDR die Grenzfrage als für sich definitiv geklärt. Das ist ein eindeutiger Verstoß gegen das Potsdamer Abkommen, nach dem ein völkerrechtlich verbindlicher Friedensvertrag, und nicht etwa ein bilateraler Vertrag, zur Klärung der Grenzfrage nötig ist. Die DDR versucht damit, auch Hinterpommern endgültig an Polen abzutreten.

Neben den westlichen Alliierten protestiert die Regierung der Bundesrepublik Deutschland umgehend gegen den für sie unrechtmäßig zustandegekommenen Vertrag. Bonn erklärt alle Grenzabreden und -vereinbarungen der DDR für „null und nichtig". Die Bundesregierung beruft sich dabei besonders auf das Alleinvertretungsrecht Deutschlands durch die Bundesrepublik, wie es am 21. Oktober 1949 von Konrad Adenauer proklamiert worden ist, und weist deshalb die Formulierung „Grenze zwischen Deutschland und Polen" entschieden zurück. In der Bundesrepublik sind alle Parteien mit Ausnahme der KPD noch bis in die sechziger Jahre hinein gegen die Anerkennung der Oder-Neiße-Linie als Grenze. Die Medien in Westdeutschland nennen die Verantwortlichen der DDR „Verräter am deutschen Volk", während sich die Bevölkerung ebenfalls fast uneingeschränkt gegen die Anerkennung der Oder-Neiße-Linie als Grenze ausspricht. Am 13. Juni 1950 legt der Bundestag mit Ausnahme der zwei KPD-Abgeordneten feierlich Rechtsverwahrung gegen die „Politik des Verzichts" der DDR ein.

Die Vertriebenen reagieren auf die politische Entwicklung der Nachkriegsjahre mit eigenen Aktivitäten. Im Jahre 1945 wird ihnen von den Siegermächten ein Koalitionsverbot auferlegt, um die Integration in die westdeutsche Gesellschaft zu beschleunigen. Erst im April 1949 kann durch den „Zentralverband deutscher Vertriebener" (ZvD) eine Interessenorganisation der vertriebenen Reichs- und Volksdeutschen gegründet werden. Am 6. August 1950 verabschieden in Stuttgart dreißig gewählte Vertreter von Vertriebenenverbänden und ostdeutschen Landsmannschaften die „Charta der Heimatvertriebenen". Die in vier Punkte aufgeteilte Charta fordert zum einen die Anerkennung des Rechtes auf Heimat als Menschenrecht, zum anderen den generellen Gewaltverzicht und die Schaffung eines freien und geeinten Europas ohne Furcht vor Zwang und Krieg der Völker. In diesem Rahmen hoffen sie, eines Tages auch das alte Pommern wiedervereinigt zu sehen.

Aus Tafel 19: Ostdeutschland und die ost- und südo

	Pommern	Vertreibungsge
Deutsche bei Kriegsbeginn	1.900.000	16.560
Tote bei Flucht und Vertreibung	364.000	2.110
Aufnahme in		
Schleswig-Holstein	307.000	856
Hamburg	26.000	115
Niedersachsen	265.000	1.847
Bremen	8.000	48
Nordrhein-Westfalen	161.000	1.323
Hessen	35.000	715
Rheinland-Pfalz	16.000	137
Baden-Württemberg	38.000	856
Bayern	35.000	1.932
Bundesgebiet	891.000	7.829
West-Berlin	32.000	148
SBZ/DDR nur vertriebene Pommern	505.000	3.608
SBZ/DDR mit heimatverbliebenen Vorpommern	1.005.000	3.608
Nachkriegsdeutschland insgesamt	1.928.000	11.585

alle Zahlen gerundet auf Tausend

Quellen:

Nawratil –
Schwarzbuch der Vertreibung

Volkszählung 1950
nach Statistischem Bundesamt

Weifert, Mathias:
Die Durchsetzungsdynamik von Heimatvertriebenen und Aussiedlern beim wirtscha

opäischen Siedlungsgebiete

Bevölkerung	Pommern in %	Vertriebene in %
2.576.000	11,9	33,2
1.596.000	1,6	7,2
6.759.000	3,9	27,3
557.000	1,4	8,6
13.144.000	1,2	10,1
4.307.000	0,8	16,6
2.999.000	0,5	4,6
6.397.000	0,6	13,4
9.125.000	0,4	21,2
47.460.000	1,9	16,5
2.138.000	1,5	6,9
17.892.000	2,8	20,2
17.892.000	5,6	20,2
67.490.000	2,9	17,2

nd kulturellen Aufbau Deutschlands nach 1945, München 1997

Kapitel IV

Nach Flucht und Vertreibung

Die Ereignisse und Beschlüsse des Jahres 1945 für Mittel- und Osteuropa und deren Umsetzung sind eine radikale Zäsur. In einem so kurzen Zeitraum hat es weder zuvor noch danach eine derartige Massenwanderung gegeben. Regionen, die sich jahrhundertelang entwickelt haben, sind einem totalen Kontinuitätsbruch ausgesetzt. Häufig bleiben nur Landschaft und Reste der vom Krieg verheerten Bausubstanz, während die Bevölkerung und Kultur nahezu vollständig ausgetauscht werden. Gleichwohl stellt sich in Pommern und für die überlebenden Pommern die Frage: Wie geht es weiter?

Zu Tafel 20: Nachkriegszeit

Erstrangig ist dabei die Frage nach der Endgültigkeit der Grenze und der Vertreibung. Ist der Osten Deutschlands und Pommerns verloren oder gibt es Hoffnung auf Rückkehr? Wie steht es um eine Grenzrevision?

Die Grenzfrage muss nach Potsdam schon deswegen als zunächst offen angesehen werden, weil jede beteiligte Partei anfangs eine Revision anstrebt oder zumindest nicht ausschließt: Die Warschauer Regierung versucht die Grenze weiter nach Westen zu verschieben und strebt einen Grenzverlauf etwa 50 km westlich der Oder an, was sie bis vor die Tore Berlins brächte. Die polnische Strategie besteht hierbei darin, nach jedem territorialen Zugeständnis der Sowjets zu argumentieren, das damit erworbene Stück Land sei nur durch weiteren Landgewinn im Vorfeld effektiv zu verteidigen. So gelingt es dem Stettiner Stadtkommandanten Zaremba nach einigen Wochen zäher Streitigkeiten, an der westlichen Grenze der seit Anfang Juli polnischen Stadt Stettin zum noch deutschen, wieder gegründeten Kreis Randow in Moskau eine Entscheidung zu seinen Gunsten zu erwirken. Über Schukow lässt Stalin den örtlichen sowjetischen Stellen eine Landkarte mit einer Grenzlinie zukommen, die diese in der „Schweriner Grenzverordnung" vom 21. September 1945 mit den Polen vereinbaren. Die Grenze verläuft danach – wie bereits im Potsdamer Abkommen verfügt und bisher auf den Inseln Usedom und Wollin nicht umgesetzt – westlich von Swinemünde. Dann geht sie jedoch mittig durch das Haff und weiter in südöstlicher Richtung, bis sie südlich von Greifenhagen auf die Oder trifft. Davon

war in Potsdam keine Rede. Im Unterschied zur Anwendung der Oder-Linie von der Mündung ins Haff an – was man logischerweise unter „Oder-Neiße-Grenze“ verstehen müsste – erhält Polen damit neben Stettin und Teilen des Kreises Randow auch Teile des Kreises Ueckermünde. Insgesamt umfasst dieser sogenannte „Stettiner Zipfel“ weitere 750 Quadratkilometer Pommerns. Entsprechend der oben geschilderten Taktik richten sich die polnischen Gebietsforderungen nun auf die Kontrolle des gesamten Stettiner Haffs. Der Oberbefehlshaber der polnischen Streitkräfte, Rola-Zymerski, fordert am 6. Dezember 1946:
„1.) die gesamte Insel Usedom an Polen anzugliedern, [...]
2.) die Wälder, die das Stettiner Haff umgeben, Polen anzuschließen, um so völlige Handlungsfreiheit auf dem gesamten Haff zu gewinnen [...] und
3.) die Verteidigung Stettins zumindest auf der Linie des Flusses Randow zu ermöglichen.“

Übertroffen wird Rola-Zymerski noch vom Stettiner Seeamt, das am 10. Juni 1947 erklärt, auch die Insel Rügen müsse an Polen gehen, und die Grenzlinie solle dann westlich von Ribnitz die Flüsse Recknitz und Trebel entlang verlaufen, nördlich von Pasewalk und dann in gerader Linie zum Treffpunkt der jetzigen Grenzlinie mit der Oder bei Greifenhagen. Damit würde Polen an Mecklenburg grenzen, das deutsche Pommern wie das deutsche Schlesien nur noch aus wenigen Ortschaften südlich von Pasewalk bestehen, die dann wohl Brandenburg angegliedert werden müssten. Doch zu weiteren Zugeständnissen dieser Art kommt es nicht, und die polnische Seite schwenkt bald unter dem Eindruck zunehmender Revisionsforderungen der westlichen Alliierten auf die Verteidigung des Status quo um.

In Deutschland findet sich ungeachtet des völligen Zusammenbruchs zunächst überhaupt kein Befürworter der Oder-Neiße-Grenze. Revisionswünsche werden keineswegs nur von den Vertriebenen erhoben, sondern kommen aus allen politischen Lagern. Während für die CDU Jakob Kaiser eine Revision einfordert und der damals führende SPD-Politiker, der Westpreuße Kurt Schumacher, *„um jeden Quadratmeter deutschen Boden jenseits dieser Linie mit friedlichen Mitteln kämpfen“* will, sind auch die Führer der KPD

(und späteren SED) auf Revisionskurs. Der KPD-Vorsitzende Wilhelm Pieck erklärt:
„Genossen, mir wird soeben mitgeteilt, dass die Polen Stettin besetzt haben. Das ist ein Übergriff, den wir uns nicht bieten lassen werden. Und überhaupt […] werden wir uns alles wieder zurückholen […], auch meine Heimatstadt Guben."

Auch die Alliierten sind noch nicht festgelegt und nutzen den Friedensvertragsvorbehalt für ihre jeweiligen Ziele. Tatsächliche Grenzrevisionen können jedoch nur alle gemeinsam beschließen. Das Unglück der vertriebenen Pommern besteht nun darin, dass die durchaus auf beiden Seiten (Westmächte und Sowjetunion) grundsätzlich vorhandene Bereitschaft einer Grenzkorrektur zugunsten Deutschlands taktisch gegen die jeweils andere alliierte Seite bzw. deren Gesellschaftssystem eingesetzt wird. So besteht das sowjetische Kalkül darin abzuwarten, ob sich in (Gesamt-)Deutschland der Kommunismus durchsetzt, um in diesem Fall (insbesondere bei einem etwaigen Erstarken prowestlicher Kräfte in Polen) Teile der deutschen Ostgebiete der polnischen Verwaltung wieder zu entziehen. Die Westalliierten wiederum setzen die Empörung unter den Deutschen über die von ihnen einst mitgetragene Vertreibung und die Hoffnung auf partielle Revision des Vorgangs als Teil ihrer Eindämmungsstrategie gegen den Kommunismus ein. Niemand anders als Winston Churchill, nun allerdings Oppositionsführer, drängt als Erster vehement auf einen Konfrontationskurs gegen die Sowjetunion und die polnischen Kommunisten. Churchill beklagt Willkür und mangelnden Einblick in das Geschehen im sowjetischen Machtbereich, sein Bild von dem „Eisernen Vorhang", der Europa von Stettin bis Triest teile, wird zum geflügelten Wort des beginnenden Kalten Krieges. Dass er selbst den Vorhang (mit)genäht hat – durch seine einstige Befürwortung der Vertreibung und sein Einverständnis zur Oder-Neiße-Grenze –, verschweigt der Brite jedoch. Nicht zuletzt Churchill ist allerdings ein Umdenken in der amerikanischen Administration zuzuschreiben, denn seine eindringlichen Warnungen vor einem weiteren kommunistischen Vordringen über das ganze europäische Festland bleiben hier nicht ohne Wirkung. Der amerikanische Geschäftsträger in Moskau, George F. Kennan, empfiehlt seiner Regierung, Deutschland künftig als Einheit innerhalb der Reichsgrenzen von 1937 zu propagieren. So soll die Sowjetunion gezwungen werden, entweder die polnischen Kommunisten fallenzulassen oder als Gegner eines einheitlichen Deutschlands zu gelten. In diesem Fall könnten die Westmächte dann einen deutschen Teilstaat im Westen gründen und Westeuropa damit vor dem Kommunismus abschirmen: *„And we would then be free to proceed to the organization of western Germany, independently of the Russians, without being piloried as the opponents of united Germany."*

Wenn vor diesem Hintergrund auch amerikanische Revisionsprojekte mit Vorsicht zu betrachten sind, so scheint es 1946 und 1947 durchaus ernsthafte Bestrebungen der US-Regierung zu geben, die eine deutliche Verbesserung der Situation für die Pommern bedeuten würden. Die Rede des US-Außenministers James Byrnes in Stuttgart am 6. September 1946 weckt erstmals öffentlich Hoffnungen auf Änderung der Grenzen und Rückkehr der Vertriebenen in ihre Heimat. Byrnes erklärt die Einrichtung der Oder-Neiße-Linie als *„vorübergehende Übergabe Ostdeutschlands an Polen allein zu Verwaltungszwecken"*. Er regt eine Diskussion um eine mögliche Grenzrevision an. Mit zeitlicher Verzögerung unterstützt die britische Regierung im Herbst 1946 die Initiative der USA. Die Sowjetunion weist diese Interpretation klar zurück und lässt durch ihren Außenminister Molotow feststellen, dass ihrer Ansicht nach die Frage der polnischen Westgrenze in Potsdam endgültig geklärt worden sei. Auf der Moskauer Außenministerkonferenz am 9. April 1947 eskaliert der Streit, als sich der neue US-Außenminister George C. Marshall zum Anwalt der Grenzrevisionsforderungen zugunsten Deutschlands macht. Er präsentiert drei Möglichkeiten der Grenzrevision, die allesamt zum Ziel haben, dass *„Polen etwa die Hälfte der deutschen Gebiete zurückgeben [muss], damit Deutschland nicht mehr übervölkert ist und wieder ernährt werden kann"*. Bei jedem Modell müsste Deutschland gegenüber der Vorkriegssituation Ostpreußen abtreten, zudem würde die Freie Stadt Danzig auch jedes Mal Polen zugeschlagen. Bei Deutschland verbleiben würde immer Ostbrandenburg; Schlesien und Pommern sollen je nach Modell mit unterschiedlicher Grenzziehung

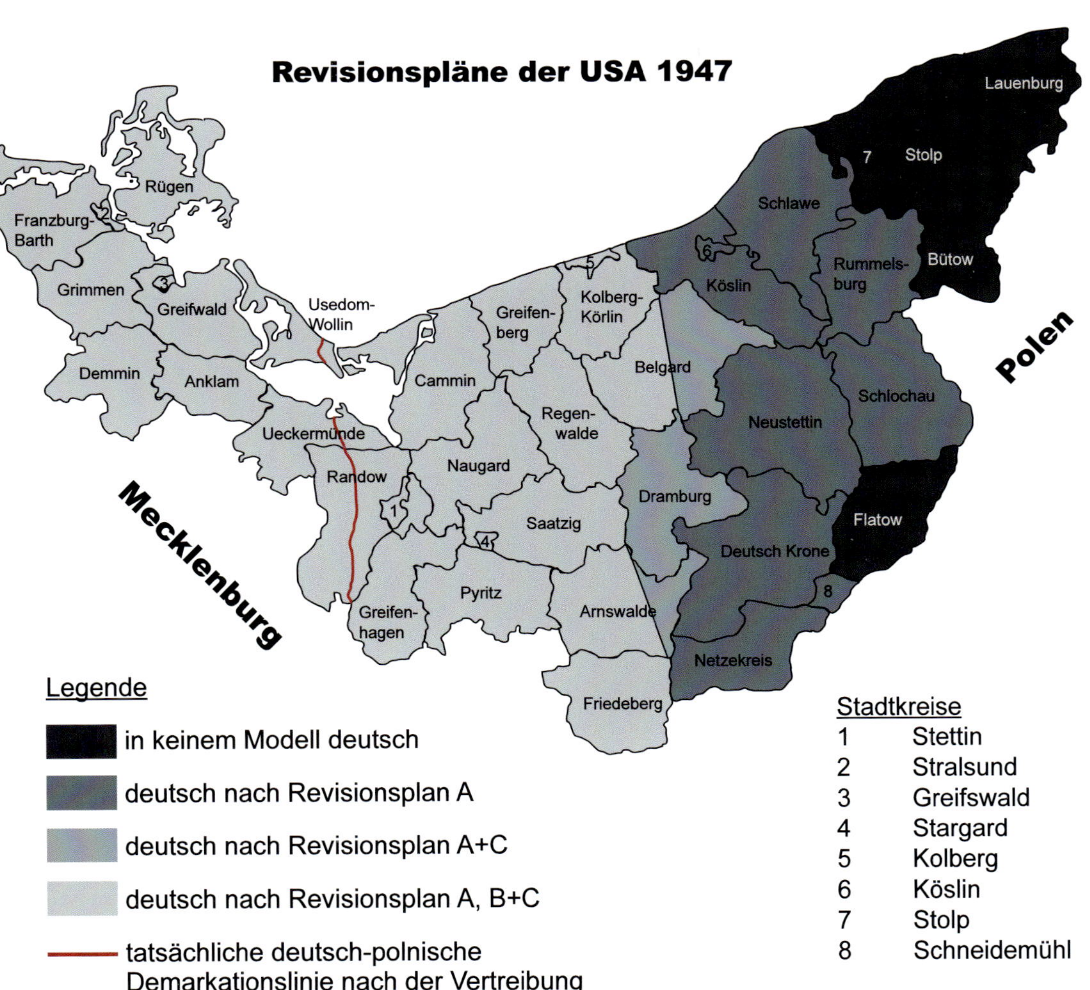
Revisionspläne der USA 1947
Lauenburg
7
Stolp
Schlawe
Rügen
Franzburg-Barth
2
6
Bütow
Rummels-burg
Köslin
5
Kolberg-Körlin
Grimmen
3
Greifwald
Usedom-Wollin
Greifen-berg
Belgard
Polen
Demmin
Anklam
Cammin
Schlochau
Regen-walde
Neustettin
Ueckermünde
Randow
Naugard
Mecklenburg
Dramburg
Flatow
1
Saatzig
4
Deutsch Krone
Pyritz
8
Greifen-hagen
Arnswalde
Netzekreis
Legende
Friedeberg
in keinem Modell deutsch
deutsch nach Revisionsplan A
deutsch nach Revisionsplan A+C
deutsch nach Revisionsplan A, B+C
tatsächliche deutsch-polnische Demarkationslinie nach der Vertreibung
Stadtkreise
1 Stettin
2 Stralsund
3 Greifswald
4 Stargard
5 Kolberg
6 Köslin
7 Stolp
8 Schneidemühl

geteilt werden. In Variante A sollen gegenüber den Vorkriegsgrenzen Pommerns lediglich die Kreise Lauenburg, Bütow, Stolp und Flatow an Polen abgetreten werden, insgesamt ein Gebiet mit einer Vorkriegsbevölkerung von etwa 264.000 Einwohnern. Bei Variante C wären zusätzlich der Netzekreis und die Kreise Deutsch-Krone, Dramburg, Neustettin und Köslin und damit etwa eine halbe Millionen Pommern betroffen. Selbst in dem aus pommerscher Sicht schlechtesten Modell B, wo zusätzlich noch die Osthälfte des Kreises Belgard abgegeben werden müsste, würden von Hinterpommern und der früheren Grenzmark noch der restliche Kreis Belgard und die Kreise Saatzig, Greifenberg, Kolberg, Regenwalde, Rummelsburg, Schneidemühl, Arnswalde, Friedeberg und Schlochau deutsch bleiben. Zudem würde im kompletten ehemaligen Regierungsbezirk Stettin mit Naugard, Wollin und Greifenhagen und vor allem Stettin selbst die Vertreibung wieder rückgängig gemacht werden. Im schlechtesten Fall B würden rund 550.000 statt fast zwei Millionen Pommern vertrieben bleiben. Diese könnten im westlichen Hinterpommern oder im Raum Stettin Aufnahme finden, ohne in eine kulturell fremde und weit entfernte Region umsiedeln zu müssen. Für die Pommern stellen somit alle drei Varianten eine erhebliche Verbesserung des Status quo dar, doch zum Unglück der Vertriebenen können sich die Westmächte mit keinem dieser Modelle durchsetzen. Die sowjetische Regierung durchschaut die antikommunistische Strategie, die hinter der neuen westlichen „Revisionsfreudigkeit“ steckt, und lässt die ganze Konferenz an dieser Forderung scheitern.

Charta der deutschen Heimatvertriebenen

Im Bewußtsein ihrer Verantwortung vor Gott und den Menschen,
im Bewußtsein ihrer Zugehörigkeit zum christlich-abendländischen Kulturkreis,
im Bewußtsein ihres deutschen Volkstums und in der Erkenntnis der gemeinsamen Aufgabe aller europäischen Völker,

haben die erwählten Vertreter von Millionen Heimatvertriebenen nach reiflicher Überlegung und nach Prüfung ihres Gewissens beschlossen, dem deutschen Volk und der Weltöffentlichkeit gegenüber eine feierliche Erklärung abzugeben, die die Pflichten und Rechte festlegt, welche die deutschen Heimatvertriebenen als ihr Grundgesetz und als unumgängliche Voraussetzung für die Herbeiführung eines freien und geeinten Europas ansehen.

1. **Wir Heimatvertriebenen verzichten auf Rache und Vergeltung. Dieser Entschluß ist uns ernst und heilig im Gedenken an das unendliche Leid, welches im besonderen das letzte Jahrzehnt über die Menschheit gebracht hat.**
2. **Wir werden jedes Beginnen mit allen Kräften unterstützen, das auf die Schaffung eines geeinten Europas gerichtet ist, in dem die Völker ohne Furcht und Zwang leben können.**
3. **Wir werden durch harte, unermüdliche Arbeit teilnehmen am Wiederaufbau Deutschlands und Europas.**

Wir haben unsere Heimat verloren. Heimatlose sind Fremdlinge auf dieser Erde. Gott hat die Menschen in ihre Heimat hineingestellt. Den Menschen mit Zwang von seiner Heimat zu trennen, bedeutet, ihn im Geiste zu töten.

Wir haben dieses Schicksal erlitten und erlebt. Daher fühlen wir uns berufen zu verlangen, daß das Recht auf die Heimat als eines der von Gott geschenkten Grundrechte der Menschheit anerkannt und verwirklicht wird.

So lange dieses Recht für uns nicht verwirklicht ist, wollen wir aber nicht zur Untätigkeit verurteilt beiseite stehen, sondern in neuen, geläuterten Formen verständnisvollen und brüderlichen Zusammenlebens mit allen Gliedern unseres Volkes schaffen und wirken.

Darum fordern und verlangen wir heute wie gestern:

1. **Gleiches Recht als Staatsbürger nicht nur vor dem Gesetz, sondern auch in der Wirklichkeit des Alltags.**
2. **Gerechte und sinnvolle Verteilung der Lasten des letzten Krieges auf das ganze deutsche Volk und eine ehrliche Durchführung dieses Grundsatzes.**
3. **Sinnvollen Einbau aller Berufsgruppen der Heimatvertriebenen in das Leben des deutschen Volkes.**
4. **Tätige Einschaltung der deutschen Heimatvertriebenen in den Wiederaufbau Europas.**

Die Völker der Welt sollen ihre Mitverantwortung am Schicksal der Heimatvertriebenen als der vom Leid dieser Zeit am schwersten Betroffenen empfinden.

Die Völker sollen handeln, wie es ihren christlichen Pflichten und ihrem Gewissen entspricht.

Die Völker müssen erkennen, daß das Schicksal der deutschen Heimatvertriebenen wie aller Flüchtlinge, ein Weltproblem ist, dessen Lösung höchste sittliche Verantwortung und Verpflichtung zu gewaltiger Leistung fordert.

Wir rufen Völker und Menschen auf, die guten Willens sind, Hand anzulegen ans Werk, damit aus Schuld, Unglück, Leid, Armut und Elend für uns alle der Weg in eine bessere Zukunft gefunden wird.

Stuttgart, den 5. August 1950

Am 5. August 1950 wurde diese »Charta der deutschen Heimatvertriebenen« in Stuttgart auf einer Großkundgebung in Gegenwart von Mitgliedern der Bundesregierung, der Kirchen und der Parlamente von dem Unbekannten Heimatvertriebenen verkündet. Sie trägt die Unterschriften der Sprecher der Landsmannschaften der Vertriebenen sowie der Vorsitzenden des Zentralverbandes der vertriebenen Deutschen und seiner Landesverbände. In allen Teilen Deutschlands wurde sie auf Großkundgebungen bestätigt.

Doch nicht nur das: Unter dem Eindruck der neuen offensiven Haltung der USA zur Grenzrevision zwingt die Sowjetunion jetzt die aus der Zwangsfusion von KPD und SPD in ihrer Besatzungszone entstandene SED zur Anerkennung der Oder-Neiße-Grenze. Während die deutschen Genossen im Kommunalwahlkampf für Mecklenburg-Vorpommern noch 1946 die offizielle Devise ausgeben durften, *„dass die Sozialistische Einheitspartei sich mit den gegenwärtigen Grenzen nicht abfindet"*, ist davon nur wenige Monate später keine Rede mehr. Nun erklärt mit Otto Grotewohl der SED-Vorsitzende die Oder-Neiße-Linie zur *„Friedensgrenze zum Aufbau einer deutsch-polnischen Freundschaft"*. Er initiiert auf Weisung Moskaus mehrfach Schriftwechsel mit der kommunistischen Führung in Polen und forciert die Verhandlungen über einen Grenzvertrag zwischen Polen und der inzwischen aus der SBZ hervorgegangenen Deutschen Demokratischen Republik (DDR). Am 6. Juli 1950 erkennt die DDR in Görlitz die Oder-Neiße-Linie mit den Brückenköpfen des „Stettiner Zipfels" gemäß der Schweriner Grenzvereinbarung als „Grenze zwischen Polen und Deutschland" an. Mit diesem Vertrag erklärt die DDR die Grenzfrage für definitiv geregelt. Das ist ein eindeutiger Verstoß gegen das Potsdamer Abkommen, nach dem ein Friedensvertrag unter Beteiligung aller Siegermächte, und nicht etwa ein bilateraler Vertrag, zur Klärung der Grenzfrage nötig ist. Neben den westlichen Alliierten protestiert auch die Regierung der 1949 in der Trizone aus amerikanischer, britischer und französischer Besatzungszone gegründeten Bundesrepublik Deutschland umgehend gegen den Görlitzer Vertrag. Sie beruft sich auf das Alleinvertretungsrecht Deutschlands durch die Bundesrepublik, wie es am 21. Oktober 1949 von Konrad Adenauer proklamiert worden war, erklärt alle Grenzabreden und -vereinbarungen der DDR für „null und nichtig" und weist die Formulierung „Grenze zwischen Deutschland und Polen" entschieden zurück. In der Bundesrepublik sind bis auf die KPD alle Parteien und der Großteil der Bevölkerung (Vertriebene wie Einheimische) noch bis in die sechziger Jahre hinein gegen die Anerkennung der Oder-Neiße-Linie als Grenze. Am 13. Juni 1950 legt der Bundestag mit Ausnahme der zwei KPD-Abgeordneten feierlich Rechtsverwahrung gegen die „Politik des Verzichts" der DDR ein.

Die Vertriebenen reagieren auf die politische Entwicklung der Nachkriegsjahre mit eigenen Aktivitäten. Im Jahre 1945 wird ihnen von den Siegermächten ein Koalitionsverbot auferlegt, um die Integration in die westdeutsche Gesellschaft zu beschleunigen. Erst im April 1949 kann im Westen mit dem „Zentralverband deutscher Vertriebener" (ZvD) eine Interessenvertretung gegründet werden. Am 6. August 1950 verabschieden in Stuttgart dreißig gewählte Vertreter von Vertriebenenverbänden und ostdeutschen Landsmannschaften die „Charta der Heimatvertriebenen". Die in vier Punkte aufgeteilte Charta fordert unter anderem die Anerkennung des Rechts auf Heimat als Menschenrecht, einen generellen Gewaltverzicht und die Schaffung eines freien und geeinten Europas ohne Furcht vor Zwang und Krieg der Völker. In diesem Rahmen hoffen sie, eines Tages auch das alte Pommern wiedervereinigt zu sehen. Für die Pommern unterzeichnet der Sprecher der Landsmannschaft, Herbert von Bismarck, die Charta. Doch bis zu einer Realisierung des Heimatrechts im Sinne der Charta bleibt den Vertriebenen nichts anderes übrig, als sich eine zumindest zeitweilige Existenz außerhalb ihrer Heimat aufzubauen. Die Charta der Heimatvertriebenen wird zu einem der herausragenden Friedensdokumente im Kalten Krieg und soll ein deutliches Zeichen über den Eisernen Vorhang hinweg geben.

Zu Tafel 27: Die Pommern in der Bundesrepublik Deutschland

Als die Bundesrepublik Deutschland gegründet wird, leben hier rund 900.000 Pommern. Die große Mehrheit ist in den nördlichen Ländern Schleswig-Holstein und Niedersachsen und damit in der britischen Zone gestrandet, während in der französischen Zone anfangs gar keine Vertriebenen aufgenommen werden und in die amerikanische Zone eher Schlesier und Sudetendeutsche kommen. In Schleswig-Holstein stellen die Pommern über zehn Prozent der Bevölkerung und sind damit weitaus zahlreicher als die dänische Minderheit. Schleswig-Holstein stellt für sie über 40 Jahre lang die einzige Möglichkeit dar, in Freiheit und trotzdem nahe der identitätsstiftenden Ostsee zu leben. Hier, in Lübeck-Travemünde, entsteht 1988 auch folgerichtig das Pommernzentrum, direkt an der innerdeutschen Grenze: So

Aushang zum Lastenausgleich – Quelle: Süddeutsche Zeitung Photo

Bild Quelle: Süddeutsche Zeitung Photo

Tafel 27

Für die große Mehrheit der überlebenden Vertriebenen geht das Leben nach Flucht, Vertreibung oder Aussiedlung im Westen Deutschlands weiter. Zwar sind sie hier weiter von der Heimat entfernt als in der Sowjetischen Besatzungszone, aber angesichts der Brutalität, die diese Menschen durch die Rote Armee sowie kommunistische und nationalistische Milizen der Vertreiberstaaten erfahren haben, kommt für viele ein Weiterleben im sowjetischen Machtbereich nicht in Frage. Als aus amerikanischer, britischer und französischer Besatzungszone 1949 die Bundesrepublik Deutschland entsteht, leben hier rund 900.000 Pommern. Die große Mehrheit ist in den nördlichen Ländern Schleswig-Holstein und Niedersachsen und damit in der britischen Zone gestrandet, während in der französischen Zone anfangs gar keine Vertriebenen aufgenommen werden und in die südlich gelegene amerikanische Zone eher Schlesier und Sudetendeutsche kommen. In Schleswig-Holstein stellen die Pommern über zehn Prozent der Bevölkerung und sind damit weitaus zahlreicher als etwa die dänische Minderheit. Die Kieler und die Lübecker Bucht stellen für sie über 40 Jahre lang die einzige Möglichkeit dar, in Freiheit und trotzdem nahe der identitätsstiftenden Ostsee zu leben. Hier, in Lübeck-Travemünde, entsteht auch später folgerichtig direkt an der Zonengrenze das Pommernzentrum. Mit der staatlichen Umsiedlung und freien Wanderung der Vertriebenen im Bundesgebiet nach 1949 gelangen die Pommern dann auch zahlreicher in andere Bundesländer. Vor allem Nordrhein-Westfalen mit seinem Industriepotential und starker Nachfrage auf dem Arbeitsmarkt bietet vielen die Möglichkeit einer neuen Existenz. Nach der Umsiedlung leben fast 300.000 Pommern an Rhein und Ruhr.

Die erste Zeit ist von Hunger, Wohnungsnot und Entbehrungen geprägt.
Viele Pommern leben noch jahrelang in Lagern. Der Verlust des Eigentums und auch des sozialen Status in den Strukturen der alten Heimat sind ein besonders schweres Los. Ab 1952 bietet der Lastenausgleich die Möglichkeit, zumindest einen Teil des Besitzes entschädigt zu bekommen – wenn auch nicht von den neuen Besitzern. Die Bundesrepublik erkennt die Forderung der Heimatvertriebenen und anderer Kriegsgeschädigter an, einen gerechten Ausgleich für den gemeinsam verlorenen Krieg zu organisieren. Bis 2001 werden 145 Milliarden DM aus dem Lastenausgleichsfond ausbezahlt. Viele Betroffene müssen aber lange Jahre auf Zahlungen warten, manche erleben sie gar nicht mehr. Neben der staatlichen Hilfe des Lastenausgleichs ist der Einsatzwille der Vertriebenen beeindruckend. Viele strengen sich besonders stark an, um sich das verlorene soziale Prestige in einer neuen Umgebung erneut zu erkämpfen. Die lange Zugehörigkeit zum preußischen Staat und der Protestantismus haben ein pommersches Arbeitsethos gefestigt, das sich im Westen für viele als Grundstein zum Wiederaufstieg erweist. Hinzu kommt, dass die westliche Industrie durch Kriegsverluste dringend Arbeitskräfte benötigt, die auch harte körperliche Tätigkeiten verrichten können. Auch viele Fachkräfte fehlen nach dem Krieg und können nur durch die hohe Qualifikation der Heimatvertriebenen kompensiert werden. Das Wirtschaftswunder der jungen Bundesrepublik ist somit eine Gemeinschaftsleistung von Ost- und Westdeutschen, auch die Pommern haben daran großen Anteil.

Doch der Mensch lebt nicht von Brot allein. Den Heimatverlust kann auch der steigende Wohlstand nicht vergessen machen. Kulturell finden sich viele in ihrer neuen Umgebung nicht zurecht. Anfangs wollen über 90 Prozent der Vertriebenen zurück in die Heimat, 1961 immer noch über die Hälfte. Das ist nicht verwunderlich, hat Deutschland durch die Vertreibung doch die größte konfessionelle Umgestaltung seit der Reformation erlebt.
Viele „Einheimische" wollen die Auswirkungen des gemeinsam verlorenen Krieges nicht anerkennen und bereiten den Vertriebenen eine „kalte Heimat". Immerhin stellt sich die Politik anfangs noch geschlossen hinter die Heimatvertriebenen, fordert mit ihnen die Wiedervereinigung mit Rückkehr- und Selbstbestimmungsrecht. Das Bundesvertriebenengesetz von 1953 schreibt den Vertriebenenstatus auf nachfolgende Generationen fort, um die Deutsche Frage offen zu halten. In § 96 verpflichtet es Bund und Länder bis heute, auch die pommersche Kultur zu pflegen und aufrechtzuerhalten. Doch ab Ende der 1960er Jahre gehen einzelne Parteien auf Distanz. Als 1990 mit der Vereinigung von DDR und Bundesrepublik die Oder-Neiße-Linie als deutsch-polnische Grenze festgelegt wird, entscheiden einmal mehr Auswärtige über das Schicksal der Pommern.
Das Land am Meer wird erneut geteilt, ohne die Betroffenen zu fragen.

nah an Pommern wie in Freiheit möglich, lautet die Devise. Mit der staatlich gelenkten Umsiedlung und der Freizügigkeit der Vertriebenen im Bundesgebiet nach 1949 kommen die Pommern dann auch zahlreicher in andere Bundesländer. Vor allem Nordrhein-Westfalen mit seiner großen Industrie und starken Nachfrage auf dem Arbeitsmarkt bietet vielen die Möglichkeit einer neuen Existenz. Nach der Umsiedlung lebt mit fast 300.000 Menschen ein Drittel der Pommern im Bundesgebiet an Rhein und Ruhr.

Aus Tafel 27 Quelle: Süddeutsche Zeitung Photo

Die erste Zeit ist von Hunger, Wohnungsnot und Entbehrungen geprägt. Viele leben noch jahrelang in Lagern. Der Verlust des Eigentums und auch des sozialen Status in den Strukturen der alten Heimat sind ein besonders schweres Los. Ab 1952 bietet der Lastenausgleich eine Möglichkeit, für die Nichtnutzung des Eigentums eine gewisse Entschädigung zu bekommen, wenn auch nicht von den neuen polnischen Besitzern. Die Bundesrepublik erkennt die Forderung der Heimatvertriebenen und anderer Kriegsgeschädigter an, einen gerechten Ausgleich für den gemeinsam verlorenen Krieg zu organisieren. Bis 2001 werden 145 Milliarden DM aus dem Lastenausgleichsfond ausbezahlt. Viele Betroffene müssen aber lange Jahre auf Zahlungen warten, manche erleben sie gar nicht mehr. Wichtiger als der Lastenausgleich ist die Leistungsbereitschaft der Vertriebenen. Viele strengen sich besonders stark an, um sich das verlorene soziale Prestige in einer neuen Umgebung erneut zu erkämpfen. Die lange Zugehörigkeit zum preußischen Staat und der Protestantismus haben das pommersche Arbeitsethos gefestigt, das sich im Westen für viele als Grundstein zum Wiederaufstieg erweist. Hinzu kommt, dass die westliche Industrie durch Kriegsverluste dringend arbeitsfähige Männer benötigt, die auch harte körperliche Arbeit leisten können. Auch viele Fachkräfte fehlen nach dem Krieg und können nur durch die Spezialkenntnisse Heimatvertriebener ersetzt werden. Das Wirtschaftswunder der jungen Bundesrepublik ist somit eine Gemeinschaftsleistung von West- und Ostdeutschen, und auch die Pommern haben großen Anteil daran.

„Doch der Mensch lebt nicht von Brot allein“. Den Heimatverlust kann auch der steigende Wohlstand nicht vergessen machen. Kulturell fremdeln viele mit ihrer neuen Umgebung. Anfangs wollen über 90% der Vertriebenen zurück in die Heimat, 1961 immer noch über die Hälfte. Das ist nicht verwunderlich, hat Deutschland durch die Vertreibung doch die größte konfessionelle Umgestaltung seit dem Dreißigjährigen Krieg erlebt. Viele Einheimische wollen die Auswirkungen des gemeinsam verlorenen Krieges nicht anerkennen und bereiten den Vertriebenen eine „kalte Heimat“. Auch von der Politik werden sie häufig enttäuscht.

Aus Tafel 27: Aushang zum Lastenausgleich
Quelle: Süddeutsche Zeitung Photo

Zwar stellt sie sich verbal anfangs geschlossen hinter die Heimatvertriebenen, nicht zuletzt weil diese gut ein Viertel der Wählerschaft stellen, und fordert mit ihnen die Wiedervereinigung mit Rückkehrrecht und Selbstbestimmungsrecht. Taten folgen aus diesen markanten Worten jedoch nicht. Ein prägnantes Beispiel in dieser Richtung ist der erste Bundeskanzler Konrad Adenauer (CDU). Von der christlichen und antikommunistischen Rhetorik des Rheinländers angesprochen, statten die Vertriebenen ihn mit einem großen Vertrauensvorsprung aus. Adenauer bekommt nicht nur zahllose Briefe, in denen Vertriebene beschwören, dass *„die von Ihnen geführte CDU nicht bloß mir, sondern den meisten der Ostflüchtlinge weltanschaulich nahesteht"*, er wird zudem 1957 von der absoluten Mehrheit nicht nur der Westdeutschen, sondern auch der Vertriebenen wiedergewählt. Der Anteil der Vertriebenenstimmen für die CDU/CSU wird jedoch durch die von einheimischen Honoratioren dominierten Listenaufstellung in den Bundesländern in der Bundestagsfraktion nicht annähernd erreicht. So sind es fast ausschließlich westdeutsche Politiker, die die Interessen der Vertriebenen als ihrer Wähler vertreten müssten. Welcher „Elan" hier zu erwarten ist, darauf lassen Aussagen schließen wie jene von Adenauer selbst, man solle versuchen *„die Flüchtlinge zu assimilieren und sie unserer Geisteshaltung einzufügen"* , damit diese nicht *„den preußischen Geist in unsere rheinische Jugend pflanzen"*. Von einem gesamtdeutschen Gemeinschaftsgefühl, wie es in der Weimarer Republik selbstverständlich war, ist offenbar im Nachkriegswestdeutschland nur noch wenig zu spüren. So überrascht es auch nicht, dass die Bundesregierung unter Adenauer den westdeutschen Staat auf Kosten einer kurzfristigen Wiedervereinigungsperspektive und damit auch auf Kosten Pommerns international konsolidiert. Eine diplomatische Initiative zur Realisierung der heimatpolitischen Ziele der Vertriebenen ist weder von dieser Regierung noch von einem ihrer Nachfolger bekannt. Immerhin schreibt das Bundesvertriebenengesetz von 1953 den Vertriebenenstatus fort, um die „deutsche Frage" offenzuhalten. In § 96 verpflichtet es Bund und Länder bis heute, auch die pommersche Kultur zu pflegen und aufrechtzuerhalten. Wenn auch die Kulturpflege der Vertreibungsregionen somit Aufgabe aller Deutschen ist, so fühlen sich die Betroffenen besonders verpflichtet, das Erbe der Heimatregionen zu pflegen. Die Institutionen, die sich zuvorderst dieser Aufgabe widmen, sind die Landsmannschaften.

Zu Tafel 28: Erbe verpflichtet

Getrennt von ihrer historischen Landschaft lebt die über Jahrhunderte gewachsene pommersche Kultur weiter. Die vertriebenen Pommern selbst tragen Sorge dafür, ihre Kultur auch über die Zeitzeugengeneration hinaus weiterzugeben. Schon bald nach Kriegsende beginnen die ersten organisatorischen Maßnahmen, um die in Westdeutschland verstreuten Pommern zusammenzubringen. Als die unmittelbare materielle Not gemildert ist, versuchen viele Pommern, auch die seelische Not der Entwurzelung zu lindern. Nachdem vorher schon einzelne örtliche Gruppen entstanden sind, wird am 18. Mai 1948 durch die Initiative des aus dem Kreis Neustettin stammenden Wilhelm Hoffmann in Lippstadt die Pommersche Landsmannschaft e.V. auf dem Gebiet der westlichen Besatzungszonen gegründet. Wie die anderen ostdeutschen Landsmannschaften erhebt auch sie den Anspruch, bis zu einer endgültigen Regelung die entgegen den Bestimmungen des Völkerrechts außer Kraft gesetzte Gebietskörperschaft Pommern zu repräsentieren. 1954 übernimmt das Bundesland Schleswig-Holstein die Landespatenschaft über Pommern. Eine fruchtbare Beziehung entsteht, insbesondere mit der Errichtung der Stiftung Pommern in Kiel im Jahre 1966. Die Stiftung

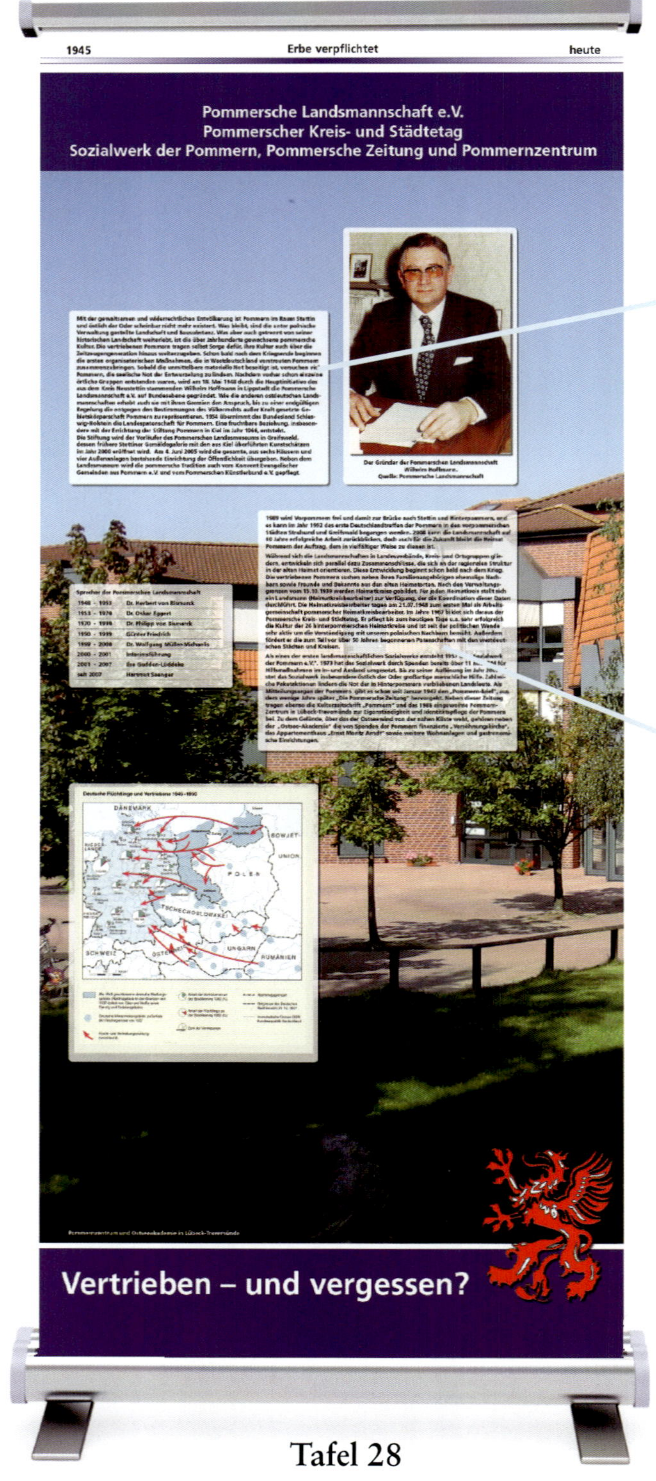
1945
Erbe verpflichtet
heute
Pommersche Landsmannschaft e.V.
Pommerscher Kreis- und Städtetag
Sozialwerk der Pommern, Pommersche Zeitung und Pommernzentrum
Sprecher der Pommerschen Landsmannschaft
1948 - 1953 Dr. Herbert von Bismarck
1953 - 1970 Dr. Oskar Eggert
1970 - 1990 Dr. Philipp von Bismarck
1990 - 1999 Günter Friedrich
1999 - 2000 Dr. Wolfgang Müller-Michaelis
2000 - 2001 Interimsführung
2001 - 2007 Ilse Gudden-Lüddeke
seit 2007 Hartmut Saenger
DÄNEMARK
SOWJET-UNION
POLEN
TSCHECHOSLOWAKEI
SCHWEIZ
UNGARN
RUMÄNIEN
Vertrieben – und vergessen?

Tafel 28

Mit der gewaltsamen und widerrechtlichen Entvölkerung ist Pommern im Raum Stettin und östlich der Oder scheinbar nicht mehr existent. Was bleibt, sind die unter polnische Verwaltung gestellte Landschaft und Bausubstanz. Was aber auch getrennt von seiner historischen Landschaft weiterlebt, ist die über Jahrhunderte gewachsene pommersche Kultur. Die vertriebenen Pommern tragen selbst Sorge dafür, ihre Kultur auch über die Zeitzeugengeneration hinaus weiterzugeben. Schon bald nach dem Kriegsende beginnen die ersten organisatorischen Maßnahmen, die in Westdeutschland verstreuten Pommern zusammenzubringen. Sobald die unmittelbare materielle Not beseitigt ist, versuchen viele Pommern, die seelische Not der Entwurzelung zu lindern. Nachdem vorher schon einzelne örtliche Gruppen entstanden waren, wird am 18. Mai 1948 durch die Hauptinitiative des aus dem Kreis Neustettin stammenden Wilhelm Hoffmann in Lippstadt die Pommersche Landsmannschaft e.V. auf Bundesebene gegründet. Wie die anderen ostdeutschen Landsmannschaften erhebt auch sie mit ihren Gremien den Anspruch, bis zu einer endgültigen Regelung die entgegen den Bestimmungen des Völkerrechts außer Kraft gesetzte Gebietskörperschaft Pommern zu repräsentieren. 1954 übernimmt das Bundesland Schleswig-Holstein die Landespatenschaft für Pommern. Eine fruchtbare Beziehung, insbesondere mit der Errichtung der Stiftung Pommern in Kiel im Jahr 1966, entsteht.
Die Stiftung wird der Vorläufer des Pommerschen Landesmuseums in Greifswald, dessen frühere Stettiner Gemäldegalerie mit den aus Kiel überführten Kunstschätzen im Jahr 2000 eröffnet wird. Am 4. Juni 2005 wird die gesamte, aus sechs Häusern und vier Außenanlagen bestehende Einrichtung der Öffentlichkeit übergeben. Neben dem Landesmuseum wird die pommersche Tradition auch vom Konvent Evangelischer Gemeinden aus Pommern e.V. und vom Pommerschen Künstlerbund e.V. gepflegt.

1989 wird Vorpommern frei und damit zur Brücke nach Stettin und Hinterpommern, und es kann im Jahr 1992 das erste Deutschlandtreffen der Pommern in den vorpommerschen Städten Stralsund und Greifswald begangen werden. 2008 kann die Landsmannschaft auf 60 Jahre erfolgreiche Arbeit zurückblicken, doch auch für die Zukunft bleibt die Heimat Pommern der Auftrag, dem in vielfältiger Weise zu dienen ist.

Während sich die Landsmannschaften in Landesverbände, Kreis- und Ortsgruppen gliedern, entwickeln sich parallel dazu Zusammenschlüsse, die sich an der regionalen Struktur in der alten Heimat orientieren. Diese Entwicklung beginnt schon bald nach dem Krieg. Die vertriebenen Pommern suchen neben ihren Familienangehörigen ehemalige Nachbarn sowie Freunde und Bekannte aus den alten Heimatorten. Nach den Verwaltungsgrenzen vom 15.10.1939 werden Heimatkreise gebildet. Für jeden Heimatkreis stellt sich ein Landsmann (Heimatkreisbearbeiter) zur Verfügung, der die Koordination dieser Daten durchführt. Die Heimatkreisbearbeiter tagen am 21.07.1948 zum ersten Mal als Arbeitsgemeinschaft pommerscher Heimatkreisbearbeiter. Im Jahre 1967 bildet sich daraus der Pommersche Kreis- und Städtetag. Er pflegt bis zum heutigen Tage u.a. sehr erfolgreich die Kultur der 26 hinterpommerschen Heimatkreise und ist seit der politischen Wende sehr aktiv um die Verständigung mit unseren polnischen Nachbarn bemüht. Außerdem fördert er die zum Teil vor über 50 Jahren begonnenen Patenschaften mit den westdeutschen Städten und Kreisen.

Als eines der ersten landsmannschaftlichen Sozialwerke entsteht 1957 das „Sozialwerk der Pommern e.V.". 1973 hat das Sozialwerk durch Spenden bereits über 11 Mio. DM für Hilfsmaßnahmen im In- und Ausland umgesetzt. Bis zu seiner Auflösung im Jahr 2007 leistet das Sozialwerk insbesondere östlich der Oder großartige menschliche Hilfe. Zahlreiche Paketaktionen lindern die Not der in Hinterpommern verbliebenen Landsleute. Als Mitteilungsorgan der Pommern gibt es schon seit Januar 1947 den „Pommern-Brief", aus dem wenige Jahre später „Die Pommersche Zeitung" hervorgeht. Neben dieser Zeitung tragen ebenso die Kulturzeitschrift „Pommern" und das 1988 eingeweihte Pommern-Zentrum in Lübeck-Travemünde zur Eigenständigkeit und Identitätspflege der Pommern bei. Zu dem Gelände, über das der Ostseewind von der nahen Küste weht, gehören neben der „Ostsee-Akademie" die von Spenden der Pommern finanzierte „Versöhnungskirche", das Appartementhaus „Ernst Moritz Arndt" sowie weitere Wohnanlagen und gastronomische Einrichtungen.

wird 1999 in das entstehende Pommersche Landesmuseum in Greifswald integriert, in dem auch die frühere Stettiner Gemäldegalerie mit den aus Kiel überführten Kunstschätzen einen Platz findet. Am 4. Juni 2005 wird die gesamte, aus sechs Häusern und vier Außenanlagen bestehende Einrichtung der Öffentlichkeit übergeben. Neben dem Landesmuseum pflegen auch der Konvent Evangelischer Gemeinden aus Pommern e.V. und der Pommersche Künstlerbund e.V. pommersche Traditionen.

Aus Tafel 28: Der Mitbegründer der Pommerschen Landsmannschaft Wilhelm Hoffmann.

Während sich die Landsmannschaften in Landesverbände, Kreis- und Ortsgruppen gliedern, entwickeln sich parallel dazu Zusammenschlüsse, die sich an der regionalen Struktur in der alten Heimat orientieren. Auch diese Entwicklung beginnt schon bald nach dem Krieg. Die vertriebenen Pommern suchen neben ihren Familienangehörigen ehemalige Nachbarn sowie Freunde und Bekannte aus den alten Heimatorten. Nach den Verwaltungsgrenzen von 1939 werden Heimatkreise gebildet, die wie die westregional gegliederten Landesverbände konstitutive Mitglieder der Pommerschen Landsmannschaft sind. Für jeden Heimatkreis stellt sich ein Landsmann (Heimatkreisbearbeiter) zur Verfügung. Am 21. Juli 1948 tagt zum ersten Mal die Arbeitsgemeinschaft pommerscher Heimatkreisbearbeiter. Im Jahre 1967 bildet sich daraus der Pommersche Kreis- und Städtetag. Er pflegt bis zum heutigen Tage unter anderem sehr erfolgreich die Kultur der 26 hinterpommerschen Heimatkreise und ist zudem aktiv um die Verständigung mit den polnischen Neusiedlern in Pommern bemüht. Außerdem fördert er für den pommerschen Bereich die zahlreichen Patenschaften westdeutscher Städte und Kreise für einstige ostdeutsche Kommunen.

Aus Tafel 29

Quelle: Quelle: pommersche-landsmannschaft.de, abgerufen am 03.10.2013.

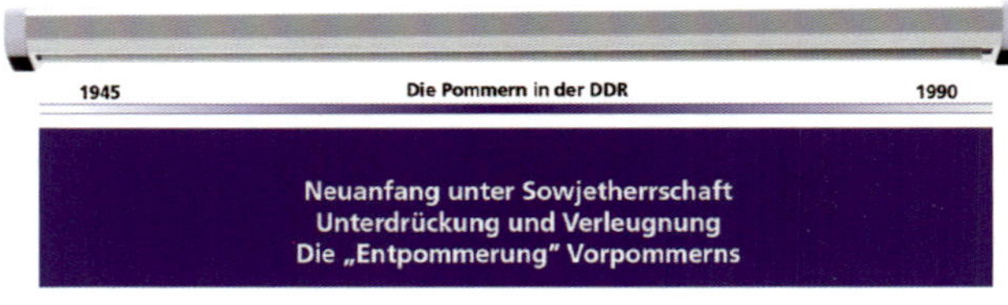
1945
Die Pommern in der DDR
1990
Neuanfang unter Sowjetherrschaft
Unterdrückung und Verleugnung
Die „Entpommerung" Vorpommerns

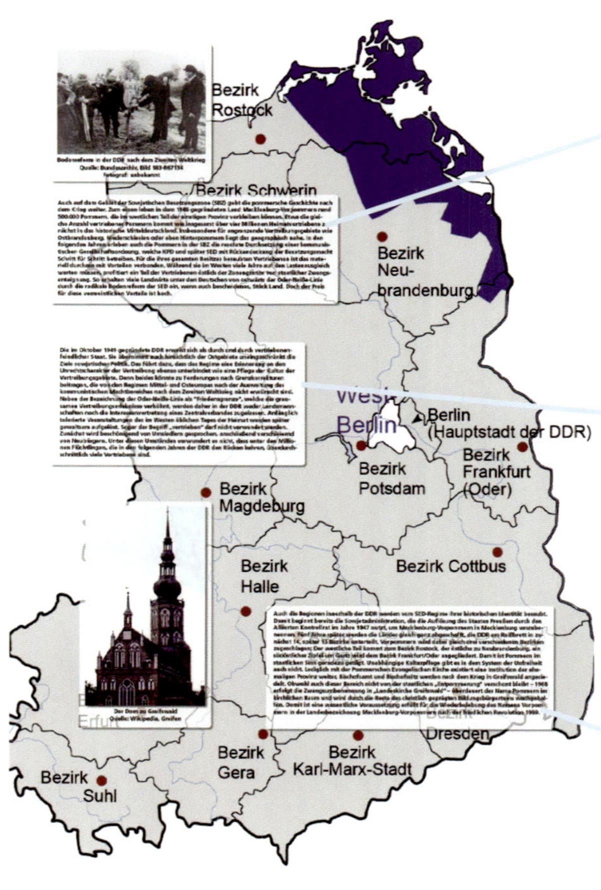
Bezirk Rostock
Bezirk Schwerin
Bezirk Neu-brandenburg
West Berlin
Berlin (Hauptstadt der DDR)
Bezirk Potsdam
Bezirk Frankfurt (Oder)
Bezirk Magdeburg
Bezirk Halle
Bezirk Cottbus
Erfurt
Dresden
Bezirk Gera
Bezirk Karl-Marx-Stadt
Bezirk Suhl

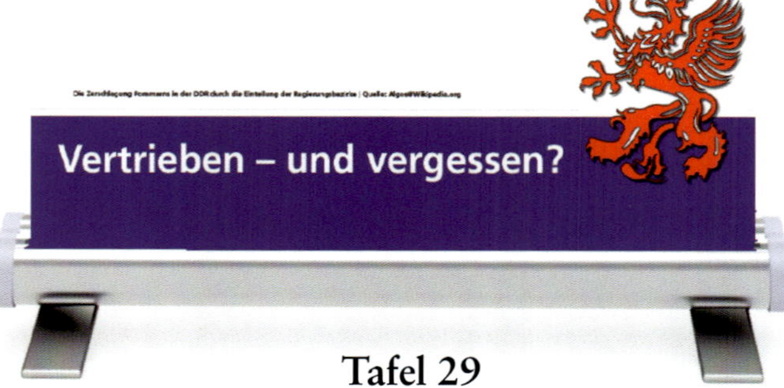
Vertrieben – und vergessen?

Tafel 29

Auch auf dem Gebiet der Sowjetischen Besatzungszone (SBZ) geht die pommersche Geschichte nach dem Krieg weiter. Zum einen leben in dem 1946 gegründeten Land Mecklenburg-Vorpommern rund 500.000 Pommern, die im westlichen Teil der einstigen Provinz verbleiben können. Etwa die gleiche Anzahl vertriebener Pommern kommt wie insgesamt über vier Millionen Heimatvertriebene zunächst in das historische Mitteldeutschland. Insbesondere für angrenzende Vertreibungsgebiete wie Ostbrandenburg, Niederschlesien oder eben Hinterpommern liegt das geographisch nahe. In den folgenden Jahren erleben auch die Pommern in der SBZ die resolute Durchsetzung einer kommunistischen Gesellschaftsordnung, welche KPD und später SED mit Rückendeckung der Besatzungsmacht Schritt für Schritt betreiben. Für die ihres gesamten Besitzes beraubten Vertriebenen ist das materiell durchaus mit Vorteilen verbunden. Während sie im Westen viele Jahre auf den Lastenausgleich warten müssen, profitiert ein Teil der Vertriebenen östlich der Zonengrenze von staatlicher Zwangsenteignung. So erhalten viele Landwirte unter den Deutschen von ostwärts der Oder-Neiße-Linie durch die radikale Bodenreform der SED ein, wenn auch bescheidenes, Stück Land. Doch der Preis für diese vermeintlichen Vorteile ist hoch.

Die im Oktober 1949 gegründete DDR erweist sich als durch und durch vertriebenenfeindlicher Staat. Sie übernimmt auch hinsichtlich der Ostgebiete uneingeschränkt die Ziele sowjetischer Politik. Das führt dazu, dass das Regime eine Erinnerung an den Unrechtscharakter der Vertreibung ebenso unterbindet wie eine Pflege der Kultur der Vertreibungsgebiete. Denn beides könnte zu Forderungen nach Grenzkorrekturen beitragen, die von den Regimen Mittel- und Osteuropas nach der Ausweitung des kommunistischen Machtbereiches nach dem Zweiten Weltkrieg nicht erwünscht sind.
Neben der Bezeichnung der Oder-Neiße-Linie als „Friedensgrenze", welche die grausamen Vertreibungserlebnisse verhöhnt, werden daher in der DDR weder Landsmannschaften noch die Interessenvertretung eines Zentralverbandes zugelassen. Anfänglich tolerierte Veranstaltungen des im Westen üblichen Tages der Heimat werden später gewaltsam aufgelöst. Sogar der Begriff „vertrieben" darf nicht verwendet werden.
Zunächst wird beschönigend von Umsiedlern gesprochen, anschließend verschleiernd von Neubürgern. Unter diesen Umständen verwundert es nicht, dass unter den Millionen Flüchtlingen, die in den folgenden Jahren der DDR den Rücken kehren, überdurchschnittlich viele Vertriebene sind.

Auch die Regionen innerhalb der DDR werden vom SED-Regime ihrer historischen Identität beraubt. Damit beginnt bereits die Sowjetadministration, die die Auflösung des Staates Preußen durch den Alliierten Kontrollrat im Jahre 1947 nutzt, um Mecklenburg-Vorpommern in Mecklenburg umzubenennen. Fünf Jahre später werden die Länder gleich ganz abgeschafft, die DDR am Reißbrett in zunächst 14, später 15 Bezirke unterteilt. Vorpommern wird dabei gleich drei verschiedenen Bezirken zugeschlagen: Der westliche Teil kommt zum Bezirk Rostock, der östliche zu Neubrandenburg, ein südöstlicher Zipfel um Gartz wird dem Bezirk Frankfurt/Oder angegliedert. Damit ist Pommern im staatlichen Sinn geradezu getilgt. Unabhängige Kulturpflege gibt es in dem System der Unfreiheit auch nicht. Lediglich mit der Pommerschen Evangelischen Kirche existiert eine Institution der ehemaligen Provinz weiter, Bischofsamt und Bischofssitz werden nach dem Krieg in Greifswald angesiedelt. Obwohl auch dieser Bereich nicht von der staatlichen „Entpommerung" verschont bleibt – 1968 erfolgt die Zwangsumbenennung in „Landeskirche Greifswald" – überdauert der Name Pommern im kirchlichen Raum und wird durch die Reste des christlich geprägten Bildungsbürgertums wachgehalten. Damit ist eine wesentliche Voraussetzung erfüllt für die Wiederbelebung des Namens Vorpommern in der Landesbezeichnung Mecklenburg-Vorpommern nach der friedlichen Revolution 1989.

Als eines der ersten landsmannschaftlichen Sozialwerke entsteht 1957 das „Sozialwerk der Pommern e.V.“. 1973 hat das Sozialwerk durch Spenden bereits über elf Millionen DM für Hilfsmaßnahmen umgesetzt. Bis zu seiner Auflösung im Jahre 2007 leistet das Sozialwerk insbesondere östlich der Oder großartige menschliche Hilfe. Zahlreiche Paketaktionen lindern die Not der wenigen in Hinterpommern verbliebenen Landsleute. Als Mitteilungsorgan der Pommern gibt es schon seit Januar 1947 den „Pommern-Brief“, aus dem wenige Jahre später „Die Pommersche Zeitung“ hervorgeht. Neben dieser Zeitung tragen auch die Kulturzeitschrift „Pommern“ und das bereits erwähnte, 1988 eingeweihte Pommern-Zentrum in Lübeck-Travemünde zur Eigenständigkeit und Identitätspflege der Pommern bei. Zu dem Gelände, über das der Ostseewind von der nahen Küste weht, gehören neben der „Ostsee-Akademie“ die von Spenden der Pommern finanzierte „Versöhnungskirche“, das Appartementhaus „Ernst Moritz Arndt“ sowie weitere Wohnanlagen und gastronomische Einrichtungen. Insgesamt gibt es eine große Bereitschaft zum landsmannschaftlichen Engagement und eine Fülle von Aktivitäten. Jahrzehntelang sind diese jedoch auf Westdeutschland beschränkt, während für die Pommern in der DDR die Unterdrückung noch nicht ausgestanden ist.

Aus Tafel 28: Pommern-Zentrum und Ostsee-Akademie in Lübeck-Travemünde

Das gilt in gleicher Weise für die 1824 in Stettin gegründete „Gesellschaft für pommersche Geschichte, Altertumskunde und Kunst e.V.“, die sich 1954 nach ihrem Untergang 1945 neu gründete. Die Gesellschaft fördert Forschungen und wissenschaftliche Publikationen, insbesondere historische, prähistorische, kunstgeschichtliche, künstlerische und volkskundliche Arbeiten über Pommern und gibt als wissenschaftliches Jahrbuch die „Baltischen Studien - Pommersche Jahrbücher für Landesgeschichte“ heraus.

Zu Tafel 29: Die Pommern in der DDR

In der Sowjetischen Besatzungszone leben zum einen die rund 500.000 nicht vertriebenen Vorpommern, zum anderen etwa die gleiche Anzahl vertriebener Pommern. Sie erleben die rücksichtslose Durchsetzung einer kommunistischen Gesellschaftsordnung, welche die KPD und später die SED mit Rückendeckung der Besatzungsmacht Schritt für Schritt betreiben. Für die ihres gesamten Besitzes beraubten Vertriebenen ist das materiell zunächst mit scheinbaren Vorteilen verbunden. Während sie im Westen viele Jahre auf den Lastenausgleich warten müssen, profitiert ein Teil der Vertriebenen östlich der Zonengrenze von staatlicher Zwangsenteignung. So erhalten zahlreiche Landwirte unter den Deutschen von ostwärts der Oder-Neiße-Linie durch die radikale Bodenreform der SED ein, wenn auch bescheidenes, Stück Land, das ihnen kurze Zeit später durch die Zwangsenteignung schon wieder entrissen wird.

Aus Tafel 29: Bodenreform in der DDR nach dem Zweiten Weltkrieg

Quelle: Bundesarchiv,
Bild 183-R67154 / Fotograf: o.Ang.

Denn die im Oktober 1949 gegründete DDR erweist sich als durch und durch vertriebenenfeindlicher Staat. Sie übernimmt auch hinsichtlich der Ostgebiete uneingeschränkt die Ziele sowjetischer Politik. Dies führt dazu, dass das Regime eine Erinnerung an den Unrechtscharakter der Vertreibung ebenso unterbindet wie eine Pflege der Kultur der Vertreibungsgebiete. Denn beides könnte die im Westen lautstark vertretenen Revisionsforderungen unterstützen und somit den kommunistischen Machtbereich Mittel- und Osteuropas destabilisieren. Neben der Bezeichnung der Oder-Neiße-Linie als „Friedensgrenze“, was die grausamen Vertreibungserlebnisse verhöhnt, werden daher in der DDR weder Landsmannschaften noch die Interessenvertretung eines Zentralverbandes zugelassen. Anfänglich tolerierte Veranstaltungen zu dem im Westen üblichen „Tag der Heimat“ werden später gewaltsam aufgelöst. Sogar der Begriff „vertrieben“ darf nicht benutzt werden. Zunächst wird beschönigend von Umsiedlern gesprochen, anschließend verschleiernd von Neubürgern. Unter diesen Umständen verwundert es nicht, dass unter den Millionen Flüchtlingen, die bis zum Mauerbau 1961 der DDR den Rücken kehren, überdurchschnittlich viele Vertriebene sind.

Aus Tafel 29:
Der Dom zu Greifswald

Auch die Regionen innerhalb der DDR werden vom SED-Regime ihrer historischen Identität beraubt. Damit beginnt bereits die Sowjetadministration, welche die Auflösung des Staates Preußen durch den Alliierten Kontrollrat im Jahre 1947 nutzt, um Mecklenburg-Vorpommern in Mecklenburg umzubenennen. Fünf Jahre später werden die Länder gleich ganz abgeschafft, die DDR am Reißbrett in 14 Bezirke eingeteilt. Ost-Berlin bekam 1961 die Funktion, nicht jedoch den Status eines Bezirkes übertragen. Nach der Abtrennung der Mitte und des östlichen Teils Pommerns zugunsten Polens mit nahezu vollständiger Auswechslung der Bevölkerung wird nun auch noch Vorpommern gleich auf drei verschiedene Bezirke aufgeteilt: Der westliche Teil kommt zum Bezirk Rostock, der mittlere zu Neubrandenburg, ein östlicher Zipfel um Gartz wird dem Bezirk Frankfurt/Oder angegliedert. Damit ist das historische Pommern im Sinne staatlicher Strukturen geradezu ausgelöscht. Unabhängige Kulturpflege gibt es im System der Unfreiheit nicht. Einziger Schutzraum ist die Kirche. Hier existiert mit der Pommerschen Evangelischen Kirche eine Institution der Provinz weiter, Bischofsamt und Bischofssitz werden nach dem Krieg in Greifswald angesiedelt. Obwohl auch dieser Bereich nicht von der staatlichen „Entpommerung" verschont bleibt – 1968 erfolgt die Zwangsumbenennung in „Landeskirche Greifswald" – überdauert der Name Pommern im kirchlichen Bereich und wird durch die Reste des christlich geprägten Bildungsbürgertums wachgehalten. Jenes Bürgertum ist es auch, das 1989 maßgeblich zur friedlichen Revolution und damit zur Vereinigung beiträgt. Doch in die Feierstimmung mischt sich für die Vertriebenen die Enttäuschung, dass die völkerrechtliche Abtretung ihrer Heimat an Polen zur Randnotiz des Vereinigungsprozesses degradiert wird. Als 1990 mit der Vereinigung von DDR und Bundesrepublik die Oder-Neiße-Linie als deutsch-polnische Grenze festgelegt wird, entscheiden einmal mehr Nichtpommern über das Schicksal der Pommern.

Aus Tafel 29:
Die Zerschlagung Pommerns in der DDR durch die Einteilung der Verwaltungsbezirke

Bezirk Rostock
Bezirk Schwerin
Bezirk Neubrandenburg
West-Berlin
Berlin (Hauptstadt der DDR)
Bezirk Potsdam
Bezirk Frankfurt (Oder)
Bezirk Magdeburg
Bezirk Halle
Bezirk Cottbus
Bezirk Leipzig
Bezirk Erfurt
Bezirk Dresden
Bezirk Gera
Bezirk Karl-Marx-Stadt
Bezirk Suhl

Zu Tafel 30: Entwicklung des geteilten Landes Pommern

Allerdings wird durch die Ereignisse von 1989/90 zumindest Vorpommern wieder frei. Am 2. Oktober 1990 wird das Land Mecklenburg-Vorpommern neu gegründet, bevor es am folgenden Tag dem Geltungsbereich des Grundgesetzes und damit der Bundesrepublik Deutschland beitritt. Pommern bekommt, auch durch die neue Kreiseinteilung unter anderem mit den Kreisen Nordvorpommern und Ostvorpommern, wieder mehr Eigenidentität. 1992 kann das erste Deutschlandtreffen der Pommern in Pommern „gefeiert“ werden: Stralsund und Greifswald sind in jenem Jahr die Gastgeber des Pommerntreffens. Insbesondere Greifwald erlebt eine „Repommerisierung“: Die Ernst-Moritz-Arndt-Universität begreift sich zunehmend als die pommersche Universität, Bund und Land schaffen in der Stadt ein Pommersches Landesmuseum. Auch die Pommersche Landsmannschaft plant, die Gunst des freien Vorpommerns zu nutzen und in Greifswald Räumlichkeiten anzumieten.

Mit dem deutsch-polnischen Grenz- und Nachbarschaftsvertrag von 1991 sind einerseits weitere polnische Westambitionen, wie sie einst bis Lübeck propagiert wurden, nicht mehr zu erwarten. Andererseits ist die Rückkehr Stettins und Hinterpommerns in einen deutschen Staatsverband nicht mehr realistisch. Immerhin sind nun Reisen in die alte Heimat leichter möglich. Allerdings erschwert auch das postkommunistische Polen die Rücksiedlung Vertriebener und verweigert die Rückgabe oder Entschädigung des geraubten Eigentums. Nur langsam weichen die zum Teil irrationalen Ängste polnischer Politiker einer Bereitschaft zur Annäherung. Auf der zwischenmenschlichen Ebene zwischen vertriebenen Pommern und polnischen Neusiedlern ist man da manchmal schon einen Schritt weiter. Die gegen ihren Willen umgesiedelten Ostpolen und ihre Nachfahren können das Schicksal der Stettiner und Hinterpommern eher nachempfinden. Es kommt zu Annäherungen, als Vertriebene mitunter nach Jahrzehnten vor ihrer alten Haustüre stehen. Die Neubewohner in den Vertreibungsgebieten beginnen sich für die deutsche Geschichte ihres Ortes und ihrer Region zu interessieren.

Zum Teil wird alte Bausubstanz wiederhergestellt, insbesondere nachdem der polnische EU-Beitritt hierzu finanzielle Möglichkeiten eröffnet. Das Bewusstsein für eine pommersche Identität unter Berücksichtigung des deutschen historischen Hintergrundes wächst – langsam – auch östlich der Oder. Am 15. Dezember 1995 gründen deutsche und polnische Vertreter in Stettin die Europaregion Pomerania. Sie umfasst die Wojewodschaft „Westpommern" sowie die heutigen Landkreise Vorpommern-Rügen, Vorpommern-Greifswald und Mecklenburgische Seenplatte. Auch die brandenburgischen Kreise Uckermarck und Barnim schließen sich an. 1998 tritt zudem die südschwedische Provinz Schonen (Skåne län) der Pomerania bei, eine vor dem Hintergrund der schwedischen Geschichte Vorpommerns sinnvolle Erweiterung. Ziel der Europaregion ist das grenzüberschreitende Zusammenwachsen im Ostseeraum. Dies soll erreicht werden durch gemeinsame Programme und Investitionen in Wirtschaft, Bildung, Kultur, Infrastruktur und Umweltschutz. Neben der Einrichtung eines Informationssystems zum Datenaustausch soll auch bei der Bekämpfung von Katastrophen und Havariesituationen zusammengearbeitet werden.

Mit der Pomerania wird ein wichtiger Schritt in die Zukunft gegangen; der Beitritt Polens zum Schengener Abkommen am 21. Dezember 2007 ist ein weiterer. Nun kann jeder Deutsche jederzeit in das pommersche Vertreibungsgebiet reisen. Denn eines hat sich ganz sicher gezeigt: Geschichte ist niemals „zu Ende". Nirgendwo bleiben Konstrukte, Staaten oder Grenzen ewig bestehen. So wird es auch ein neues Kapitel in der Geschichte Pommerns geben, nach derzeitigem Stand am wahrscheinlichsten ein gesamteuropäisches. Hierzu kann nur das Recht auf die Heimat die gemeinsame Grundlage sein. Es muss von allen anerkannt werden.

Das bedeutet auch: Die polnische Seite muss den Unrechtscharakter der Vertreibung eingestehen. Nur so ist die Basis für einen gemeinsamen Neuanfang gegeben. Dann könnte eine deutsch-polnische Region Pommern entstehen, die zugewanderten Polen und angestammten Deutschen gleichermaßen Heimat ist. Stettin würde wieder in seine natürliche Funktion als

pommersches Zentrum rücken. Die unnatürliche Trennung Pommerns entlang des Unterlaufs der Oder und inmitten des Haffs mitsamt der absurden Grenze auf der Insel Usedom verlangt geradezu nach einem solchen Schritt. Nach der Eskalation des 20. Jahrhunderts mit dem Exodus eines Großteils der angestammten Bevölkerung könnte das 21. Jahrhundert somit versöhnlicher enden. Das Land am Meer würde auf eine weitere Spaltung im Interesse auswärtiger Mächte gerne verzichten.

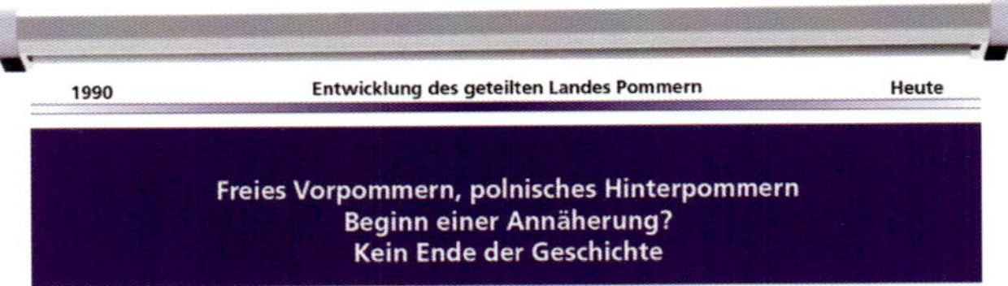
1990
Entwicklung des geteilten Landes Pommern
Heute
Freies Vorpommern, polnisches Hinterpommern
Beginn einer Annäherung?
Kein Ende der Geschichte

EUROREGION
POMERANIA
Auch für Pommern bringt die Wende eine Zäsur. Am 2. Oktober 1990 wird das Land Mecklenburg-Vorpommern neu gegründet, bevor es am folgenden Tag dem Geltungsbereich des Grundgesetzes und damit der Bundesrepublik Deutschland beitritt. Pommern bekommt später, auch durch die neue Kreiseinteilung (unter anderem in die Kreise Nordvorpommern und Ostvorpommern), wieder mehr Eigenidentität. Die Universität Greifswald wird zunehmend als pommersche Universität begriffen. Bund und Land schaffen in der Stadt ein Pommersches Landesmuseum, auch die Pommersche Landsmannschaft plant, die Gunst des freien Vorpommerns zu nutzen und in Greifswald Räumlichkeiten anzumieten. Mit dem deutsch-polnischen Grenz- und Nachbarschaftsvertrag sind einerseits weitere polnische Westambitionen, wie sie einst bis Lübeck propagiert wurden, nicht mehr zu befürchten. Andererseits ist die Rückkehr Stettins und Hinterpommerns, die seit 1999 mit Teilen der einstigen Grenzmark die polnische Wojewodschaft „Westpommern" bilden, in einen deutschen Staatsverband nicht mehr realistisch. Immerhin sind nun Reisen in die alte Heimat leichter möglich. Allerdings versucht auch das postkommunistische Polen die Rücksiedlung Vertriebener zu erschweren und verweigert die Rückgabe oder Entschädigung des geraubten Eigentums. Nur langsam weichen die zum Teil irrationalen Ängste polnischer Politiker einer Bereitschaft zur Annäherung.
Auf der menschlichen Ebene zwischen vertriebenen Pommern und polnischen Neusiedlern ist man da manchmal schon einen Schritt weiter. Die gegen ihren Willen umgesiedelten Ostpolen und ihre Nachfahren können das Schicksal der Stettiner und Hinterpommern eher nachempfinden. Es kommt zu Annäherungen, wenn diese mitunter nach Jahrzehnten vor ihrer alten Haustüre stehen. Die Neubewohner in den Vertreibungsgebieten beginnen sich für die deutsche Geschichte ihres Ortes und ihrer Region zu interessieren. Zum Teil wird alte Bausubstanz wieder hergestellt, insbesondere nachdem der polnische EU-Beitritt hierzu finanzielle Möglichkeiten eröffnet. Das Bewusstsein für eine historische pommersche Identität wächst – langsam – auch östlich der Oder. Am 15. Dezember 1995 gründen deutsche und polnische Vertreter in Stettin die Europaregion Pomerania. Sie umfasst die Wojewodschaft „Westpommern" sowie die heutigen Landkreise Vorpommern-Rügen, Vorpommern-Greifswald und Mecklenburgische Seenplatte. Auch die brandenburgischen Kreise Uckermark und Barnim schließen sich an. 1998 tritt zudem die südschwedische Provinz Schonen (Skåne län) der Pomerania bei, eine vor dem Hintergrund der schwedischen Geschichte Vorpommerns sehr sinnvolle Erweiterung. Ziel der Europaregion ist das infrastrukturelle und kulturelle Zusammenwachsen im Ostseeraum. Dies soll erreicht werden durch gemeinsame Programme und Investitionen in Wirtschaft, Bildung, Kultur, Infrastruktur und Umweltschutz. Neben der Einrichtung eines Informationssystems zum Datenaustausch soll auch bei der Bekämpfung von Katastrophen und Havariesituationen zusammengearbeitet werden.
Mit der Pomerania wird ein wichtiger Schritt in die Zukunft gegangen. Der Beitritt Polens zum Schengener Abkommen am 21. Dezember 2007 ist ein weiterer. Nun kann jeder Deutsche jederzeit in das pommersche Vertreibungsgebiet reisen. Denn eines hat die Zeit nach der Wende ganz sicher gezeigt: Geschichte ist niemals „zu Ende". Nirgendwo bleiben Konstrukte, Staaten oder Grenzen ewig bestehen. So wird es auch ein neues Kapitel in der Geschichte Pommerns geben, nach derzeitigem Stand am wahrscheinlichsten ein gesamteuropäisches. Hierzu kann nur das Recht auf die Heimat die gemeinsame Grundlage sein. Es muss von allen anerkannt werden. Das bedeutet auch: Die polnische Seite muss den Unrechtscharakter der Vertreibung eingestehen. Nur so ist die Basis für einen gemeinsamen Neuanfang gegeben. Dann könnte eine deutsch-polnische Region Pommern entstehen, die zugewanderten Polen und angestammten Deutschen gleichermaßen Heimat ist. Stettin würde wieder in seine natürliche Funktion als pommersches Zentrum rücken. Die unnatürliche Trennung Pommerns entlang des Unterlaufes der Oder und inmitten des Haffs mitsamt der absurden Grenze auf der Insel Usedom und dem abgeschnittenen westlichen Vorland von Stettin verlangt geradezu nach einem solchen Schritt. Nach der Eskalation des 20. Jahrhunderts mit dem Exodus eines Großteils der angestammten Bevölkerung könnte das 21. Jahrhundert somit versöhnlicher werden. Das Land am Meer würde auf eine weitere Spaltung im Interesse auswärtiger Machthaber gerne verzichten.
Karte der Euroregion Pomerania
Quelle: Kommunalgemeinschaft POMERANIA e.V.
POLSKA
DEUTSCHLAND
SVERIGE

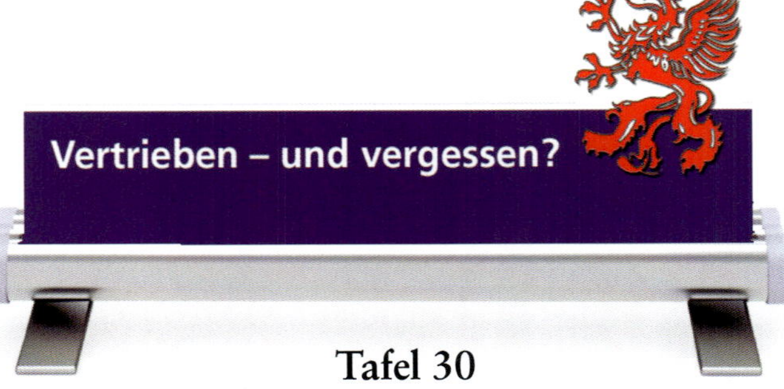
Vertrieben – und vergessen?

Tafel 30

Auch für Pommern bringt die Wende eine Zäsur. Am 2. Oktober 1990 wird das Land Mecklenburg-Vorpommern neu gegründet, bevor es am folgenden Tag dem Geltungsbereich des Grundgesetzes und damit der Bundesrepublik Deutschland beitritt. Pommern bekommt später, auch durch die neue Kreiseinteilung (unter anderem in die Kreise Nordvorpommern und Ostvorpommern), wieder mehr Eigenidentität. Die Universität Greifswald wird zunehmend als pommersche Universität begriffen. Bund und Land schaffen in der Stadt ein Pommersches Landesmuseum, auch die Pommersche Landsmannschaft plant, die Gunst des freien Vorpommerns zu nutzen und in Greifswald Räumlichkeiten anzumieten. Mit dem deutsch-polnischen Grenz- und Nachbarschaftsvertrag sind einerseits weitere polnische Westambitionen, wie sie einst bis Lübeck propagiert wurden, nicht mehr zu befürchten. Andererseits ist die Rückkehr Stettins und Hinterpommerns, die seit 1999 mit Teilen der einstigen Grenzmark die polnische Wojewodschaft „Westpommern" bilden, in einen deutschen Staatsverband nicht mehr realistisch. Immerhin sind nun Reisen in die alte Heimat leichter möglich. Allerdings versucht auch das postkommunistische Polen die Rücksiedlung Vertriebener zu erschweren und verweigert die Rückgabe oder Entschädigung des geraubten Eigentums. Nur langsam weichen die zum Teil irrationalen Ängste polnischer Politiker einer Bereitschaft zur Annäherung.

Auf der menschlichen Ebene zwischen vertriebenen Pommern und polnischen Neusiedlern ist man da manchmal schon einen Schritt weiter. Die gegen ihren Willen umgesiedelten Ostpolen und ihre Nachfahren können das Schicksal der Stettiner und Hinterpommern eher nachempfinden. Es kommt zu Annäherungen, wenn diese mitunter nach Jahrzehnten vor ihrer alten Haustüre stehen. Die Neubewohner in den Vertreibungsgebieten beginnen sich für die deutsche Geschichte ihres Ortes und ihrer Region zu interessieren. Zum Teil wird alte Bausubstanz wieder hergestellt, insbesondere nachdem der polnische EU-Beitritt hierzu finanzielle Möglichkeiten eröffnet. Das Bewusstsein für eine historische pommersche Identität wächst – langsam – auch östlich der Oder. Am 15. Dezember 1995 gründen deutsche und polnische Vertreter in Stettin die Europaregion Pomerania. Sie umfasst die Wojewodschaft „Westpommern" sowie die heutigen Landkreise Vorpommern-Rügen, Vorpommern-Greifswald und Mecklenburgische Seenplatte. Auch die brandenburgischen Kreise Uckermarck und Barnim schließen sich an. 1998 tritt zudem die südschwedische Provinz Schonen (Skåne län) der Pomerania bei, eine vor dem Hintergrund der schwedischen Geschichte Vorpommerns sehr sinnvolle Erweiterung. Ziel der Europaregion ist das infrastrukturelle und kulturelle Zusammenwachsen im Ostseeraum. Dies soll erreicht werden durch gemeinsame Programme und Investitionen in Wirtschaft, Bildung, Kultur, Infrastruktur und Umweltschutz. Neben der Einrichtung eines Informationssystems zum Datenaustausch soll auch bei der Bekämpfung von Katastrophen und Havariesituationen zusammengearbeitet werden.

Mit der Pomerania wird ein wichtiger Schritt in die Zukunft gegangen. Der Beitritt Polens zum Schengener Abkommen am 21. Dezember 2007 ist ein weiterer. Nun kann jeder Deutsche jederzeit in das pommersche Vertreibungsgebiet reisen. Denn eines hat die Zeit nach der Wende ganz sicher gezeigt: Geschichte ist niemals „zu Ende". Nirgendwo bleiben Konstrukte, Staaten oder Grenzen ewig bestehen. So wird es auch ein neues Kapitel in der Geschichte Pommerns geben, nach derzeitigem Stand am wahrscheinlichsten ein gesamteuropäisches. Hierzu kann nur das Recht auf die Heimat die gemeinsame Grundlage sein. Es muss von allen anerkannt werden. Das bedeutet auch: Die polnische Seite muss den Unrechtscharakter der Vertreibung eingestehen. Nur so ist die Basis für einen gemeinsamen Neuanfang gegeben. Dann könnte eine deutsch-polnische Region Pommern entstehen, die zugewanderten Polen und angestammten Deutschen gleichermaßen Heimat ist. Stettin würde wieder in seine natürliche Funktion als pommersches Zentrum rücken. Die unnatürliche Trennung Pommerns entlang des Unterlaufes der Oder und inmitten des Haffs mitsamt der absurden Grenze auf der Insel Usedom und dem abgeschnittenen westlichen Vorland von Stettin verlangt geradezu nach einem solchen Schritt. Nach der Eskalation des 20. Jahrhunderts mit dem Exodus eines Großteils der angestammten Bevölkerung könnte das 21. Jahrhundert somit versöhnlicher werden. Das Land am Meer würde auf eine weitere Spaltung im Interesse auswärtiger Machthaber gerne verzichten.

Häsleholm
Helsingborg
Kristianstad
SKÅNE
Lund
Malmö
EUROREGION
POMERANIA
Bornholm
POLSKA
DEUTSCHLAND
SVERIGE
Ostsee
Morze Bałtyckie
Vorpommern-
Rügen
Stralsund
Kołobrzeg
Koszalin
Greifswald
MECKLENBURG-
VORPOMMERN
Vorpommern-
Greifswald
Świnoujście
ZACHODNIOPOMORSKIE
Neubrandenburg
Police
Mecklenburgische
Seenplatte
Szczecin
Stargard Szcz.
Uckermark
Schwedt
BRANDENBURG
Barnim
Eberswalde
BERLIN

Aus Tafel 30: Karte der Euroregion Pomerania
Quelle: Kommunalgemeinschaft POMERANIA e.V.

Kapitel V

Zeitzeugenberichte

Die pommersche Geschichte bleibt ein Wechselspiel zwischen Ost und West. Das Land am Meer hat in seiner Brückenfunktion im Herzen Europas im Laufe seiner Geschichte keine so starke Zäsur erlebt wie den völligen Bevölkerungsaustausch nach dem Zweiten Weltkrieg. Die seit vielen Jahrhunderten hier beheimateten Deutschen, die aus den germanischen und slawischen Urbevölkerungen den Stamm der Pommern bildeten, wurden infolge des Zweiten Weltkriegs gezwungen, ihre Heimat zu verlassen. Nach dem Blick auf die gesamte Geschichte Pommerns bleibt die Frage offen, wie der einzelne Mensch diese dramatische Entwicklung erlebt hat. Das folgende Kapitel soll diesen Aspekt der „Mikro-Perspektive" ergänzen, der für das Geschichtsverständnis nicht minder wichtig ist als die „Makrogeschichte".

Daher versucht das Projekt den ungewöhnlichen Sprung vom großen Kontext zum individuellen Erleben. Dabei geht es den Verfassern vor allem darum, die gedanklich kaum vorstellbare Masse von 15 Millionen deutschen Vertriebenen bzw. fast zwei Millionen vertriebenen Pommern besser auszudifferenzieren. Es ist nämlich mitnichten so, dass zweimillionenmal dasselbe geschehen ist. Die Vertreibung verlief im Gegenteil von Mensch zu Mensch unterschiedlich und wurde auch unterschiedlich wahrgenommen. Verschieden sind auch die Lebenssituation, in der sie den Betroffenen widerfuhr, und die Art und Weise, wie diese damit umgingen. Jedes einzelne Schicksal war grausam und brachte unvorstellbares Leid über den Betroffenen. Es ist daher notwendig, nicht nur die nackten Zahlen, sondern vor allem die individuellen Lebens- und Leidenswege näher zu beleuchten.

Dass es unmöglich ist, zwei Millionen individuelle Lebensgeschichten in einer Ausstellung oder in einem Buch zu erzählen, liegt auf der Hand. Es wurde daher entschieden, den Versuch einer Kategorisierung verschiedener Vertreibungsarten vorzunehmen. Damit wird am Beispiel der Pommern ein Pilotprojekt in der Vertriebenen-Historiographie in Angriff genommen. Die anonyme Masse der pommerschen Vertriebenen soll in Vertreibungsgruppen ausdifferenziert werden. Nach einer umfassenden wissenschaftlichen Recherche und Gesprächen mit vielen Zeitzeugen wurden sechs typische und prägnante Vertreibungsarten ausgewählt, die auf den folgenden Seiten anhand eines besonders anschaulichen Einzelschicksals vorgestellt werden sollen. Gleichwohl können sie als repräsentativ für die verschiedenen Varianten des Vertreibungsprozesses gelten. Es sollen konkrete Personen exemplarisch für die Vertreibungsgruppe berichten, wie ihr Weg durch das Ende der Kriegswirren aussah. Das Projekt verbindet damit historische Aufarbeitung mit Individualschicksal, in der Hoffnung, dass sich in der einen oder anderen Passage auch manch anderer Zeitzeuge wiederfindet und sein Schicksal besser verstanden sieht. Auf diese Weise könnte die Aufarbeitung dieser größten Zwangsmigration insgesamt einen Schritt vorankommen.

Auf den nächsten Seiten werden sechs Zeitzeugen vorgestellt, die noch im alten Pommern geboren und von dort vertrieben worden sind. Isis von Puttkamer, die in Ostpommern nach Einmarsch der Roten Armee Monate lang schikaniert und erst dann ausgewiesen wurde, hat in den Tagen nach dem Einmarsch der Roten Armee die schrecklichen Massenvergewaltigungen miterlebt, sogar die der eigenen Mutter. Ihr Bericht zeigt anschaulich dieses grausame Schicksal vieler pommerscher Frauen, die voller Hoffnung in der Heimat verblieben waren oder nicht rechtzeitig fliehen konnten. Eckhard Schwenk steht für die Vertriebenen, die in einem Treck flohen. Er verließ den heimatlichen Kreis Greifenhagen und versuchte sich zu Fuß vor der heranrückenden Roten Armee zu retten – ein Abschied für immer aus der alten pommerschen Heimat. Erwin Höckendorf geriet in Kriegsgefangenschaft und wurde nicht mehr in die Heimat gelassen. Er irrte quer durch Europa, wie so viele Menschen nach dem Zweiten Weltkrieg. Als Heimatloser strandete er im Westen und versuchte, aus der fast aussichtslosen Situation das Beste zu machen. Hans-Georg Jachow musste bis 1957 in der Heimat bleiben und erlebte, wie sich der Charakter Pommerns fundamental und schlagartig änderte und er zu Hause zum Fremden wurde. Die recht glimpfliche Flucht von Brigitte Kiel, die sprichwörtlich Glück hatte, gehört ebenso zur historischen Bandbreite der Vertreibung. Neben den grausamen Schicksalen vieler Ermordeter und Entrechteter gab es auch Familien wie die von Frau Kiel, die einen Informationsvorsprung und die Möglichkeit zur individuellen Flucht hatten und so den Gräueln des Jahres 1945 entgehen konnten. Manfred Scherbarth erzählt die Geschichte der Flucht über See. Er strandete mit seiner Familie nach tagelanger Odyssee auf Fehmarn und versuchte dort, ein neues Leben zu beginnen. Alle sechs Zeitzeugen wurden zunächst ausführlich befragt, anschließend wurde unter Beachtung wissenschaftlicher Gesichtspunkte ihr Bericht formuliert, schließlich wurde der Bericht in Absprache mit ihnen in eine abschließende Version gebracht und mit den nötigen Karten und Bildern versehen. Das Ergebnis ist eine exemplarische Schilderung, die zugleich heutige Leser ergreift und wissenschaftlichen Erfordernissen standhält. 1945 kommt der Krieg mit aller Gewalt in Pommern an – die Menschen versuchen jetzt nur noch zu retten, was zu retten ist.

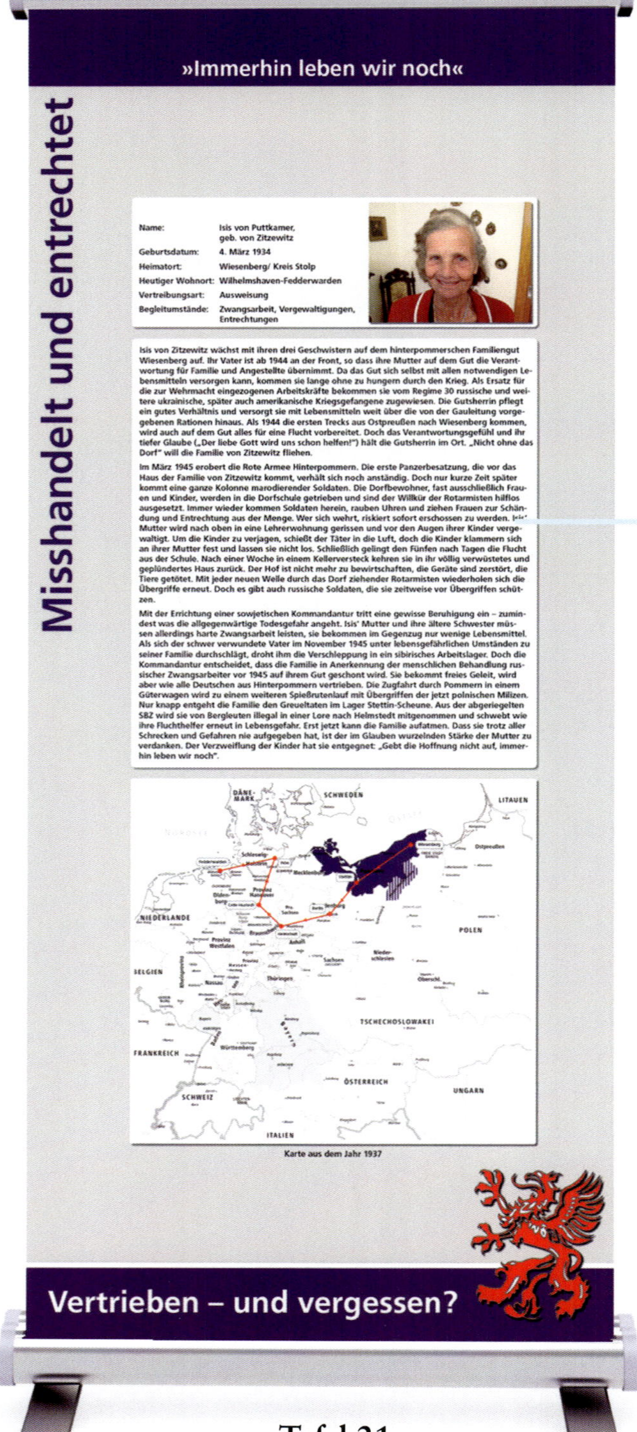
»Immerhin leben wir noch«
Misshandelt und entrechtet
Name: Isis von Puttkamer, geb. von Zitzewitz
Geburtsdatum: 4. März 1934
Heimatort: Wiesenberg/ Kreis Stolp
Heutiger Wohnort: Wilhelmshaven-Fedderwarden
Vertreibungsart: Ausweisung
Begleitumstände: Zwangsarbeit, Vergewaltigungen, Entrechtungen
Isis von Zitzewitz wächst mit ihren drei Geschwistern auf dem hinterpommerschen Familiengut Wiesenberg auf. Ihr Vater ist ab 1944 an der Front, so dass ihre Mutter auf dem Gut die Verantwortung für Familie und Angestellte übernimmt. Da das Gut sich selbst mit allen notwendigen Lebensmitteln versorgen kann, kommen sie lange ohne zu hungern durch den Krieg. Als Ersatz für die zur Wehrmacht eingezogenen Arbeitskräfte bekommen sie vom Regime 30 russische und weitere ukrainische, später auch amerikanische Kriegsgefangene zugewiesen. Die Gutsherrin pflegt ein gutes Verhältnis und versorgt sie mit Lebensmitteln weit über die von der Gauleitung vorgegebenen Rationen hinaus. Als 1944 die ersten Trecks aus Ostpreußen nach Wiesenberg kommen, wird auch auf dem Gut alles für eine Flucht vorbereitet. Doch das Verantwortungsgefühl und ihr tiefer Glaube („Der liebe Gott wird uns schon helfen!") hält die Gutsherrin im Ort. „Nicht ohne das Dorf" will die Familie von Zitzewitz fliehen.
Im März 1945 erobert die Rote Armee Hinterpommern. Die erste Panzerbesatzung, die vor das Haus der Familie von Zitzewitz kommt, verhält sich noch anständig. Doch nur kurze Zeit später kommt eine ganze Kolonne marodierender Soldaten. Die Dorfbewohner, fast ausschließlich Frauen und Kinder, werden in die Dorfschule getrieben und sind der Willkür der Rotarmisten hilflos ausgesetzt. Immer wieder kommen Soldaten herein, rauben Uhren und ziehen Frauen zur Schändung und Entrechtung aus der Menge. Wer sich wehrt, riskiert sofort erschossen zu werden. Isis' Mutter wird nach oben in eine Lehrerwohnung gerissen und vor den Augen ihrer Kinder vergewaltigt. Um die Kinder zu verjagen, schießt der Täter in die Luft, doch die Kinder klammern sich an ihrer Mutter fest und lassen sie nicht los. Schließlich gelingt den Fünfen nach Tagen die Flucht aus der Schule. Nach einer Woche in einem Kellerversteck kehren sie in ihr völlig verwüstetes und geplündertes Haus zurück. Der Hof ist nicht mehr zu bewirtschaften, die Geräte sind zerstört, die Tiere getötet. Mit jeder neuen Welle durch das Dorf ziehender Rotarmisten wiederholen sich die Übergriffe erneut. Doch es gibt auch russische Soldaten, die sie zeitweise vor Übergriffen schützen.
Mit der Errichtung einer sowjetischen Kommandantur tritt eine gewisse Beruhigung ein – zumindest was die allgegenwärtige Todesgefahr angeht. Isis' Mutter und ihre ältere Schwester müssen allerdings harte Zwangsarbeit leisten, sie bekommen im Gegenzug nur wenige Lebensmittel. Als sich der schwer verwundete Vater im November 1945 unter lebensgefährlichen Umständen zu seiner Familie durchschlägt, droht ihm die Verschleppung in ein sibirisches Arbeitslager. Doch die Kommandantur entscheidet, dass die Familie in Anerkennung der menschlichen Behandlung russischer Zwangsarbeiter vor 1945 auf ihrem Gut geschont wird. Sie bekommt freies Geleit, wird aber wie alle Deutschen aus Hinterpommern vertrieben. Die Zugfahrt durch Pommern in einem Güterwagen wird zu einem weiteren Spießrutenlauf mit Übergriffen der jetzt polnischen Milizen. Nur knapp entgeht die Familie den Greueltaten im Lager Stettin-Scheune. Aus der abgeriegelten SBZ wird sie von Bergleuten illegal in einer Lore nach Helmstedt mitgenommen und schwebt wie ihre Fluchthelfer erneut in Lebensgefahr. Erst jetzt kann die Familie aufatmen. Dass sie trotz aller Schrecken und Gefahren nie aufgegeben hat, ist der im Glauben wurzelnden Stärke der Mutter zu verdanken. Der Verzweiflung der Kinder hat sie entgegnet: „Gebt die Hoffnung nicht auf, immerhin leben wir noch".
DÄNE-MARK
SCHWEDEN
LITAUEN
Ostpreußen
NIEDERLANDE
POLEN
BELGIEN
Sachsen
Thüringen
Württemberg
TSCHECHOSLOWAKEI
FRANKREICH
ÖSTERREICH
UNGARN
SCHWEIZ
ITALIEN
Karte aus dem Jahr 1937
Vertrieben – und vergessen?

Tafel 21

Isis von Zitzewitz wächst mit ihren drei Geschwistern auf dem hinterpommerschen Familiengut Wiesenberg auf. Ihr Vater ist ab 1944 an der Front, so dass ihre Mutter auf dem Gut die Verantwortung für Familie und Angestellte übernimmt. Da das Gut sich selbst mit allen notwendigen Lebensmitteln versorgen kann, kommen sie lange ohne zu hungern durch den Krieg. Als Ersatz für die zur Wehrmacht eingezogenen Arbeitskräfte bekommen sie vom Regime 30 russische und weitere ukrainische, später auch amerikanische Kriegsgefangene zugewiesen. Die Gutsherrin pflegt ein gutes Verhältnis und versorgt sie mit Lebensmitteln weit über die von der Gauleitung vorgegebenen Rationen hinaus. Als 1944 die ersten Trecks aus Ostpreußen nach Wiesenberg kommen, wird auch auf dem Gut alles für eine Flucht vorbereitet. Doch das Verantwortungsgefühl und ihr tiefer Glaube („Der liebe Gott wird uns schon helfen!") hält die Gutsherrin im Ort. „Nicht ohne das Dorf" will die Familie von Zitzewitz fliehen.

Im März 1945 erobert die Rote Armee Hinterpommern. Die erste Panzerbesatzung, die vor das Haus der Familie von Zitzewitz kommt, verhält sich noch anständig. Doch nur kurze Zeit später kommt eine ganze Kolonne marodierender Soldaten. Die Dorfbewohner, fast ausschließlich Frauen und Kinder, werden in die Dorfschule getrieben und sind der Willkür der Rotarmisten hilflos ausgesetzt. Immer wieder kommen Soldaten herein, rauben Uhren und ziehen Frauen zur Schändung und Entrechtung aus der Menge. Wer sich wehrt, riskiert sofort erschossen zu werden. Isis' Mutter wird nach oben in eine Lehrerwohnung gerissen und vor den Augen ihrer Kinder vergewaltigt. Um die Kinder zu verjagen, schießt der Täter in die Luft, doch die Kinder klammern sich an ihrer Mutter fest und lassen sie nicht los. Schließlich gelingt den Fünfen nach Tagen die Flucht aus der Schule. Nach einer Woche in einem Kellerversteck kehren sie in ihr völlig verwüstetes und geplündertes Haus zurück. Der Hof ist nicht mehr zu bewirtschaften, die Geräte sind zerstört, die Tiere getötet. Mit jeder neuen Welle durch das Dorf ziehender Rotarmisten wiederholen sich die Übergriffe erneut. Doch es gibt auch russische Soldaten, die sie zeitweise vor Übergriffen schützen.

Mit der Errichtung einer sowjetischen Kommandantur tritt eine gewisse Beruhigung ein – zumindest was die allgegenwärtige Todesgefahr angeht. Isis' Mutter und ihre ältere Schwester müssen allerdings harte Zwangsarbeit leisten, sie bekommen im Gegenzug nur wenige Lebensmittel. Als sich der schwer verwundete Vater im November 1945 unter lebensgefährlichen Umständen zu seiner Familie durchschlägt, droht ihm die Verschleppung in ein sibirisches Arbeitslager. Doch die Kommandantur entscheidet, dass die Familie in Anerkennung der menschlichen Behandlung russischer Zwangsarbeiter vor 1945 auf ihrem Gut geschont wird. Sie bekommt freies Geleit, wird aber wie alle Deutschen aus Hinterpommern vertrieben. Die Zugfahrt durch Pommern in einem Güterwagen wird zu einem weiteren Spießrutenlauf mit Übergriffen der jetzt polnischen Milizen. Nur knapp entgeht die Familie den Greueltaten im Lager Stettin-Scheune. Aus der abgeriegelten SBZ wird sie von Bergleuten illegal in einer Lore nach Helmstedt mitgenommen und schwebt wie ihre Fluchthelfer erneut in Lebensgefahr. Erst jetzt kann die Familie aufatmen. Dass sie trotz aller Schrecken und Gefahren nie aufgegeben hat, ist der im Glauben wurzelnden Stärke der Mutter zu verdanken. Der Verzweiflung der Kinder hat sie entgegnet: „Gebt die Hoffnung nicht auf, immerhin leben wir noch".

Zu Tafel 21: Misshandelt und entrechtet

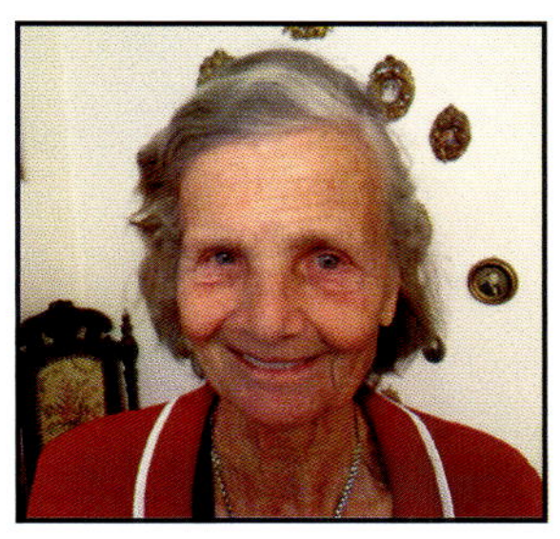

Name:	**Isis von Puttkamer, geb. von Zitzewitz**
Geburtsdatum:	**4. März 1934**
Heimatort:	**Wiesenberg / Kreis Stolp**
Heutiger Wohnort:	**Wilhelmshaven-Fedderwarden**
Vertreibungsart:	**Ausweisung**
Begleitumstände:	**Zwangsarbeit, Vergewaltigungen, Entrechtungen**

Isis von Zitzewitz wird am 4. März 1934 in Jamrin (Kreis Stolp) geboren, das im Osten von Pommern liegt. Mit ihren drei Geschwistern wächst sie in Wiesenberg auf dem Landgut der Eltern auf. Hier geht sie zunächst zur Dorfschule, später bekommt sie auf dem benachbarten Gut Darsow Unterricht, da wegen des Zweiten Weltkriegs an keinem Gymnasium der Region mehr unterrichtet wird. Isis' Vater ist Hauptmann der Reserve und somit im Krieg, oft weit weg von zu Hause. Ab Sommer 1944 ist er nur noch an der Front, so dass Isis' Mutter auf dem Gut die Verantwortung für die Familie und die Gutsarbeiter übernimmt. Das gelingt zunächst, da das Gut aufgrund des hohen Viehbestandes, großer landwirtschaftlicher Nutzfläche und der Kreativität der Hausherrin selbstversorgend ist. So kommen Familie und Gutsangehörige, ohne zu hungern, durch den Krieg. Das gilt auch für die etwa 30 russischen und ukrainischen Kriegsgefangenen, die dem Gut als Ersatz für dessen zur Wehrmacht eingezogene Arbeitskräfte zugewiesen werden. Die Gutsherrin pflegt ein faires Verhältnis zu ihnen, behandelt sie wie alle Gutsangehörigen menschlich korrekt. Das zeigt sich zum Beispiel an der Versorgung mit Lebensmitteln. Dem Vorsatz folgend, dass für gute Arbeit möglichst zufriedene Arbeiter nötig sind, bekommen Kriegsgefangene auf dem Gut von Zitzewitz das gleiche Essen wie die „normalen" Bediensteten. Damit unterläuft die Familie die Anordnung der Gauleitung, die für Kriegsgefangene niedrigere Rationen vorsieht. Als die Rote Armee näherkommt, werden die Russen und Ukrainer aus Angst vor Aufständen im Rücken der Front gegen amerikanische Kriegsgefangene ausgetauscht. Isis von Zitzewitz lobt das nette Miteinander mit den US-Soldaten.

Im Herbst 1944 kommen die ersten Trecks mit Flüchtlingen aus dem Baltikum nach Hinterpommern. Bei den von Zitzewitz bekommen sie Futter für ihre Pferde. Einige Flüchtlinge ziehen weiter in den Westen, andere bleiben lieber, weil allmählich der Winter hereinbricht. Bald kommen auch Flüchtlinge aus West- und Ostpreußen auf das Gut. In diesen Tagen bereitet sich auch die Familie von Zitzewitz auf die Flucht vor. Ab dem Winter 1944/45 steht alles für einen Treck bereit. Doch verschiedene Umstände hindern sie am Aufbruch. Neben Schnee und Eis sowie den verstopften Straßen stehen das Treckverbot und die Durchhalteparolen der Partei dem Unternehmen entgegen. Eine ungenehmigte Flucht gilt als Defätismus und kann schwer bestraft werden. Für Isis' Mutter ist noch ein anderer Grund entscheidend: „Wir fliehen nicht ohne das Dorf", erklärt sie ihren Kindern.

Im März 1945 erobert die Rote Armee Hinterpommern. Auch für Wiesenberg, in dem sich kaum Männer aufhalten und keinerlei Militär stationiert ist, ist das eine Katastrophe. Das Dorf ist der Rache der Sieger wehrlos ausgeliefert. Die erste Panzerbesatzung, die vor das Haus der Familie von Zitzewitz kommt, verhält sich noch anständig. Eine kleine Gruppe russischer Soldaten fragt an der Tür nach Schnaps und zieht ohne weitere Behelligungen weiter, als sie diesen erhält. „Erst die zweite Welle brachte das Verderben", erinnert sich Isis von Puttkamer. Während ihre Mutter noch die Türklinke mit Sagrotan („Das war so ein Tick von ihr") reinigt, fällt eine ganze Kolonne marodierender Soldaten in Wiesenberg ein. Die Dorfbewohner, fast ausschließlich Frauen und Kinder, werden in die Dorfschule getrieben. Sie sind dort der Willkür der Rotarmisten hilflos ausgesetzt. Wer sich wehrt, riskiert, sofort erschossen zu werden. Der aggressive Ruf nach Uhren („Uri, uri"), stellvertretend für Schmuck und Wertgegenstände aller Art,

brennt sich tief in das Gedächtnis. Doch wenn man nur beraubt wird, hat man noch „Glück“ gehabt. Immer wieder ziehen die sowjetischen Soldaten Frauen zur Schändung aus der Menge. Auch Isis’ Mutter wird nach oben in eine Lehrerwohnung gerissen und dort vor den Augen ihrer Kinder mehrfach vergewaltigt. Um die schreienden Kinder zu verjagen, schießt der Täter in die Luft. Doch die Kinder klammern sich an ihrer Mutter fest und lassen sie ebenso wenig los wie ihre tapfere Mutter die Vier, sogar während der

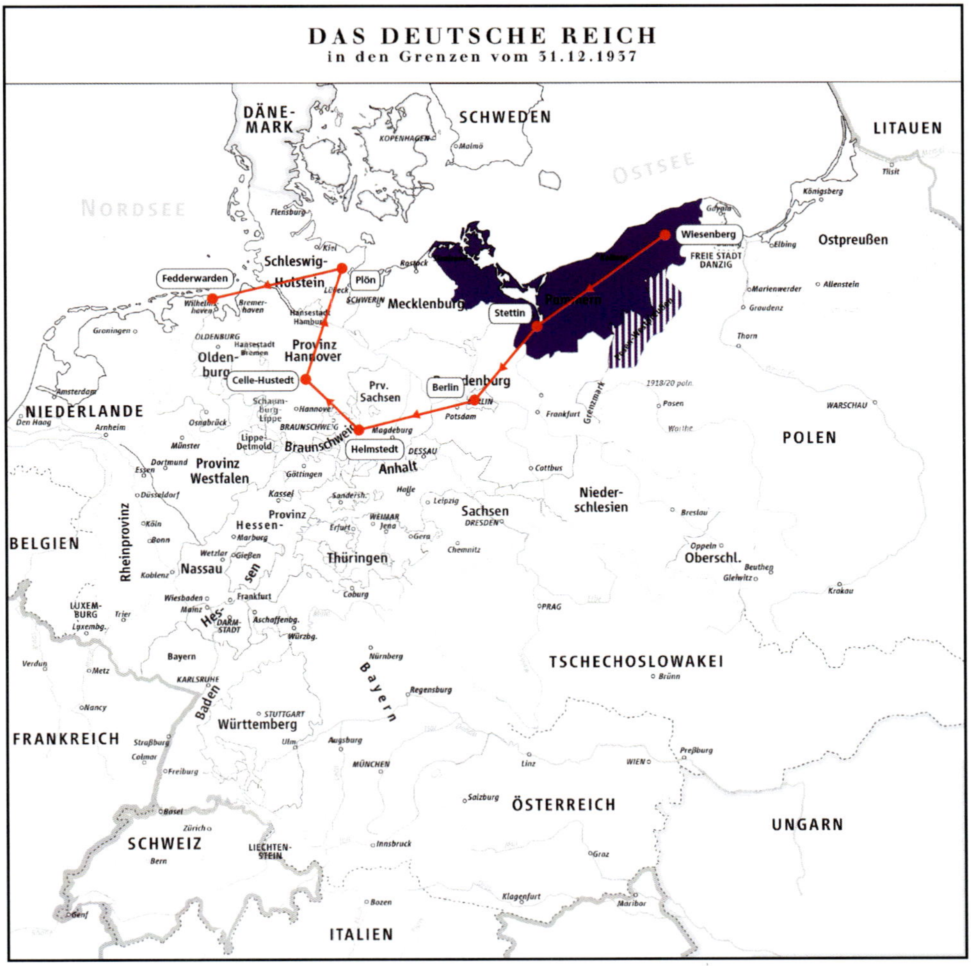

DAS DEUTSCHE REICH
in den Grenzen vom 31.12.1937

Karte aus dem Jahr 1937 – Fluchtweg von Isis von Puttkamer

schrecklichsten Momente. Nach etwa 24 Stunden des Grauens zeigt ein junges Mädchen Isis' Mutter und ihren vier Kindern ein Versteck im Kartoffelkeller, einem kleinen Erdbunker der Dorfschule. Es gelingt ihnen, sich in der Dunkelheit unbemerkt dahinzuschleichen und weiteren Übergriffen einstweilen aus dem Weg zu gehen. Eine Woche bleiben sie hier, bis sich draußen die Situation ein wenig beruhigt hat. Dann kehren sie in ihr völlig verwüstetes und geplündertes Haus zurück. Der Hof ist nicht mehr zu bewirtschaften, die Geräte sind zerstört, die Tiere getötet.

Mit jeder neuen Welle durch das Dorf ziehender Rotarmisten wiederholen sich die Übergriffe. Nun kommen die Soldaten direkt in das Gutshaus, der Großteil mit üblen Absichten. Doch es gibt auch russische Soldaten, die sie zeitweise vor Vergewaltigungen schützen. So verriegelt eines Abends ein bereits im Haus befindlicher Rotarmist die Tür von innen und hindert seine Kameraden daran, einzudringen. Wenig später verjagen andere Russen die Familie jedoch aus ihrem Haus. Ab da leben sie etwa 200 Meter entfernt in einem zum Gut gehörenden Gebäude, das von der Großmutter bewohnt wird. Mit der Errichtung einer sowjetischen Kommandantur tritt eine gewisse Beruhigung ein – zumindest was die allgegenwärtige Todesgefahr angeht. Isis' Mutter und ihre ältere Schwester (13) müssen allerdings harte Zwangsarbeit leisten, ein sowjetischer Verwalter verpflichtet sie zum Dreschen in der Scheune. Im Gegenzug bekommen sie etwas Milch.

Isis' schwerverwundeter Vater wird im November 1945 aus britischer Kriegsgefangenschaft entlassen. Auf der Suche nach seiner Familie schlägt er sich nach Wiesenberg durch. Da die Alliierten den Deutschen die Einreise nach Pommern (aus dem sie ja vertrieben werden sollen) natürlich nicht gestatten, ist das ein lebensgefährliches Unterfangen. Hinzu kommt, dass er sich nun im Einflussbereich der Roten Armee befindet, die viele Wehrmachtssoldaten in sibirische Arbeitslager deportiert. Doch in diesem Fall entscheidet die Kommandantur in Wiesenberg, dass die Familie von Zitzewitz geschont wird, weil die menschliche Behandlung russischer Kriegsgefangener vor 1945 auf ihrem Gut anerkannt wird. Sie bekommt freies

Geleit, wird aber trotzdem von den Polen wie alle Deutschen aus Hinterpommern vertrieben. Mit einem Ackerwagen auf Holzrädern werden sie zum nächsten Bahnhof gebracht, der sich in Pottangow befindet. Hier besteigen sie einen Güterzug nach Stettin. Die Zugfahrt durch Pommern wird zu einem weiteren Spießrutenlauf. Mehrmals steht der Zug für Stunden auf freiem Feld und ist Übergriffen der polnischen Milizen ausgesetzt. Eine Frau, die sich wehren will, wird bei voller Fahrt in die Oder geworfen. Isis' Mutter führt die Familie in eine dunkle und schmutzige Ecke im hinteren Teil eines Waggons, wo sie nicht bemerkt werden. Sie entgeht den polnischen Überfällen damit ebenso knapp wie den Gräueltaten im Lager Scheune bei Stettin. Auch hier erweist sich Isis' Mutter als tapfer und geschickt. Sie gibt vor, eine englische Journalistin zu sein und fordert empört die ungehinderte Weiterfahrt für sich und ihre Familie. Von diesem Schauspiel beeindruckt, erlauben die polnischen Milizen die Weiterreise. Es gelingt ihnen, einen Zug von Stettin-Scheune nach Berlin zu besteigen und in den Westteil der völlig zerstörten Reichshauptstadt zu gelangen. Im amerikanischen Sektor verbringen sie etwa eine Woche in einem Haus ihrer Großmutter, das voller Flüchtlinge ist. Hier herrscht qualvolle Enge, es gibt geringe Rationen auf Lebensmittelkarten und keine Perspektive auf eine Arbeit in ihrem alten Beruf als Landwirt. Also entschließt sich die Familie zur Weiterfahrt in den Westen. An der abgeriegelten Demarkationslinie zwischen SBZ und Britischer Zone wird ihr Mut belohnt: Beiderseits der Demarkationslinie eingesetzte Bergleute verstecken Vater, Mutter und Kinder und weitere Flüchtlinge in einer Lore, die von Helmstedt Kohle in die SBZ bringt. Die Familie versteckt sich in der verdreckten leeren Lore auf dem Rückweg nach Helmstedt und begibt sich damit einmal mehr in höchste Lebensgefahr: Die Lore ist natürlich weder für Personenverkehr ausgelegt noch ist ein derartiges Passieren der Zonengrenze erlaubt. Im Gegenteil: Solch ein Fluchtversuch aus der sowjetischen Besatzungszone ist nicht ungefährlich. Erst als sich die Lore nach einer Ewigkeit öffnet und alle auf Helmstedter Boden fallen, kann die Familie aufatmen. Die Flucht endet schließlich in Norddeutschland, wo Isis später ihren Mann, den Fregattenkapitän Claus-Günther von Puttkamer, kennenlernt und mit ihm eine Familie gründet. Heute leben die Puttkamers bei Wilhelmshaven in Niedersachsen. Dass die Familie trotz aller Schrecken und Gefahren nie aufgegeben hat, ist der im Glauben wurzelnden Stärke der Mutter zu verdanken. Der Verzweiflung der Kinder hat sie stets entgegnet: „Gebt die Hoffnung nicht auf, immerhin leben wir noch."

»Wir kannten Ehrenburgs Aufruf zum Töten«

Mit dem Treck geflohen

Name:	Eckhard Schwenk
Geburtsdatum:	23. Dezember 1929
Heimatort:	Stecklin/ Kreis Greifenhagen
Heutiger Wohnort:	Dorsten
Vertreibungsart:	Flucht – Überrollen durch die Rote Armee
Begleitumstände:	Weitere Flucht aus der DDR 1952

Eckhard Schwenk wächst als Sohn eines Schmieds und Landwirts wenige Kilometer östlich der Oder in Stecklin auf. Sein Vater wird bei Kriegsbeginn 1939 sofort zur Wehrmacht eingezogen und nimmt am Polen- und am Frankreichfeldzug teil. Vor dem Beginn der Kampfhandlungen im Westen ist er einige Monate in Dorsten stationiert. Nach dem Frankreichfeldzug wird er zur Aufrechterhaltung des Schmiedebetriebs freigestellt und kommt nach Hause. In den nächsten Jahren kommt die Familie relativ gut durch den Krieg, von den Luftangriffen auf das nahegelegene Stettin abgesehen. Ende Januar 1945 wird Schwenks Vater vom Ortsgruppenleiter beauftragt, bei der Kreisleitung auf eine rasche Evakuierung über die Oder hinzuwirken. Die Kreisleitung genehmigt diese mit der Bedingung, nur in kleinen Gruppen zu fliehen, denn größere Trecks bilden ein gutes Ziel für Tieffliegerangriffe. Bereits in der folgenden Nacht ist in der Ferne die Front zu hören, ein benachbartes Dorf wird von einer sowjetischen Panzerspitze beschossen. Anfang Februar versuchen die Sowjets die pommerschen Oderbrücken zu besetzen. Auch wenn dieser Versuch noch scheitert, entscheidet sich die Familie Schwenk auf den Rat von Geschäftsfreunden, der Familie Ludwig, nun zur gemeinsamen Flucht: „Wir kannten den Aufruf des sowjetrussischen Propagandisten Ehrenburg zum Töten aller Deutschen und zur Vergewaltigung der Frauen und Mädchen, wir wussten, dass in Nemmersdorf und anderswo dergleichen geschehen war", erklärt Schwenk die Motivation, schweren Herzens die Heimat zu verlassen.

Am 6. Februar 1945 ziehen der fünfzehnjährige Eckhard Schwenk, sein Vater (44), seine Stiefmutter (38), Schwester (13) und Großmutter (75) kurz vor Einbruch der Dunkelheit los. Sie nutzen hierfür den von ihrem Pferd gezogenen Kastenwagen mit Plane, beladen mit Koffern, Decken, Betten, einigen Lebensmitteln und etwas Geschirr sowie einem Sack Hafer für das Pferd. Durch Greifenhagen geht es über die östliche Oderbrücke, den unter Wasser stehenden Mescheriner Damm und die westliche Oderbrücke nach Vorpommern. Nach einer kurzen Rast in einem Notlager in einer Schule mit einer warmem Suppe und zwei bis drei Stunden Schlaf geht es über die leere Autobahn von Penkun weiter nach Westen. In Tenzerow/Kreis Demmin kommen sie am nächsten Tag bei Bekannten der Ludwigs unter.

Am 9. Februar wird der Vater wieder zum Militär einberufen. Nach einigen relativ ruhigen Wochen bricht Mitte April die Oderfront zusammen. Die Schwenks versuchen weiter in den Westen zu flüchten, werden aber von der Roten Armee überrollt. Die Begegnung mit den Russen verläuft wie zumeist: Die Stiefmutter wird vergewaltigt, die Familie ihrer mitgeführten restlichen Habe beraubt. Die Russen verhindern auch die weitere Flucht nach Westen, die Familie verbleibt schließlich in der Region Demmin. Schwenk beendet hier seine in der Heimat begonnene Lehre als Schmied und wird selbst Ausbilder. Dadurch kommt er mit dem kommunistischen Landwirtschafts- und Ausbildungssystem der SED in Konflikt. Als der Streit 1952 eskaliert, verlässt er nun auch Vorpommern, um über Berlin aus der DDR zu fliehen. Nach einigen weiteren Stationen in der Bundesrepublik findet er letztlich in Dorsten ein neues Zuhause, wo einst sein Vater, der die sowjetische Kriegsgefangenschaft nicht überlebt hat, stationiert war.

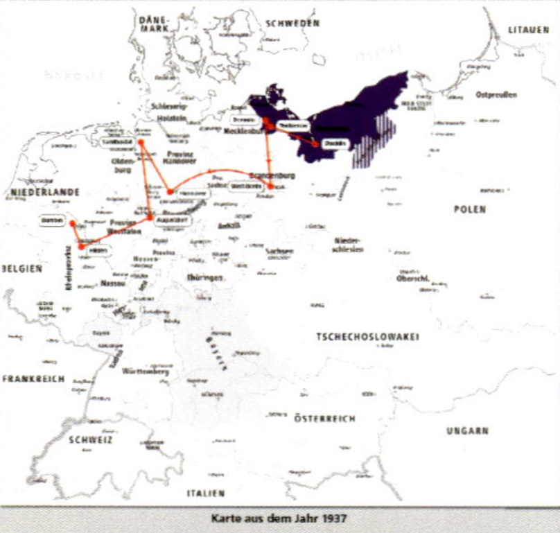

Karte aus dem Jahr 1937

Vertrieben – und vergessen?

Tafel 22

Eckhard Schwenk wächst als Sohn eines Schmieds und Landwirts wenige Kilometer östlich der Oder in Stecklin auf. Sein Vater wird bei Kriegsbeginn 1939 sofort zur Wehrmacht eingezogen und nimmt am Polen- und am Frankreichfeldzug teil. Vor dem Beginn der Kampfhandlungen im Westen ist er einige Monate in Dorsten stationiert. Nach dem Frankreichfeldzug wird er zur Aufrechterhaltung des Schmiedebetriebs freigestellt und kommt nach Hause. In den nächsten Jahren kommt die Familie relativ gut durch den Krieg, von den Luftangriffen auf das nahegelegene Stettin abgesehen. Ende Januar 1945 wird Schwenks Vater vom Ortsgruppenleiter beauftragt, bei der Kreisleitung auf eine rasche Evakuierung über die Oder hinzuwirken. Die Kreisleitung genehmigt diese mit der Bedingung, nur in kleinen Gruppen zu fliehen, denn größere Trecks bilden ein gutes Ziel für Tieffliegerangriffe. Bereits in der folgenden Nacht ist in der Ferne die Front zu hören, ein benachbartes Dorf wird von einer sowjetischen Panzerspitze beschossen.
Anfang Februar versuchen die Sowjets die pommerschen Oderbrücken zu besetzen. Auch wenn dieser Versuch noch scheitert, entscheidet sich die Familie Schwenk auf den Rat von Geschäftsfreunden, der Familie Ludwig, nun zur gemeinsamen Flucht: „Wir kannten den Aufruf des sowjetrussischen Propagandisten Ehrenburg zum Töten aller Deutschen und zur Vergewaltigung der Frauen und Mädchen, wir wussten, dass in Nemmersdorf und anderswo dergleichen geschehen war", erklärt Schwenk die Motivation, schweren Herzens die Heimat zu verlassen.

Am 6. Februar 1945 ziehen der fünfzehnjährige Eckhard Schwenk, sein Vater (44), seine Stiefmutter (38), Schwester (13) und Großmutter (75) kurz vor Einbruch der Dunkelheit los. Sie nutzen hierfür den von ihrem Pferd gezogenen Kastenwagen mit Plane, beladen mit Koffern, Decken, Betten, einigen Lebensmitteln und etwas Geschirr sowie einem Sack Hafer für das Pferd. Durch Greifenhagen geht es über die östliche Oderbrücke, den unter Wasser stehenden Mescheriner Damm und die westliche Oderbrücke nach Vorpommern. Nach einer kurzen Rast in einem Notlager in einer Schule mit einer warmem Suppe und zwei bis drei Stunden Schlaf geht es über die leere Autobahn von Penkun weiter nach Westen. In Tenzerow/Kreis Demmin kommen sie am nächsten Tag bei Bekannten der Ludwigs unter.

Am 9. Februar wird der Vater wieder zum Militär einberufen. Nach einigen relativ ruhigen Wochen bricht Mitte April die Oderfront zusammen. Die Schwenks versuchen weiter in den Westen zu flüchten, werden aber von der Roten Armee überrollt. Die Begegnung mit den Russen verläuft wie zumeist: Die Stiefmutter wird vergewaltigt, die Familie ihrer mitgeführten restlichen Habe beraubt. Die Russen verhindern auch die weitere Flucht nach Westen, die Familie verbleibt schließlich in der Region Demmin. Schwenk beendet hier seine in der Heimat begonnene Lehre als Schmied und wird selbst Ausbilder. Dadurch kommt er mit dem kommunistischen Landwirtschafts- und Ausbildungssystem der SED in Konflikt. Als der Streit 1952 eskaliert, verlässt er nun auch Vorpommern, um über Berlin aus der DDR zu fliehen. Nach einigen weiteren Stationen in der Bundesrepublik findet er letztlich in Dorsten ein neues Zuhause, wo einst sein Vater, der die sowjetische Kriegsgefangenschaft nicht überlebt hat, stationiert war.

Zu Tafel 22: Mit dem Treck geflohen

Name:	**Eckhard Schwenk**
Geburtsdatum:	**23. Dezember 1929**
Heimatort:	**Stecklin / Kreis Greifenhagen**
Heutiger Wohnort:	**Dorsten**
Vertreibungsart:	**Flucht – Überrollen durch die Rote Armee**
Begleitumstände:	**Weitere Flucht aus der DDR 1952**

Eckhard Schwenk wird am 23. Dezember 1929 in Stecklin geboren, das im Kreis Greifenhagen wenige Kilometer östlich der Oder liegt. Hier wächst Schwenk als Sohn eines Schmieds und Landwirts auf.

Der Krieg verändert auch das Leben des Heranwachsenden. Die Bombenangriffe auf das nicht weit entfernte Stettin hört und sieht er von Stecklin aus. Sein Vater wird sofort bei Kriegsbeginn 1939 eingezogen und nimmt am Polen- und am Frankreichfeldzug teil. Vor dem Beginn der Kampfhandlungen im Westen ist dieser einige Monate im westfälischen Dorsten stationiert. Dann bekommt er zur Aufrechterhaltung seines Schmiedebetriebs in Stecklin eine Unabkömmlichstellung (UK) und kann nach Hause zurückkehren.

In den nächsten Jahren kommt die Familie recht gut durch den Krieg – bis Januar 1945. Kurz vor Ende des Monats ist Frostwetter, die Seen sind zugefroren, es liegt kein Schnee. Der seit einem Jahr amtierende Ortsgruppenleiter, Baron Freiherr von Steinäcker, sucht Schwenks Vater auf. Er teilt ihm mit, dass er nun in den Fronteinsatz ziehe, und beauftragt ihn, bei der Kreisleitung auf eine Evakuierung hinzuwirken. Die Front nähere sich rasch. Tatsächlich erteilt die Kreisleitung der Dorfgemeinschaft eine Fluchtgenehmigung – was vor dem Hintergrund der nationalsozialistischen Durchhaltepropaganda alles andere als selbstverständlich ist. Bedingung ist jedoch, nur in kleinen Gruppen zu fliehen – größere Trecks bilden ein gutes Ziel für Tieffliegerangriffe. Von Steinäcker, der den Krieg nicht überleben wird, übergibt dem Vater einen russischen Revolver vom Typ „Nagan“ und drückt den Schwenks in der nächtlichen Dorfstraße still die Hände.

Bereits in der folgenden Nacht ist in der Ferne die Front zu hören, ein benachbartes Dorf wird von einer sowjetischen Panzerspitze beschossen. Die etwa 10 km östlich gelegene Stadt Bahn ist bald von den Sowjets eingeschlossen. Bahn kann sich drei Wochen lang halten und dann entsetzt werden. Schwenk erlebt dabei hautnah, wie sieben Sturzkampfbomber (Stukas) dicht über Stecklin fliegen und die Bahn einschließenden Sowjetpanzer bekämpfen. Anfang Februar versucht eine Sowjeteinheit, Greifenhagen und vor allem die Oderbrücken zu besetzen. Der Versuch scheitert, als der Führungspanzer, ein schwerer „Josef Stalin“, von einer Panzerfaust zwischen Turm und Wanne getroffen wird. Der Panzer ist daraufhin zwar kampfunfähig, kann aber noch bewegt werden. Ein deutscher Soldat fährt den daraufhin erbeuteten Panzer mit der gefangenen Besatzung triumphierend über den Greifenhagener Marktplatz. Trotz dieser vereinzelten Rückschläge der sowjetischen Offensive erkennt Familie Schwenk die drohende Gefahr. Ihr ist klar, dass lediglich Zeit gewonnen wurde. Auf den Rat von bereits aus Westpreußen geflohenen Geschäftsfreunden, der Familie Ludwig, nutzen sie die Zeit, um nun selbst zu fliehen. „Wir kannten den Aufruf des sowjetrussischen Propagandisten Ehrenburg zum Töten aller Deutschen. Wir wussten, dass in Nemmersdorf und anderswo Furchtbares geschehen war“, erklärt Eckhard Schwenk die Motivation, schweren Herzens die Heimat zu verlassen.

Am Morgen des 6. Februar 1945 holt Schwenk bei der Kreisleitung die Treckgenehmigung für die Familie ab. Ein letztes Mal füttern sie die Tiere auf ihrem Hof und melken die Kühe, danach soll sich ein daheimbleibender Onkel um den Hof kümmern. Statt eines gummibereiften Wagens, dessen

Entwendung sie auf der Flucht fürchten, versehen die Schwenks einen eisenbereiften Kastenwagen mit einer Plane. So können sie einige wenige Dinge mitnehmen: Brot, Schinken und etwas Geschirr sowie einen Sack Hafer für das Pferd, dazu Koffer, Decken und Betten. Alles andere muss zurückgelassen werden, als sie am Abend des gleichen Tages kurz vor Einbruch der Dunkelheit zu fünft losziehen: der fünfzehnjährige Eckhard Schwenk, sein Vater (44), seine Stiefmutter (38), Schwester (13) und seine Großmut-

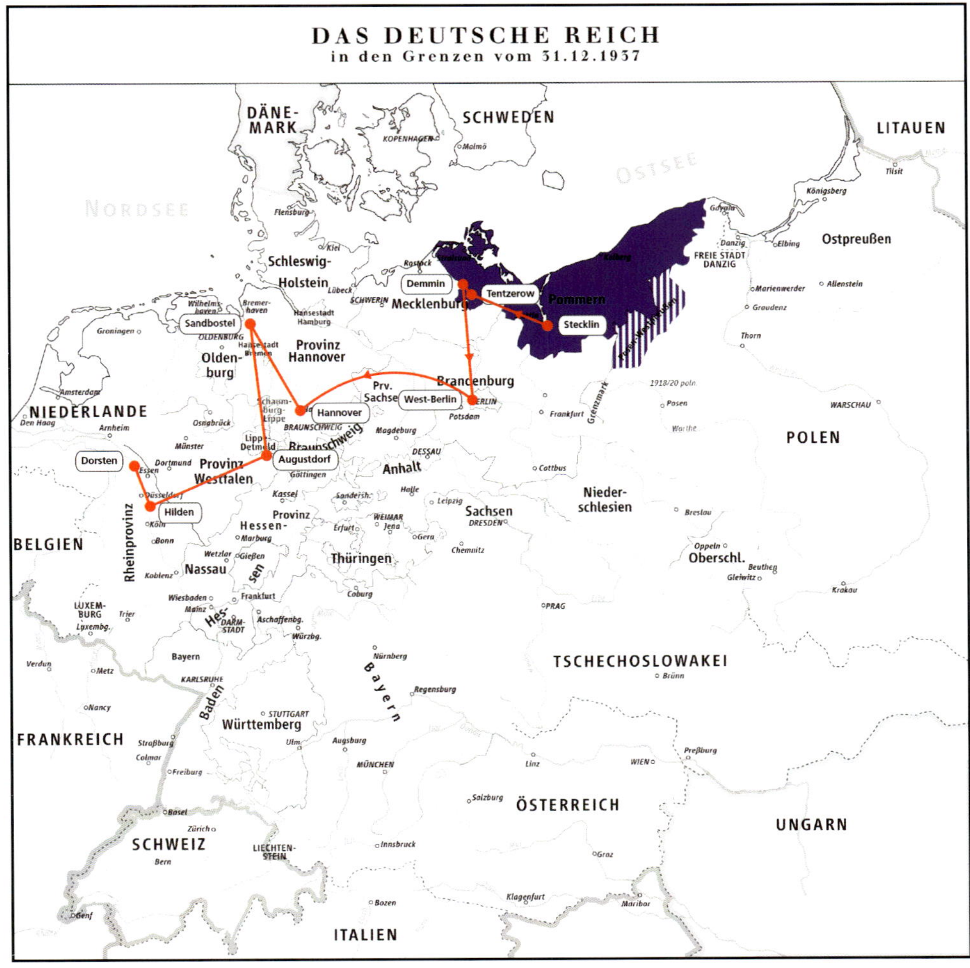

Karte aus dem Jahr 1937 – Fluchtweg von Eckhard Schwenk

ter (75). Durch Greifenhagen, vorbei am Markt, geht es über die östliche Oderbrücke, den unter Wasser stehenden Mescheriner Damm und die westliche Oderbrücke nach Vorpommern. Nach einer kurzen Rast in einem Notlager in einer Schule mit einer warmem Suppe und zwei bis drei Stunden Schlaf ziehen sie weiter nach Westen, über die leere Autobahn von Penkun bis zur Abfahrt Schmölln, dann weiter über Prenzlau, Woldegk, Neubrandenburg und Altentreptow bis Tenzerow im Kreis Demmin. Hier kommen sie am nächsten Tag bei Bekannten der Ludwigs unter. Für einige Zeit geht das Leben in Vorpommern weiter. Am 9. Februar wird der Vater zur Wehrmacht nach Stralsund einberufen. Eckhard Schwenk kann bei einem örtlichen Schmied seine in Stecklin begonnene Lehre fortsetzen, seine Schwester zur Schule gehen. In der Zeit kommen weitere Treckwagen aus Stecklin nach Tenzerow und stoßen zu den Schwenks.

Nach einigen ruhigen Wochen bricht Mitte April die Oderfront zusammen. Die Steckliner in Tenzerow versuchen, nach Westen zu den Engländern durchzukommen und so der Roten Armee aus dem Weg zu gehen. Unter Zeitdruck verläuft die Flucht chaotisch, die kopflos flüchtende Menschenmenge wird von den Sowjets eingeholt. Dabei erweisen sich die noch in den letzten Tagen errichteten Panzersperren vor allem als Hindernis für die Flüchtenden. Als die Schwenks westlich von Demmin von der Straße abzweigen und am Waldrand bei Schönfeld rasten, werden auch sie erstmals von Rotarmisten überfallen. Fortan werden immer wieder Gegenstände von ihrem Kastenwagen geraubt, Eckhard Schwenk muss die Taschenuhr seines Großvaters abgeben. In Schönfeld versucht ein Soldat, Schwenks erst dreizehnjährige Schwester mitzunehmen, um sie zu vergewaltigen, doch es gelingt ihr, sich loszureißen und wegzulaufen. Stattdessen trifft es die Stiefmutter. „So erging es vielen Frauen an diesem Tag", erinnert sich Schwenk. Das Gefühl einer „Befreiung" will sich bis heute nicht einstellen.

Die Schwenks erkennen, dass eine weitere Flucht nicht mehr möglich ist, und kehren nach Tenzerow zurück. Ihr vormaliges Quartier ist nun belegt, so dass sie sich in einem ehemaligen Lager für Fremdarbeiter einquartieren.

Auch hier wird es noch einmal lebensgefährlich. Eckhard Schwenk und Julius Ludwig, der jüngere der beiden Brüder, werden von zwei Rotarmisten aus dem Haus geholt und in Richtung Wald abgeführt. Mit dem Gesicht zur Böschung müssen sie sich hinstellen und hören, wie hinter ihrem Rücken die Kalaschnikows durchgeladen werden. Bange Momente vergehen, dann hören sie die Schüsse. Nach einigen Schüssen wird klar, dass die Soldaten „nur" in die Luft schießen, um die beiden einzuschüchtern. Damit kommt Eckhard Schwenk doch noch lebend aus dem Krieg, sein Vater jedoch überlebt die sowjetische Kriegsgefangenschaft nicht. Eckhard Schwenk bleibt nun für einige Jahre in der Demminer Region. Er beendet hier seine Lehre als Schmied und wird selbst Ausbilder. Dabei kommt er mit dem kommunistischen Ausbildungssystem der SED in Konflikt. Als der Streit 1952 eskaliert, verlässt Schwenk nun auch Vorpommern, um über West-Berlin aus der DDR zu fliehen. Nach einigen weiteren Stationen in der Bundesrepublik findet er letztlich in Dorsten ein neues Zuhause – dort, wo einst sein Vater stationiert war.

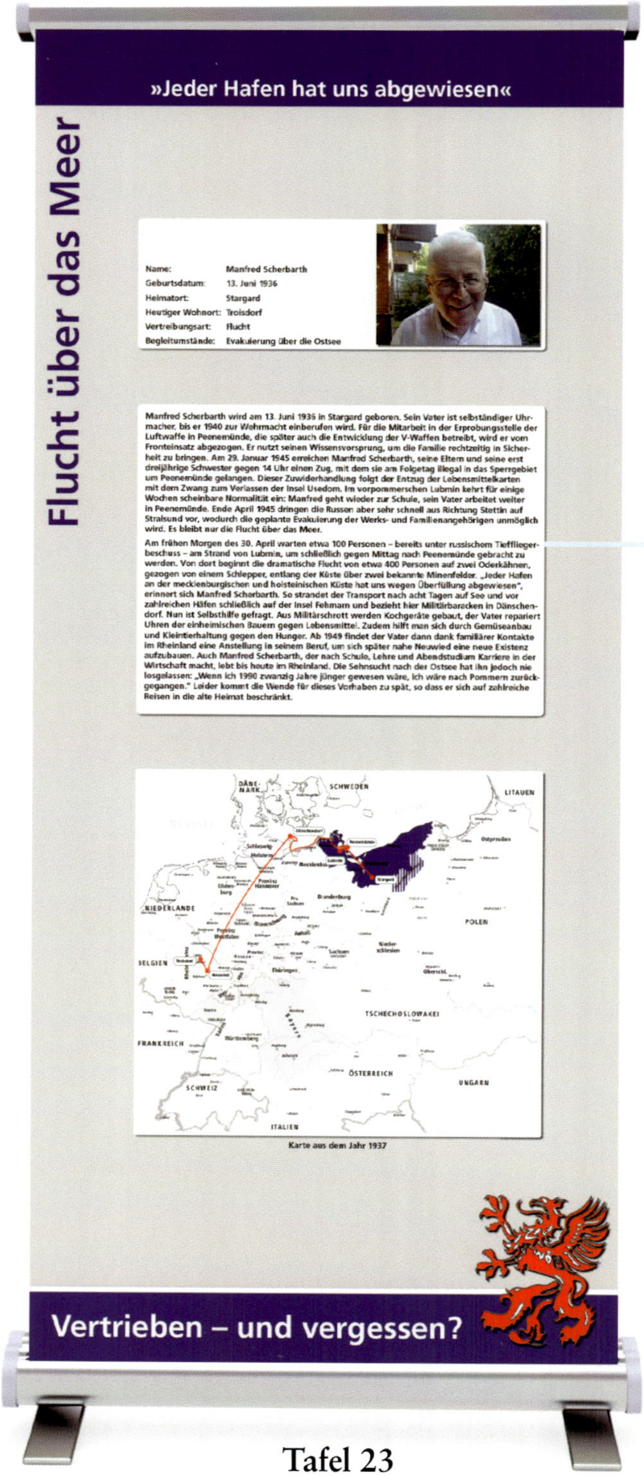
»Jeder Hafen hat uns abgewiesen«
Flucht über das Meer
Name: Manfred Scherbarth
Geburtsdatum: 13. Juni 1936
Heimatort: Stargard
Heutiger Wohnort: Troisdorf
Vertreibungsart: Flucht
Begleitumstände: Evakuierung über die Ostsee
Manfred Scherbarth wird am 13. Juni 1936 in Stargard geboren. Sein Vater ist selbständiger Uhrmacher, bis er 1940 zur Wehrmacht einberufen wird. Für die Mitarbeit in der Erprobungsstelle der Luftwaffe in Peenemünde, die später auch die Entwicklung der V-Waffen betreibt, wird er vom Fronteinsatz abgezogen. Er nutzt seinen Wissensvorsprung, um die Familie rechtzeitig in Sicherheit zu bringen. Am 29. Januar 1945 erreichen Manfred Scherbarth, seine Eltern und seine erst dreijährige Schwester gegen 14 Uhr einen Zug, mit dem sie am Folgetag illegal in das Sperrgebiet um Peenemünde gelangen. Dieser Zuwiderhandlung folgt der Entzug der Lebensmittelkarten mit dem Zwang zum Verlassen der Insel Usedom. Im vorpommerschen Lubmin kehrt für einige Wochen scheinbare Normalität ein: Manfred geht wieder zur Schule, sein Vater arbeitet weiter in Peenemünde. Ende April 1945 dringen die Russen aber sehr schnell aus Richtung Stettin auf Stralsund vor, wodurch die geplante Evakuierung der Werks- und Familienangehörigen unmöglich wird. Es bleibt nur die Flucht über das Meer.
Am frühen Morgen des 30. April warten etwa 100 Personen – bereits unter russischem Tieffliegerbeschuss – am Strand von Lubmin, um schließlich gegen Mittag nach Peenemünde gebracht zu werden. Von dort beginnt die dramatische Flucht von etwa 400 Personen auf zwei Oderkähnen, gezogen von einem Schlepper, entlang der Küste über zwei bekannte Minenfelder. „Jeder Hafen an der mecklenburgischen und holsteinischen Küste hat uns wegen Überfüllung abgewiesen", erinnert sich Manfred Scherbarth. So strandet der Transport nach acht Tagen auf See und vor zahlreichen Häfen schließlich auf der Insel Fehmarn und bezieht hier Militärbaracken in Dänschendorf. Nun ist Selbsthilfe gefragt. Aus Militärschrott werden Kochgeräte gebaut, der Vater repariert Uhren der einheimischen Bauern gegen Lebensmittel. Zudem hilft man sich durch Gemüseanbau und Kleintierhaltung gegen den Hunger. Ab 1949 findet der Vater dann dank familiärer Kontakte im Rheinland eine Anstellung in seinem Beruf, um sich später nahe Neuwied eine neue Existenz aufzubauen. Auch Manfred Scherbarth, der nach Schule, Lehre und Abendstudium Karriere in der Wirtschaft macht, lebt bis heute im Rheinland. Die Sehnsucht nach der Ostsee hat ihn jedoch nie losgelassen: „Wenn ich 1990 zwanzig Jahre jünger gewesen wäre, ich wäre nach Pommern zurückgegangen." Leider kommt die Wende für dieses Vorhaben zu spät, so dass er sich auf zahlreiche Reisen in die alte Heimat beschränkt.
DÄNE-MARK
SCHWEDEN
LITAUEN
Ostpreußen
NIEDERLANDE
POLEN
BELGIEN
TSCHECHOSLOWAKEI
FRANKREICH
SCHWEIZ
ÖSTERREICH
UNGARN
ITALIEN
Karte aus dem Jahr 1937
Vertrieben – und vergessen?

Tafel 23

Manfred Scherbarth wird am 13. Juni 1936 in Stargard geboren. Sein Vater ist selbständiger Uhrmacher, bis er 1940 zur Wehrmacht einberufen wird. Für die Mitarbeit in der Erprobungsstelle der Luftwaffe in Peenemünde, die später auch die Entwicklung der V-Waffen betreibt, wird er vom Fronteinsatz abgezogen. Er nutzt seinen Wissensvorsprung, um die Familie rechtzeitig in Sicherheit zu bringen. Am 29. Januar 1945 erreichen Manfred Scherbarth, seine Eltern und seine erst dreijährige Schwester gegen 14 Uhr einen Zug, mit dem sie am Folgetag illegal in das Sperrgebiet um Peenemünde gelangen. Dieser Zuwiderhandlung folgt der Entzug der Lebensmittelkarten mit dem Zwang zum Verlassen der Insel Usedom. Im vorpommerschen Lubmin kehrt für einige Wochen scheinbare Normalität ein: Manfred geht wieder zur Schule, sein Vater arbeitet weiter in Peenemünde. Ende April 1945 dringen die Russen aber sehr schnell aus Richtung Stettin auf Stralsund vor, wodurch die geplante Evakuierung der Werks- und Familienangehörigen unmöglich wird. Es bleibt nur die Flucht über das Meer.

Am frühen Morgen des 30. April warten etwa 100 Personen – bereits unter russischem Tieffliegerbeschuss – am Strand von Lubmin, um schließlich gegen Mittag nach Peenemünde gebracht zu werden. Von dort beginnt die dramatische Flucht von etwa 400 Personen auf zwei Oderkähnen, gezogen von einem Schlepper, entlang der Küste über zwei bekannte Minenfelder. „Jeder Hafen an der mecklenburgischen und holsteinischen Küste hat uns wegen Überfüllung abgewiesen“,
erinnert sich Manfred Scherbarth. So strandet der Transport nach acht Tagen auf See und vor zahlreichen Häfen schließlich auf der Insel Fehmarn und bezieht hier Militärbaracken in Dänschendorf. Nun ist Selbsthilfe gefragt. Aus Militärschrott werden Kochgeräte gebaut, der Vater repariert Uhren der einheimischen Bauern gegen Lebensmittel. Zudem hilft man sich durch Gemüseanbau und Kleintierhaltung gegen den Hunger. Ab 1949 findet der Vater dann dank familiärer Kontakte im Rheinland eine Anstellung in seinem Beruf, um sich später nahe Neuwied eine neue Existenz aufzubauen. Auch Manfred Scherbarth, der nach Schule, Lehre und Abendstudium Karriere in der Wirtschaft macht, lebt bis heute im Rheinland. Die Sehnsucht nach der Ostsee hat ihn jedoch nie losgelassen: „Wenn ich 1990 zwanzig Jahre jünger gewesen wäre, ich wäre nach Pommern zurückgegangen.“ Leider kommt die Wende für dieses Vorhaben zu spät, so dass er sich auf zahlreiche Reisen in die alte Heimat beschränkt.

Zu Tafel 23: Flucht über das Meer

Name:	Manfred Scherbarth
Geburtsdatum:	13. Juni 1936
Heimatort:	Stargard
Heutiger Wohnort:	Troisdorf
Vertreibungsart:	Flucht
Begleitumstände:	Evakuierung über die Ostsee

Manfred Scherbarth wird am 13. Juni 1936 in Stargard geboren, einer pommerschen Mittelstadt mit etwa 40.000 Einwohnern. Den Krieg erlebt man vor Ort „anfangs nur in der Wochenschau“, erinnert er sich später. Nur am 7. Oktober 1944 stürzt gegen Mittag bei einem Luftangriff auf Klützow ein abgeschossenes amerikanisches Flugzeug in die Likörfabrik Mampe – ein Anblick, der für die Bevölkerung eine Besonderheit darstellt. Anders sieht das bei den Wehrfähigen aus, die in den Krieg ziehen müssen. Eine besondere Funktion kommt dabei Manfred Scherbarths Vater zu, der erst 1938 als Uhrmacher ein alteingesessenes Geschäft in der Stadt übernommen hat. 1940 wird er zur Wehrmacht einberufen und muss den Laden schließen. Nach kurzer Ausbildung wird er zunächst im bereits besetzten Frankreich und später in Serbien als Besatzungssoldat eingesetzt. Zu seinem persönlichen Glück erhält er hier überraschend den Marschbefehl nach Stettin, um sich dort auf dem Arbeitsamt zu melden. Dort erfährt er, dass man für die vorgesehene Tätigkeit als Feinmechaniker auf der U-Boot-Werft zwischenzeitlich genügend Fachkräfte gefunden hat. Er darf sich aber zwischen einer Rückkehr auf den Balkan und einer Anstellung bei der Erprobungsstelle der Luftwaffe in Peenemünde auf der Insel Usedom entscheiden. Dies hat einmal den Vorteil, nicht mehr tagtäglich sein Leben durch Partisanen riskieren zu müssen. Außerdem liegt sein Arbeitsplatz nun wieder in Pommern, knapp 150 km vom heimischen Stargard entfernt. Jeden Freitag kann er nach Hause fahren und dort das Wochenende mit seiner Familie verbringen. Noch wichtiger aber ist der Zugang zu Informationsquellen höherer Militärs. „Mein Vater wusste genau, was läuft“, weiß Manfred Scherbarth zu berichten. So sind ihm die Probleme der Peenemünder Heeresversuchsanstalt und der Erprobungsstelle der Luftwaffe bekannt. Hier ist unter anderem die Sabotage und Spionage zu nennen. Westeuropäische Zwangsarbeiter, denen Urlaub in der Heimat gewährt wird, werden durch westli-

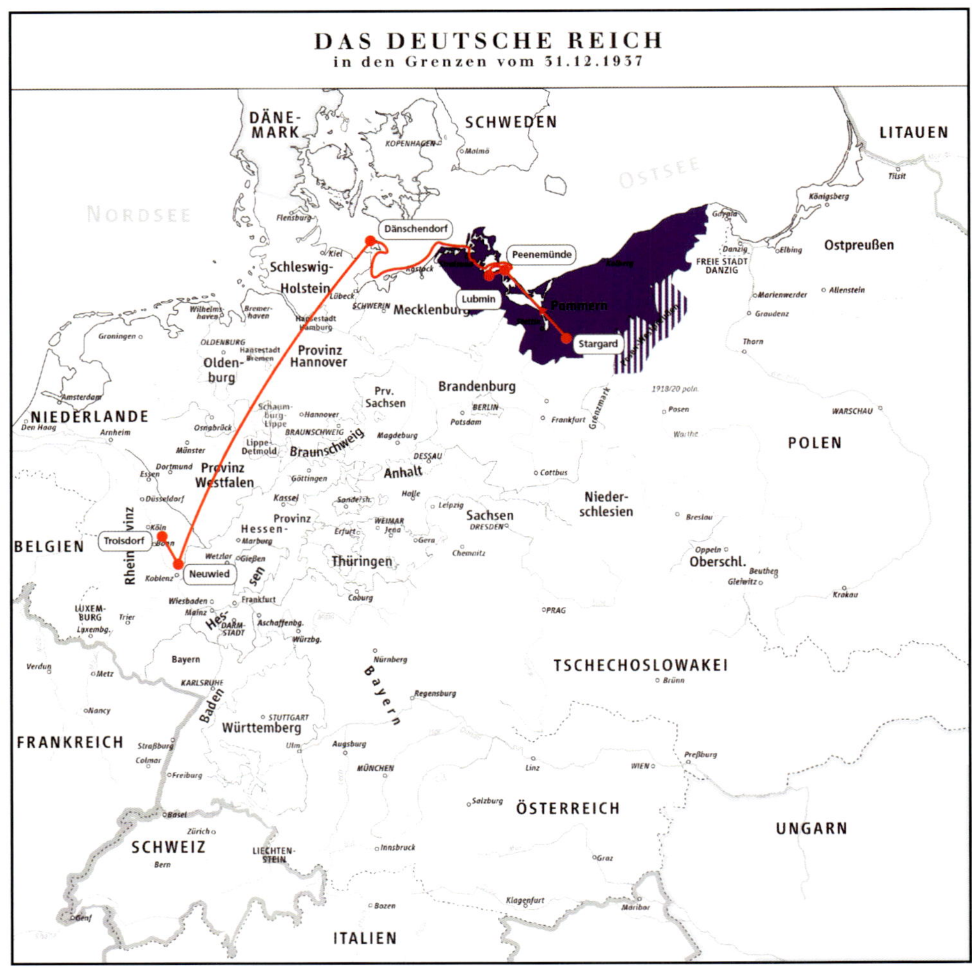

Karte aus dem Jahr 1937 – Fluchtweg von Manfred Scherbarth

che Agenten erwartet und ausspioniert. Hinzu kommt, nicht zuletzt durch den Bombenkrieg, eine Verzögerung in der technischen Entwicklung der V-Waffen, weil die Treibstoffversorgung durch das Hydrierwerk Pölitz mehrfach unterbrochen wird. Dass diese Entwicklung als symptomatisch für die sich anbahnende Katastrophe gelten kann, weiß Vater Scherbarth durch interne Informationen über den Frontverlauf. Und tatsächlich gelingt es ihm, seinen Wissensvorsprung zu nutzen, um die Familie rechtzeitig in Sicherheit zu bringen. „Gott sei Dank hat er den offiziellen Beschwichtigungen des Regimes nicht geglaubt", sagt Manfred Scherbarth.

Seit Mitte Januar 1945 ist die Frontlinie nicht mehr weit von Stargard entfernt. Manfred Scherbarth kann aus dem vierten Stockwerk seines Hauses Nacht für Nacht beobachten, wie ein Flakzug vom nahe gelegenen Knotenpunkt der Reichsbahn die tagsüber vorgerückten Sowjetsoldaten im Raum Pyritz beschießt und wieder zurückwirft. Am 26. Januar, einem Freitag, nimmt der Vater drei Tage Sonderurlaub. Gegen Mitternacht kommt er in Uniform zu Hause an, was ungewöhnlich ist, weil er in Peenemünde im Gegensatz zu seinen Mitarbeitern höherer militärischer Dienstgrade Zivil tragen darf. „Er wollte nicht von der Feldgendarmerie unterwegs einkassiert werden", erinnert sich Manfred Scherbarth. Denn er plant eine unerlaubte Flucht. Doch ausgerechnet an diesem Wochenende wird Vater Scherbarth krank und liegt mit Fieber im Bett. Die Verzögerung gefährdet den Fluchtplan entscheidend.

Am Montag, dem 29. Januar 1945, ist es dann so weit. „Ich muss jetzt wieder weg, und ich nehme euch mit", erklärt er seiner Familie. Dass es ein Abschied für immer werden soll, weiß zu diesem Zeitpunkt niemand. „Man dachte, man müsse für eine gewisse Zeit in Sicherheit und kann dann zurück in die Heimat." Am frühen Nachmittag gelingt es dem achtjährigen Manfred Scherbarth, seinen Eltern und seiner erst dreijährigen Schwester, mit einem Zug bis Stettin-Altdamm zu gelangen. Die Mutter hat für jeden einen Rucksack gepackt, alles andere bleibt zurück. Nach einer Nacht ohne Schlaf im Bahnhof Altdamm geht die Zugfahrt über Wollin auf die Insel

Usedom. Wegen der illegal versuchten Einreise in das Sperrgebiet von Peenemünde muss der Vater den Zug am Kontrollpunkt bei Koserow zum Verhör bei der Feldgendarmerie verlassen. Aufgrund der militärischen Auflösungserscheinungen herrschen jedoch so chaotische Zustände, dass es ihm gelingt, die Kontrollbaracke zu verlassen und den schon anfahrenden Zug zu erreichen. Für kurze Zeit ist die Familie nun im Hotel Seeadler vereint, das von der Luftwaffe für Peenemünder Mitarbeiter beschlagnahmt und während der Kriegsjahre das Domizil des Vaters ist. Doch Anfang Februar verweigert die Kreisverwaltung Swinemünde der Familie die Lebensmittelkarten und zwingt sie damit zum Verlassen der Insel Usedom. Da die sowjetische Armee unaufhaltsam vorrückt, entscheiden die Scherbarths nun, statt nach Stargard zurück sich in westlicher Richtung auf das Festland abzusetzen. Über Wolgast verlassen sie Usedom, um von dort mit der Kleinbahn nach Lubmin zu gelangen, wo sie bei einer Maurerfamilie zwangseinquartiert werden, damit der Vater von dort täglich mit dem Fahrrad nach Freest und weiter mit der Fähre zu seiner Arbeit in Peenemünde hin- und herpendeln kann. Als Angehöriger des Restkommandos – die Mehrzahl der Mitarbeiter verließ Peenemünde bereits Ende 1944 in Richtung Harz und Wesermünde – verändert sich sein Aufgabenprofil: „Die einzige Aufgabe war nun, noch möglichst viele Informationen zu vernichten und technische Anlagen zu zerstören“, wie er seinem Sohn später berichtet.

Während dieser Zeit kommt es für die Familie also zu einer kurzen Normalisierung des Lebens, und Manfred Scherbarth geht in Lubmin wieder zur Schule. Aber Ende April 1945 dringen die Russen sehr schnell aus Richtung Stettin südlich des Haffs auf Stralsund vor, wodurch die Insel Usedom mit Peenemünde eingeschlossen ist. Die von der militärischen Führung durchaus geplante rechtzeitige Evakuierung der Werks- und Familienangehörigen, deren technische Kenntnisse – etwa über die V-Waffen – nicht dem Feind in die Hände fallen sollen, ist damit auf dem Landweg nicht mehr möglich. Es bleibt also nur die improvisierte Flucht über das Meer. In der Nacht von 29. auf den 30. April 1945 erhält der Vater die Aufforderung, sich mit der Familie am frühen Morgen des 30. April am Strand von Lubmin einzufinden. Es warten dort schließlich etwa 100 Personen – bereits unter russischem Tieffliegerbeschuss – mehrere Stunden auf die angekündigte Evakuierung. Währenddessen beobachten die Scherbarths fassungslos die Auflösungserscheinungen vor Ort. Menschen stürmen in Geschäfte, die unter dem Andrang alle Lebensmittel kostenlos herausgeben müssen. Gegen Mittag werden sie endlich mit einem kleinen Kriegsschiff in den Hafen von Peenemünde gebracht. Dort sind zwei Oderkähne vorbereitet, auf denen die Flüchtlinge – nun etwa 400 Personen, davon 360 Frauen und Kinder sowie 40 Männer – zusammen mit zwei lebenden Schweinen sowie einer Feldküche Platz finden müssen, was nur unter äußerst widrigen Umständen möglich ist. „Man lag auf dem Stroh so eng, dass man nur mit angewinkelten Beinen schlafen konnte.“ Waschgelegenheiten gibt es keine, die Notdurft kann nur auf einem Eimer verrichtet werden, der von Zeit zu Zeit über Bord entleert wird.

Mit einem Schlepper werden die beiden Kähne am späten Nachmittag westwärts gezogen. Kurz nach Passage des Rügendamms wird dieser von den deutschen Truppen gesprengt. Zu einem späteren Zeitpunkt hätte die Insel Rügen nördlich umfahren werden müssen. Nach einem Tag Liegezeit im Hafen Stralsund verlässt der Schleppzug am Nachmittag des 1. Mai 1945 den Hafen zur Weiterfahrt gen Westen. Doch auf Höhe der Insel Hiddensee bemerkt die Familie Scherbarth, dass der Schlepperkapitän wendet und nach Stralsund zurückkehrt. Da zwischen Schlepper und Kähnen keine Sprechverbindung besteht, erfahren die Flüchtlinge erst im Hafen, dass der Kapitän sich aufgrund starken Seegangs zur Rückkehr entschieden hat, weil er ein Zerbrechen der nicht seetüchtigen Kähne befürchtet. Hierfür will er nicht die Verantwortung gegenüber den vielen anvertrauten Menschen übernehmen. Doch am nächsten Morgen, dem 2. Mai 1945, kursiert im Hafen das Gerücht, dass die Rote Armee durch die kampflose Übergabe der Stadt Greifswald bereits vor den Toren von Stralsund steht. Es bleibt jetzt also nur die Wahl zwischen einer risikoreichen Weiterfahrt oder dem gefürchteten unmittelbaren Kontakt mit den Russen. Das Risiko der Weiterfahrt besteht zusätzlich in zwei bekannten Minenfeldern auf der Route bis Rostock, dennoch fällt die Entscheidung zum Weiterfahren in der verzweifelten Hoffnung, die Minen würden wegen der leicht im Wasser liegenden Kähne nicht detonieren. „Auf dieser Fahrt hat mein Vater das Rauchen wieder angefangen", berichtet Manfred Scherbarth von der dramatischen Überfahrt mit vielen Seekranken. Tatsächlich geht die Fahrt über die Minenfelder gut, doch schon gibt es neue Sorgen. Alle Häfen sind wegen Überfüllung geschlossen! Warnemünde, Wismar, Travemünde, Neustadt (Holstein) – „jeder Hafen an der mecklenburgischen und holsteinischen Küste hat uns wegen Überfüllung abgewiesen", erinnert sich Manfred Scherbarth.

Nach kurzem Aufenthalt im Hafen von Heiligenhafen strandet der Transport nach acht Tagen auf See am 7. Mai 1945 schließlich im Hafen von Orth auf der Insel Fehmarn. Mit der Kapitulation kommen am 8. Mai auch britische Soldaten auf die Insel und weisen den Flüchtlingen zwei Großscheunen im nahen Sulsdorf zu, wo sie mehrere Wochen im Stroh über den Kuhställen kampieren. Während die Besatzer sich recht freundlich gegenüber den Gestrandeten verhalten, sieht das bei den einheimischen Großbauern anders aus, die um ihre Felder, Tiere und Ernten fürchten. Nachdem die Scherbarths das Scheunenleben gegen ein Barackenlager der Luftwaffe in Dänschendorf tauschen konnten, arrangiert man sich auf engstem Raum in einem Mannschaftszimmer mit zwei Familien zu sieben Personen. Die Vielfalt der beruflichen Kenntnisse und ihre Kreativität helfen den Flüchtlingen zurechtzukommen. Aus Militärschrott werden Kochgeräte gebaut, der Vater repariert Uhren der Bauern gegen Lebensmittel. Zudem hilft man sich durch Gemüseanbau und Kleintierhaltung gegen den Hunger. „Wir waren ernährungsmäßig autark, im Gegensatz zu den Deutschen auf dem Festland haben wir nicht gehungert."

Diese insgesamt vergleichsweise guten Lebensumstände und die Tatsache, dass die pommersche Heimat unter polnische Herrschaft geraten ist, führen dazu, dass die Familie in den nächsten Jahren auf Fehmarn bleibt. Manfred nimmt zu dieser Zeit bei einer pensionierten Lehrerin Privatunterricht. Ab 1949 findet der Vater dann dank seiner Schwester, deren Mann aus Rhens am Rhein stammt, eine Anstellung in seinem Beruf. Sie liest in der dortigen Rhein-Zeitung, dass eine Uhrenfabrik in Ehrenbreitstein bei Koblenz einen Meister sucht. Die Scherbarths verlassen Fehmarn, um sich im Rheinland eine neue Existenz aufzubauen. Manfred Scherbarth, der es nach Schule, Lehre und Abendstudium zu einer leitenden Position in der Industrie schafft, lebt bis heute im Rheinland. Die Sehnsucht nach der Ostsee hat ihn jedoch nie losgelassen: „Wenn ich 1990 zwanzig Jahre jünger gewesen wäre, ich wäre zumindest nach Vorpommern zurückgegangen." Leider kommt die Wende für dieses Vorhaben zu spät, so dass er sich auf zahlreiche Reisen in das von ihm geliebte Pommern beschränken muss.

»Diese Leidensgeschichte der nächsten Generation ersparen«

Odyssee durch Europa

Name:	Erwin Höckendorf
Geburtsdatum:	19. Februar 1926
Heimatort:	Grupenhagen / Kreis Schlawe
Heutiger Wohnort:	Mönchengladbach
Vertreibungsart:	Rückkehrverbot nach Gefangenschaft
Begleitumstände:	Kriegsgefangenschaft bis 1947

Erwin Höckendorf stammt aus Grupenhagen im Kreis Schlawe. Seine Familie bewirtschaftet hier seit Generationen ein Gut. Erwins Vater, der Bauer Hubert Höckendorf, ist Anhänger der oppositionellen Bekennenden Kirche und Gegner der Judenverfolgung des nationalsozialistischen Regimes. 1940 findet ein Junge aus dem rheinischen M.Gladbach, der im Rahmen der Kinderlandverschickung im ländlichen Ostpommern vor dem Bombenkrieg in Schutz gebracht werden soll, Aufnahme auf dem Hof der Höckendorfs. Sein Name ist Kamillus Dreimüller. Erwin Höckendorf tritt trotz des Krieges nach der Volksschule eine Lehre am elterlichen Hof an, die er mit einer kurzen Unterbrechung im Wehrertüchtigungslager im Mai 1943 erfolgreich abschließt. Danach wird er zunächst zum Reichsarbeitsdienst im besetzten Polen (Białystok) verpflichtet und soll hier die Ansiedlung von Siebenbürger Sachsen im Zuge des Generalplans Ost unterstützen. Am 24. Februar 1944 wird er dann zur Wehrmacht einberufen und wenig später bei der Luftabwehr (Heeres-Flak-Abteilung 290) in Norditalien eingesetzt. Im April gerät er hier in amerikanische Gefangenschaft.

Hubert Höckendorf verstirbt in den letzten Kriegstagen in einem russischen Gefangenenlager. Der Rest der Familie wird im Dezember 1945 von polnischen Polizisten von ihrem Hof in Grupenhagen verschleppt. Erwins Großeltern werden im Lager Stettin-Scheune festgehalten, wo grausamste Zustände herrschen. Beide sterben dort noch im gleichen Monat. Erwins Mutter Erna schafft es, sich zunächst nach Thüringen durchzuschlagen. Erwin Höckendorf verbringt derweil zwei Jahre im alliierten Gefangenenlager in Caserta bei Neapel, wo er bei der Feuerwehr eingesetzt wird. Als die Amerikaner ihn im April 1947 freilassen, kann er nicht mehr in die Heimat zurückkehren. Erwin begibt sich daraufhin nach M.Gladbach, um bei der Familie Dreimüller Aufnahme zu finden. Ende 1947 gelingt es auch seiner Mutter, aus Thüringen in den Westen auszureisen und im Rheinland mit Erwin und weiteren Mitgliedern der Familie Höckendorf zusammenzufinden. Durch die Hilfe der Dreimüllers gelingt es Erwin vergleichsweise gut, Fuß zu fassen. Sie vermitteln ihm zunächst Arbeit und Unterkunft in der Landwirtschaft. Als Erwin wegen besserer Verdienstmöglichkeiten in die Bauwirtschaft wechselt, kann er mit seiner Mutter eine Wohnung im Haus der Dreimüllers beziehen. Sein größter Wunsch ist, „dass all diese Leidensgeschichten der jetzigen und kommenden Generationen erspart bleiben."

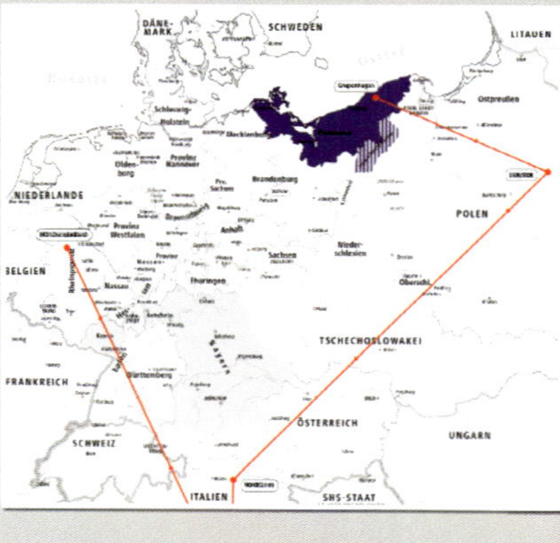

Vertrieben – und vergessen?

Tafel 24

Erwin Höckendorf stammt aus Grupenhagen im Kreis Schlawe. Seine Familie bewirtschaftet hier seit Generationen ein Gut. Erwins Vater, der Bauer Hubert Höckendorf, ist Anhänger der oppositionellen Bekennenden Kirche und Gegner der Judenverfolgung des nationalsozialistischen Regimes. 1940 findet ein Junge aus dem rheinischen M.Gladbach, der im Rahmen der Kinderlandverschickung im ländlichen Ostpommern vor dem Bombenkrieg in Schutz gebracht werden soll, Aufnahme auf dem Hof der Höckendorfs. Sein Name ist Kamillus Dreimüller. Erwin Höckendorf tritt trotz des Krieges nach der Volksschule eine Lehre am elterlichen Hof an, die er mit einer kurzen Unterbrechung im Wehrertüchtigungslager im Mai 1943 erfolgreich abschließt. Danach wird er zunächst zum Reichsarbeitsdienst im besetzten Polen (Białystok) verpflichtet und soll hier die Ansiedlung von Siebenbürger Sachsen im Zuge des Generalplans Ost unterstützen.
Am 24. Februar 1944 wird er dann zur Wehrmacht einberufen und wenig später bei der Luftabwehr (Heeres-Flak-Abteilung 290) in Norditalien eingesetzt. Im April gerät er hier in amerikanische Gefangenschaft.

Hubert Höckendorf verstirbt in den letzten Kriegstagen in einem russischen Gefangenenlager.
Der Rest der Familie wird im Dezember 1945 von polnischen Polizisten von ihrem Hof in Grupenhagen verschleppt. Erwins Großeltern werden im Lager Stettin-Scheune festgehalten, wo grausamste Zustände herrschen. Beide sterben dort noch im gleichen Monat. Erwins Mutter Erna schafft es, sich zunächst nach Thüringen durchzuschlagen. Erwin Höckendorf verbringt derweil zwei Jahre im alliierten Gefangenenlager in Caserta bei Neapel, wo er bei der Feuerwehr eingesetzt wird. Als die Amerikaner ihn im April 1947 freilassen, kann er nicht mehr in die Heimat zurückkehren. Erwin begibt sich daraufhin nach M.Gladbach, um bei der Familie Dreimüller Aufnahme zu finden. Ende 1947 gelingt es auch seiner Mutter, aus Thüringen in den Westen auszureisen und im Rheinland mit Erwin und weiteren Mitgliedern der Familie Höckendorf zusammenzufinden. Durch die Hilfe der Dreimüllers gelingt es Erwin vergleichsweise gut, Fuß zu fassen. Sie vermitteln ihm zunächst Arbeit und Unterkunft in der Landwirtschaft. Als Erwin wegen besserer Verdienstmöglichkeiten in die Bauwirtschaft wechselt, kann er mit seiner Mutter eine Wohnung im Haus der Dreimüllers beziehen. Sein größter Wunsch ist, „dass all diese Leidensgeschichten der jetzigen und kommenden Generationen erspart bleiben."

Zu Tafel 24: Odyssee durch Europa

Name:	**Erwin Höckendorf**
Geburtsdatum:	**19. Februar 1926**
Heimatort:	**Grupenhagen / Kreis Schlawe**
Heutiger Wohnort:	**Mönchengladbach**
Vertreibungsart:	**Rückkehrverbot nach Gefangenschaft**
Begleitumstände:	**Kriegsgefangenschaft bis 1947**

Erwin Otto Hubert Höckendorf wird am 19. Februar 1926 in Grupenhagen geboren, das im Kreis Schlawe 8 km östlich von Rügenwalde liegt. Seine Familie, die seit Generationen in Pommern lebt, besitzt hier einen Hof. Das nationalsozialistische Regime stößt bei Erwins Vater, dem Bauern Hubert Höckendorf, zunehmend auf Ablehnung. Er ist Gegner der Judenverfolgung und sympathisiert mit der oppositionellen Bekennenden Kirche, deren bedeutendster Vertreter Dietrich Bonhoeffer zu dieser Zeit in der Nähe tätig ist. Nach einiger Zeit in Finkenwalde zieht Bonhoeffer mit dem Predigerseminar der Bekennenden Kirche in den Kreis Schlawe (Groß Schömwitz) und ist damit etwa 30 km von den Höckendorfs entfernt tätig. Von 1937 bis 1939 lehrt der oppositionelle Christ dann in Köslin.

Der 1939 beginnende Krieg, der bald nicht allzuweit von Grupenhagen entfernt am „Polnischen Korridor" seinen Anfang nimmt, bringt eine Veränderung, die für das spätere Leben Erwin Höckendorfs schicksalhafte Bedeutung erlangen soll: 1940 findet ein Junge aus dem rheinischen M.Gladbach, der im Rahmen der Kinderlandverschickung im ländlichen Ostpommern vor dem Bombenkrieg in Sicherheit gebracht werden soll, Aufnahme auf dem Hof der Höckendorfs. Sein Name ist Kamillus Dreimüller. Erwin Höckendorf tritt trotz des Krieges nach acht Jahren in der Volksschule des Dorfes eine Lehre am elterlichen Hof an, die er mit einer kurzen Unterbrechung durch einen Aufenthalt im Wehrertüchtigungslager im Mai 1943 erfolgreich abschließt. Danach wird er zunächst zum Reichsarbeitsdienst im besetzten Polen (Białystok) verpflichtet und soll hier die Ansiedlung von Siebenbürger Sachsen im Zuge des Generalplans Ost unterstützen. Am 24. Februar 1944 wird er dann zur Wehrmacht einberufen. Nach der Grundausbildung im pommerschen Belgard und einer Messstaffel-Ausbildung in Schongau (Bayern) erfolgt sein Kriegseinsatz in Norditalien. Über Mailand kommt er zur Luftabwehr in die Gegend von Bologna (Heeres-Flak-Abteilung 290), Anfang April dann in den Bodenkampfeinsatz. Am 23. April 1945 nehmen die vorrückenden amerikanischen Soldaten Erwin Höckendorf bei Modena gefangen. Zunächst wird er in Florenz unter freiem Himmel gefangen gehalten, dann in einem großen Sammellager in Livorno, wo zehn Camps mit jeweils 5.000 Gefangenen bestehen, und letztlich im Juni 1945 in das Gefangenenlager des Alliierten Hauptquartiers in Caserta bei Neapel gebracht. Erst hier bekommen er und seine Mitgefangenen ausreichend zu essen. „Bis Juni 45 war der Hunger an der Tagesordnung“, erinnert sich Erwin Höckendorf heute.

Trotz dieser Widrigkeiten verläuft das Kriegsende für ihn vergleichsweise glimpflich, wie das schlimme Schicksal seiner Familie zeigt: Erwins Vater Hubert Höckendorf verstirbt in den letzten Kriegstagen in einem russischen Gefangenenlager. Der Rest der Familie muss miterleben, wie im Sommer 1945 Polen auf ihren Hof in Grupenhagen kommen und diesen in Besitz nehmen. Einige Monate lang müssen sie absurderweise auf ihrem eigenen rechtmäßigen Eigentum in Knechtschaft leben. Am 15. Dezember 1945 werden Erwins Großeltern, Mutter Erna Höckendorf und ihre Schwester Martha dann ausgewiesen, während Kamillus Dreimüller von den polnischen Besatzern auf dem Hof der Höckendorfs als Arbeitskraft festgehalten wird. Am 17. Dezember erreicht der Ausweisungstransport Stettin-Scheune, wo grausamste Zustände herrschen. Die Großeltern sind körperlich so geschwächt, dass sie hier aus dem Transport genommen werden. Da der Zug geraume Zeit stehenbleibt, machen sich Mutter und Schwester auf die Suche nach den beiden. Schließlich finden sie in einem Graben Erwins Großmutter und in einem Keller den Großvater, beide ringen mit dem Tode. Der Ausweisungszug bringt die verzweifelten Überlebenden dann nach Thüringen. Insgesamt überleben elf der 31 engeren Familienangehörigen das Kriegsende nicht.

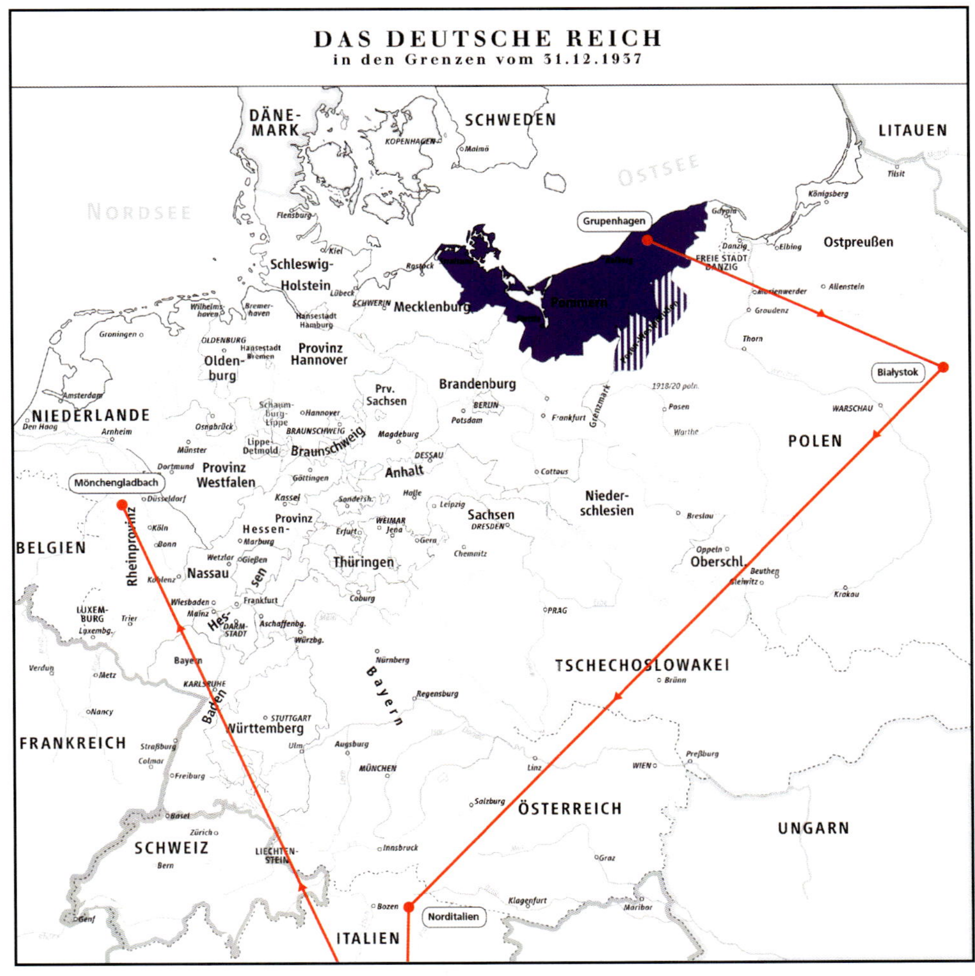

Karte aus dem Jahr 1937 – Fluchtweg von Erwin Höckendorf

Erwin Höckendorf verbringt derweil zwei Jahre im alliierten Gefangenenlager in Caserta. Zunächst wird er zum Arbeitseinsatz verpflichtet, später wird er bei der Feuerwehr eingesetzt, wo er positive Erfahrungen macht: „Die amerikanischen Fahrer der Feuerwehr hatten fast ein kollegiales Verhältnis zu uns Gefangenen.“ Anfang April 1947 wird das Lager in Caserta aufgelöst, über Livorno kommt Erwin Höckendorf in ein Aufnahmelager nach Niedersachsen. Da er wegen der Vertreibung nicht mehr in die Heimat zurückkehren kann, begibt sich Höckendorf daraufhin nach M.Gladbach, um bei der Familie Dreimüller Aufnahme zu finden. Erst etwa sechs Wochen zuvor, Anfang März 1947, ist Kamillus Dreimüller von den Polen in Pommern freigelassen worden und zu seiner Familie zurückgekehrt. Ende des Jahres gelingt es auch Erwin Höckendorfs Mutter, aus Thüringen illegal in den Westen zu flüchten und im Rheinland mit Erwin und weiteren Mitgliedern der Familie Höckendorf zusammenzufinden. Über den Suchdienst des Deutschen Roten Kreuzes suchen sie Anfang der 1950er Jahre weitere Verwandte und Freunde, oft mit der traurigen Erkenntnis, dass diese 1945 in mittel- und osteuropäischen Lagern verstorben sind. Durch die Hilfe der Dreimüllers gelingt es den überlebenden Höckendorfs vergleichsweise gut, fern der Heimat Fuß zu fassen. Sie vermitteln Erwin Höckendorf eine Unterkunft und eine erste Arbeitsstelle in der Landwirtschaft. Als Erwin wegen besserer Verdienstmöglichkeiten in die Bauwirtschaft wechselt, kann er mit seiner Mutter Erna Höckendorf eine Wohnung im Haus der Dreimüllers beziehen. Sein größter Wunsch ist, „dass all diese Leidensgeschichten den jetzigen und kommenden Generationen erspart bleiben“.

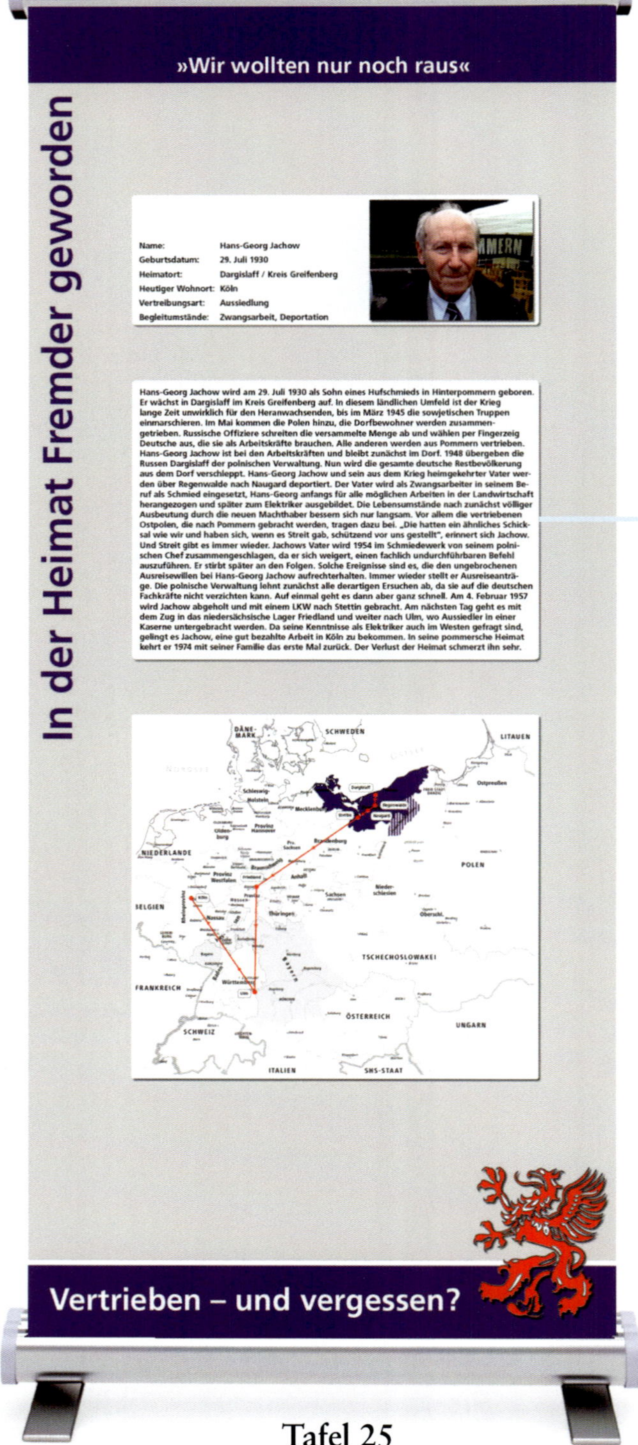
»Wir wollten nur noch raus«
In der Heimat Fremder geworden
Name: Hans-Georg Jachow
Geburtsdatum: 29. Juli 1930
Heimatort: Dargislaff / Kreis Greifenberg
Heutiger Wohnort: Köln
Vertreibungsart: Aussiedlung
Begleitumstände: Zwangsarbeit, Deportation
Hans-Georg Jachow wird am 29. Juli 1930 als Sohn eines Hufschmieds in Hinterpommern geboren. Er wächst in Dargislaff im Kreis Greifenberg auf. In diesem ländlichen Umfeld ist der Krieg lange Zeit unwirklich für den Heranwachsenden, bis im März 1945 die sowjetischen Truppen einmarschieren. Im Mai kommen die Polen hinzu, die Dorfbewohner werden zusammengetrieben. Russische Offiziere schreiten die versammelte Menge ab und wählen per Fingerzeig Deutsche aus, die sie als Arbeitskräfte brauchen. Alle anderen werden aus Pommern vertrieben. Hans-Georg Jachow ist bei den Arbeitskräften und bleibt zunächst im Dorf. 1948 übergeben die Russen Dargislaff der polnischen Verwaltung. Nun wird die gesamte deutsche Restbevölkerung aus dem Dorf verschleppt. Hans-Georg Jachow und sein aus dem Krieg heimgekehrter Vater werden über Regenwalde nach Naugard deportiert. Der Vater wird als Zwangsarbeiter in seinem Beruf als Schmied eingesetzt, Hans-Georg anfangs für alle möglichen Arbeiten in der Landwirtschaft herangezogen und später zum Elektriker ausgebildet. Die Lebensumstände nach zunächst völliger Ausbeutung durch die neuen Machthaber bessern sich nur langsam. Vor allem die vertriebenen Ostpolen, die nach Pommern gebracht werden, tragen dazu bei. „Die hatten ein ähnliches Schicksal wie wir und haben sich, wenn es Streit gab, schützend vor uns gestellt", erinnert sich Jachow. Und Streit gibt es immer wieder. Jachows Vater wird 1954 im Schmiedewerk von seinem polnischen Chef zusammengeschlagen, da er sich weigert, einen fachlich undurchführbaren Befehl auszuführen. Er stirbt später an den Folgen. Solche Ereignisse sind es, die den ungebrochenen Ausreisewillen bei Hans-Georg Jachow aufrechterhalten. Immer wieder stellt er Ausreiseanträge. Die polnische Verwaltung lehnt zunächst alle derartigen Ersuchen ab, da sie auf die deutschen Fachkräfte nicht verzichten kann. Auf einmal geht es dann aber ganz schnell. Am 4. Februar 1957 wird Jachow abgeholt und mit einem LKW nach Stettin gebracht. Am nächsten Tag geht es mit dem Zug in das niedersächsische Lager Friedland und weiter nach Ulm, wo Aussiedler in einer Kaserne untergebracht werden. Da seine Kenntnisse als Elektriker auch im Westen gefragt sind, gelingt es Jachow, eine gut bezahlte Arbeit in Köln zu bekommen. In seine pommersche Heimat kehrt er 1974 mit seiner Familie das erste Mal zurück. Der Verlust der Heimat schmerzt ihn sehr.
DÄNE-MARK
SCHWEDEN
LITAUEN
Ostpreußen
POLEN
NIEDERLANDE
FRANKREICH
SCHWEIZ
ÖSTERREICH
TSCHECHOSLOWAKEI
UNGARN
ITALIEN
SHS-STAAT
Vertrieben – und vergessen?

Tafel 25

Hans-Georg Jachow wird am 29. Juli 1930 als Sohn eines Hufschmieds in Hinterpommern geboren. Er wächst in Dargislaff im Kreis Greifenberg auf. In diesem ländlichen Umfeld ist der Krieg lange Zeit unwirklich für den Heranwachsenden, bis im März 1945 die sowjetischen Truppen einmarschieren. Im Mai kommen die Polen hinzu, die Dorfbewohner werden zusammengetrieben. Russische Offiziere schreiten die versammelte Menge ab und wählen per Fingerzeig Deutsche aus, die sie als Arbeitskräfte brauchen. Alle anderen werden aus Pommern vertrieben. Hans-Georg Jachow ist bei den Arbeitskräften und bleibt zunächst im Dorf. 1948 übergeben die Russen Dargislaff der polnischen Verwaltung. Nun wird die gesamte deutsche Restbevölkerung aus dem Dorf verschleppt. Hans-Georg Jachow und sein aus dem Krieg heimgekehrter Vater werden über Regenwalde nach Naugard deportiert. Der Vater wird als Zwangsarbeiter in seinem Beruf als Schmied eingesetzt, Hans-Georg anfangs für alle möglichen Arbeiten in der Landwirtschaft herangezogen und später zum Elektriker ausgebildet. Die Lebensumstände nach zunächst völliger Ausbeutung durch die neuen Machthaber bessern sich nur langsam. Vor allem die vertriebenen Ostpolen, die nach Pommern gebracht werden, tragen dazu bei. „Die hatten ein ähnliches Schicksal wie wir und haben sich, wenn es Streit gab, schützend vor uns gestellt", erinnert sich Jachow. Und Streit gibt es immer wieder. Jachows Vater wird 1954 im Schmiedewerk von seinem polnischen Chef zusammengeschlagen, da er sich weigert, einen fachlich undurchführbaren Befehl auszuführen. Er stirbt später an den Folgen. Solche Ereignisse sind es, die den ungebrochenen Ausreisewillen bei Hans-Georg Jachow aufrechterhalten. Immer wieder stellt er Ausreiseanträge. Die polnische Verwaltung lehnt zunächst alle derartigen Ersuchen ab, da sie auf die deutschen Fachkräfte nicht verzichten kann. Auf einmal geht es dann aber ganz schnell. Am 4. Februar 1957 wird Jachow abgeholt und mit einem LKW nach Stettin gebracht. Am nächsten Tag geht es mit dem Zug in das niedersächsische Lager Friedland und weiter nach Ulm, wo Aussiedler in einer Kaserne untergebracht werden. Da seine Kenntnisse als Elektriker auch im Westen gefragt sind, gelingt es Jachow, eine gut bezahlte Arbeit in Köln zu bekommen. In seine pommersche Heimat kehrt er 1974 mit seiner Familie das erste Mal zurück. Der Verlust der Heimat schmerzt ihn sehr.

Zu Tafel 25: In der Heimat Fremder geworden

Name:	Hans-Georg Jachow
Geburtsdatum:	29. Juli 1930
Heimatort:	Dargislaff / Kreis Greifenberg
Heutiger Wohnort:	Köln
Vertreibungsart:	Aussiedlung
Begleitumstände:	Zwangsarbeit, Deportation

Hans-Georg Jachow wird am 29. Juli 1930 als Sohn eines Hufschmieds in Hinterpommern geboren. Er wächst in Dargislaff im Kreis Greifenberg auf. In diesem ländlichen Umfeld bleibt der Krieg lange Zeit unwirklich für den Heranwachsenden, auch als im Herbst 1944 die ersten Flüchtlinge aus Ostpreußen durchs Dorf ziehen. Erst aus heutiger Sicht kann er einzelne Erlebnisse einordnen. „Einmal saß ich, ohne es zu wissen, auf einer V-Rakete und wunderte mich, warum die Männer um sie herum alle gestreifte Kleidung trugen“, erinnert sich der Pommer. „Am 4. März 45 erreichte uns dann um 9:30 Uhr die Front.“ Es sind deutsche Soldaten, doch bereits eine halbe Stunde später sind die Russen da. „Germanski Soldaten?“, fragen sie an jeder Tür, verhalten sich aber zunächst gegenüber der Zivilbevölkerung relativ freundlich. Als aber einige Tage später Kolberg fällt, wird es auch in Dargislaff richtig ernst. Während die Dörfer des Kreises zuvor von den Rotarmisten als Nachschublinie beim Kampf um die Festung Kolberg geschont wurden, nehmen nun die Ausschreitungen gegen die Dorfbewohner massiv zu. Schon die Gerüchte über Gräueltaten in Nachbarorten sorgen für Panik und Verzweiflung im Ort. Manche Mütter ertränken ihre Kinder im Bach und anschließend sich selbst. „Am 17. März treiben russische Soldaten alle im Gutshaus zusammen, wo wir die Nacht verbringen mussten“, berichtet Hans-Georg Jachow. Um Mutter und Tante vor Vergewaltigungen zu schützen, wickeln Hans-Georg und seine Brüder sie in Teppiche ein, auf denen sie dann schlafen.

Am nächsten Tag selektieren die sowjetischen Besatzer die Dorfgemeinschaft. Hans-Georg Jachow steht bereits bei den Männern, denen die Verschleppung nach Sibirien bevorsteht. Er kann sich aber durch eine Unaufmerksamkeit des russischen Wächters der Gruppe „Kinder und Frauen" anschließen und damit zu seiner Mutter gesellen. Nach einigen Tagen ziellosen Wanderns durch das östliche Pommern überlassen die Russen die Gruppe plötzlich sich selbst. Nach einigem Zögern beschließen die Bewohner, sich zurück nach Dargislaff durchzuschlagen, was nach einer Nacht in einem verlassenen Schweinestall letztlich auch gelingt. Doch in dem ausgeplünderten Dorf ist nichts mehr wie es war, auch das Haus der Jachows wird in völliger Verwüstung vorgefunden: „Ich weiß noch, dass inmitten des Chaos ein unversehrter Blumentopf stand, wie wir ihn hinterlassen hatten – als ob nichts geschehen wäre." Im ehemaligen Postamt ist nun eine sowjetische Kommandantur, welche die Dorfbewohner zu verschiedenen Arbeiten verpflichtet. Hans-Georg muss zunächst Getreide für das Militär anbauen.

Nach einigen Wochen unter dem Kommando der kriegführenden Roten Armee ändert sich die Lage im Mai. „Hitler kaputt", teilen die Offiziere den Dorfbewohnern mit, wenig später kommen dann polnische Freischärler nach Dargislaff. Ein zweites Mal werden die noch anwesenden Dorfbewohner zusammengetrieben. Diesmal sind es die Polen, die in den frühen Morgenstunden alle Deutschen vertreiben wollen, während die russischen Soldaten noch schlafen. Die sowjetische Kommandantur ist damit aber gar nicht einverstanden. Es kommt zu Tumulten zwischen Rotarmisten und polnischen Milizen vor den Augen der verängstigten Dorfgemeinde. Schüsse fallen, Hans-Georg Jachow erinnert sich noch heute an die lauten Flüche, mit denen Polen und Russen sich gegenseitig belegen. Schließlich einigen sich die konkurrierenden Besatzer. Die russischen Offiziere schreiten die versammelte Menge ab und wählen per Fingerzeig Deutsche aus, die sie als Arbeitskräfte brauchen. Diese werden im Dorf zurückgehalten, die übrigen „dürfen" die Polen vertreiben. Hans-Georg Jachow ist bei den Zwangsarbeitern und bleibt zunächst im Dorf. Im Oktober 1945 kehrt der Vater aus Kiel, wo er am Ende des Krieges stationiert war, zurück – im Rückblick ein fataler Fehler, denn den versierten Facharbeiter lassen die „neuen Herren" in Pommern nicht mehr gehen.

Erst 1948 übergeben die Sowjetrussen Dargislaff der Verwaltung des polnischen Staates, der jetzt in Hinterpommern die Woiwodschaft Westpommern etabliert hat. Nun wird tatsächlich die deutsche Restbevölkerung aus

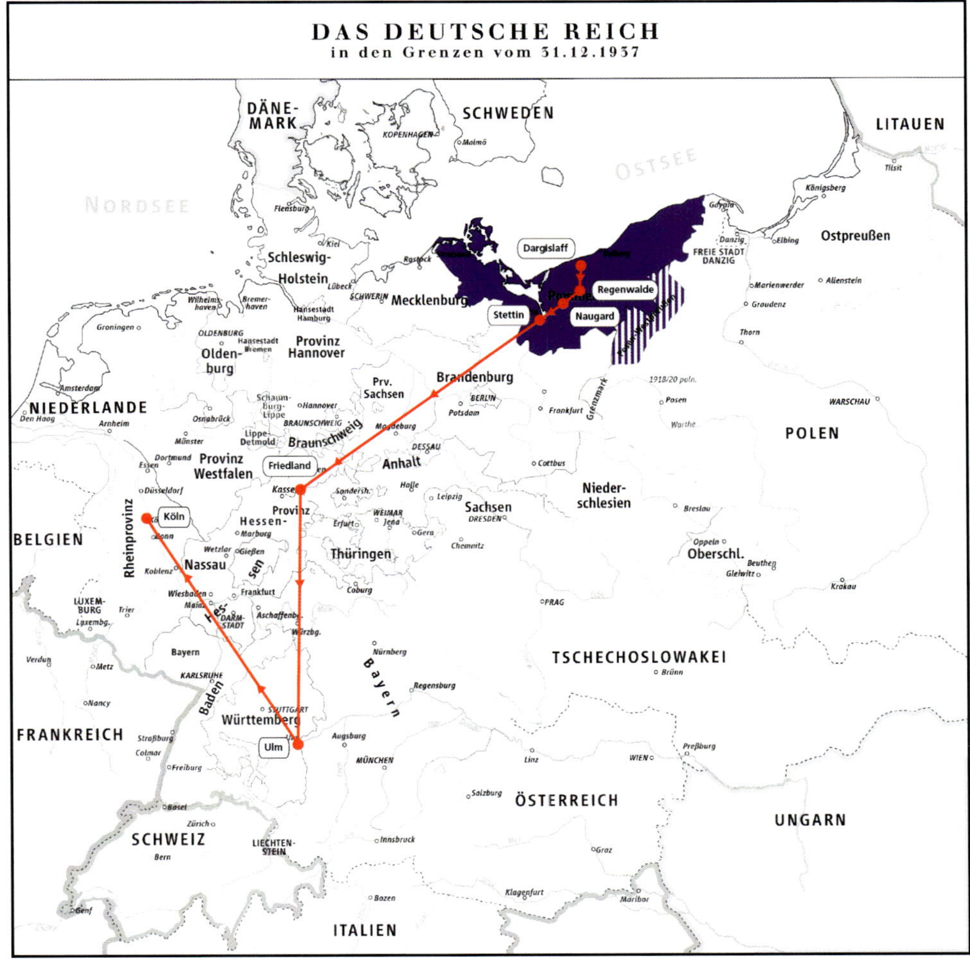

Karte aus dem Jahr 1937 – Fluchtweg von Hans-Georg Jachow

dem Dorf verschleppt. Die Jachows werden auf einen Zug verladen. Am Kreuzungsbahnhof von Plathe kommt es zu einer schicksalhaften Situation: „Wir wussten genau, rechts geht das Gleis nach Westen, links in den Osten". Obwohl im ländlichen Hinterpommern nur wenig über die politische Lage bekannt ist, wissen auch die Jachows: „Westen" bedeutet die Aussicht auf Freiheit. Als der Zug nach links abbiegt, macht sich daraufhin Angst breit. „Osten hieß bei uns immer: ab nach Sibirien!" Doch für Hans-Georg Jachow und seine Familie endet der Transport in Regenwalde. Hier warten polnische Milizen und suchen nach Zwangsarbeitern. Hans-Georg Jachow ist wie auch sein Vater dabei, man bringt sie nach Sophienhof bei Naugard. Der Vater wird in seinem Beruf als Schmied eingesetzt, Hans-Georg anfangs für alle möglichen Arbeiten in der Landwirtschaft herangezogen. Als einigen deutschen Facharbeitern die Flucht gelingt, wird Hans-Georg Jachow zum Elektriker ausgebildet, um diese zu ersetzen. Es beginnt die grausamste Zeit für die Familie. „Wenn wir das geahnt hätten, wären wir gerne bei den Russen geblieben, obwohl die auch schon brutal waren", lautet das sarkastische Fazit Hans-Georg Jachows. Sein Vater wird 1954 im Schmiedewerk von seinem polnischen Chef zusammengeschlagen, da er sich weigert, einen fachlich undurchführbaren Befehl auszuführen. Den Kollegen, der ihn ins Krankenhaus bringt, sperrt man zur Strafe über Nacht mit Wasser bis zum Hals in einen Keller. Hans-Georg Jachows Arbeitskraft wird durch die neuen Machthaber zunächst rücksichtlos ausgebeutet, nur langsam kommt es zu Verbesserungen. So gibt es nur 25 Prozent des Lohnes der regulären polnischen Arbeiter, irgendwann dann endlich den gleichen Lohn. Auch die vertriebenen Ostpolen, die nach und nach nach Pommern gebracht werden, tragen zur Besserung der Umstände bei. „Die hatten ein ähnliches Schicksal wie wir und haben sich, wenn es Streit gab, schützend vor uns gestellt." Gleichwohl bleibt es trotz der langsam sich bessernden allgemeinen Umstände eine demütigende Situation. In der Heimat plötzlich und ohne eigenes Verschulden zum Fremden und zum Menschen zweiter Klasse geworden zu sein, kann Hans-Georg Jachow nicht akzeptieren. Das erlebte Grauen und das Gefühl der Unfreiheit halten seinen Ausreisewillen über lange Jahre aufrecht. Diesen Wunsch teilt Jachow mit seiner späteren Frau, die er in

Stettin kennenlernt, wo er in seiner Eigenschaft als Elektriker ab und zu arbeiten muss. Immer wieder stellen beide Ausreiseanträge. Die polnische Verwaltung lehnt alle mit dem Hinweis ab, es handele sich hierbei um das falsche Formular. „Welches Formular aber richtig war, sagten sie uns nicht“, fasst Jachow die Verzögerungstaktik der Volksrepublik Polen zusammen, die lange auf die deutschen Fachkräfte in ihren besetzten neuen Westgebieten nicht verzichten will.

Auf einmal geht es dann ganz schnell. Als Władysław Gomułka im Herbst 1956 die Leitung der polnischen Arbeiterpartei und damit die Führung des kommunistischen Polens übernimmt, wird eine neue Politik gegenüber der deutschen Volksgruppe eingeschlagen. Wer nicht die polnische Staatsbürgerschaft annimmt, soll nun ausreisen. Hans-Georg Jachow gelingt es nun, über das Deutsche Rote Kreuz einen Ausreiseantrag zu stellen, dem schnell stattgegeben wird. Am 4. Februar 1957 wird er abgeholt und mit einem LKW nach Stettin gebracht. Am nächsten Tag geht es mit dem Zug über Neustrelitz in das niedersächsische Lager Friedland. Einige Zeit später bringt man Hans-Georg Jachow weiter nach Ulm, wo Aussiedler in einer Kaserne untergebracht werden. Da seine Kenntnisse als Elektriker auch im Westen gefragt sind, gelingt es Jachow, eine gutbezahlte Arbeit in Köln zu bekommen. „Ich habe mich bei Ford in Köln zunächst erkundigt, was diese Firma eigentlich herstellt“, erinnert sich Jachow. Als seine Frau wenig später in den Westen nachkommt, hat sich vieles zum Guten gewendet. Viele Narben aber bleiben: Jachows Vater ist im September 1956 an den Folgen der Misshandlungen gestorben und kam nicht mehr mit in die Freiheit. Seine pommersche Heimat besucht er 1974 das erste Mal mit seiner Familie. Der Verlust der Heimat schmerzt ihn sehr. Dennoch hat er sie lieber verlassen, als weiter unter fremden Menschen zu leben.

»Ich habe noch Glück gehabt«

Rechtzeitig geflohen

Name:	Brigitte Kiel, geb. Scharsitzki
Geburtsdatum:	28. Mai 1935
Heimatort:	Schneidemühl
Heutiger Wohnort:	Remscheid
Vertreibungsart:	Flucht
Begleitumstände:	Weitere Flucht aus der DDR 1955

Brigitte Kiel wird als Brigitte Scharsitzki am 28. Mai 1935 geboren. Sie lebt in Schneidemühl, dem Verwaltungssitz des gleichnamigen Regierungsbezirkes. Die Stadt zählt zu dieser Zeit etwa 44.000 Einwohner. Nach der Auflösung der Provinz »Grenzmark Posen-Westpreußen« kommt Schneidemühl 1938 zu Pommern. Scharsitzkis Vater und Großvater sind bei der Reichsbahn beschäftigt. Dieser Umstand wird zum besonderen Glück für die Familie. Obwohl die Parteileitung vor Ort eine Evakuierung der Zivilbevölkerung verhindert und den Bahnhof Schneidemühl sperren lässt, gelingt den Scharsitzkis 1945 die Flucht vor der anrückenden Roten Armee. Brigittes Vater ist zu dieser Zeit noch im Kriegseinsatz an der Front. Am 25. Januar 1945 führt der Großvater, Triebwagenführer bei der Bahn, den mit Hab und Gut bepackten Rest der Familie über Mitarbeiterzugänge auf den gesperrten Bahnhof. Dort schaffen sie es in einen Zug nach Küstrin, von wo sie einen weiteren Zug nach Berlin nehmen können.

Ein weiterer glücklicher Umstand sind die im Reich breit verstreuten Verwandten und Bekannten der Familie. Dadurch gelingt es ihr in Berlin, später in Frankfurt an der Oder und schließlich in der Nähe vom thüringischen Gotha, immer wieder Zuflucht und Unterkunft zu finden – im harten Winter mit Temperaturen von bis zu minus 30 Grad ist das ein lebensrettender Umstand. Da die Kontakte in Thüringen aus einer früheren Stationierung des Vaters resultieren, hat auch er die Adresse. Ende 1945 gelingt es ihm tatsächlich, sich zu seiner Familie durchzuschlagen.
Als Thüringen zunächst von amerikanischen Soldaten besetzt ist, können die Scharsitzkis hier einige Monate relativ unbehelligt leben. Dann aber geraten sie trotz ihrer Flucht aus Pommern unter sowjetische Herrschaft. Es kommt zu Übergriffen russischer Soldaten, Brigitte Scharsitzki gelingt es in einem Versteck hinter Holzverschlägen einer Vergewaltigung zu entgehen. Spätestens zu dieser Zeit reift der Entschluss, eine weitere Flucht nach Westdeutschland zu riskieren. Beim ersten Versuch schlägt diese fehl, Brigittes Vater wird an der hessisch-thüringischen Grenze festgenommen.

Zehn Jahre später schafft die Familie dann über Berlin doch noch die Flucht aus der DDR. Brigitte Kiel, die heute in Remscheid bei Wuppertal lebt, kommt 1988 das erste Mal zurück in die Heimat. Der Anblick des einstigen Hauses der Familie in Schneidemühl macht Frau Kiel bei aller Erleichterung über den vergleichsweise glücklichen Verlauf ihrer Flucht sehr traurig:
Es steht nur noch die Eingangstreppe, die in einem eingezäunten Brachland im Nichts endet.

DÄNEMARK
SCHWEDEN
LITAUEN
NIEDERLANDE
POLEN
BELGIEN
TSCHECHOSLOWAKEI
FRANKREICH
ÖSTERREICH
UNGARN
SCHWEIZ
ITALIEN
SHS-STAAT

Vertrieben – und vergessen?

Tafel 26

Brigitte Kiel wird als Brigitte Scharsitzki am 28. Mai 1935 geboren. Sie lebt in Schneidemühl, dem Verwaltungssitz des gleichnamigen Regierungsbezirkes. Die Stadt zählt zu dieser Zeit etwa 44.000 Einwohner. Nach der Auflösung der Provinz »Grenzmark Posen-Westpreußen« kommt Schneidemühl 1938 zu Pommern. Scharsitzkis Vater und Großvater sind bei der Reichsbahn beschäftigt. Dieser Umstand wird zum besonderen Glück für die Familie. Obwohl die Parteileitung vor Ort eine Evakuierung der Zivilbevölkerung verhindert und den Bahnhof Schneidemühl sperren lässt, gelingt den Scharsitzkis 1945 die Flucht vor der anrückenden Roten Armee. Brigittes Vater ist zu dieser Zeit noch im Kriegseinsatz an der Front. Am 25. Januar 1945 führt der Großvater, Triebwagenführer bei der Bahn, den mit Hab und Gut bepackten Rest der Familie über Mitarbeiterzugänge auf den gesperrten Bahnhof. Dort schaffen sie es in einen Zug nach Küstrin, von wo sie einen weiteren Zug nach Berlin nehmen können.

Ein weiterer glücklicher Umstand sind die im Reich breit verstreuten Verwandten und Bekannten der Familie. Dadurch gelingt es ihr in Berlin, später in Frankfurt an der Oder und schließlich in der Nähe vom thüringischen Gotha, immer wieder Zuflucht und Unterkunft zu finden – im harten Winter mit Temperaturen von bis zu minus 30 Grad ist das ein lebensrettender Umstand. Da die Kontakte in Thüringen aus einer früheren Stationierung des Vaters resultieren, hat auch er die Adresse. Ende 1945 gelingt es ihm tatsächlich, sich zu seiner Familie durchzuschlagen.
Als Thüringen zunächst von amerikanischen Soldaten besetzt ist, können die Scharsitzkis hier einige Monate relativ unbehelligt leben. Dann aber geraten sie trotz ihrer Flucht aus Pommern unter sowjetische Herrschaft. Es kommt zu Übergriffen russischer Soldaten, Brigitte Scharsitzki gelingt es in einem Versteck hinter Holzverschlägen einer Vergewaltigung zu entgehen. Spätestens zu dieser Zeit reift der Entschluss, eine weitere Flucht nach Westdeutschland zu riskieren. Beim ersten Versuch schlägt diese fehl, Brigittes Vater wird an der hessisch-thüringischen Grenze festgenommen.

Zehn Jahre später schafft die Familie dann über Berlin doch noch die Flucht aus der DDR. Brigitte Kiel, die heute in Remscheid bei Wuppertal lebt, kommt 1988 das erste Mal zurück in die Heimat. Der Anblick des einstigen Hauses der Familie in Schneidemühl macht Frau Kiel bei aller Erleichterung über den vergleichsweise glücklichen Verlauf ihrer Flucht sehr traurig:
Es steht nur noch die Eingangstreppe, die in einem eingezäunten Brachland im Nichts endet.

Zu Tafel 26: Rechtzeitig geflohen

Name:	Brigitte Kiel, geb. Scharsitzki
Geburtsdatum:	28. Mai 1935
Heimatort:	Schneidemühl
Heutiger Wohnort:	Remscheid
Vertreibungsart:	Flucht
Begleitumstände:	Weitere Flucht aus der DDR 1955

Brigitte Kiel wird als Brigitte Scharsitzki am 28. Mai 1935 geboren. Sie lebt in Schneidemühl, dem Verwaltungssitz des gleichnamigen Regierungsbezirks. Die Stadt zählt zu dieser Zeit etwa 44.000 Einwohner und ist Eisenbahnknotenpunkt. Nach der Auflösung der Provinz „Grenzmark Posen-Westpreußen" kommt Schneidemühl 1938 zu Pommern. Scharsitzkis Vater und Großvater sind bei der Reichsbahn beschäftigt. Dieser Umstand sollte zum besonderen Glück für die Familie werden.

Doch zunächst muss auch sie den Krieg erleiden. Brigittes Vater muss in den Fronteinsatz, Schneidemühl ist Überfluggebiet und wird auch selbst bombardiert. Fliegeralarm gehört bald zum Alltag für Brigitte Scharsitzki. „Es war einfach so, dass Krieg war", schildert sie diese Zeit im Rückblick. In der weit östlich gelegenen Stadt sind im Herbst 1944 bald schon die ersten ostpreußischen Flüchtlinge zu sehen. Wer jetzt noch nicht die drohende Gefahr erkannt hat, wird spätestens von den im Januar 1945 zurückflutenden deutschen Soldaten aufgeklärt. „Seht zu, dass ihr rauskommt", raten sie den Scharsitzkis. Offiziell genehmigte Fluchtvorbereitungen werden bald wieder verboten, um den Durchhalteparolen des Regimes gerecht zu werden. Um eine Evakuierung der Zivilbevölkerung zu verhindern, lässt die Parteileitung vor Ort den Schneidemühler Bahnhof schließlich sperren.

Doch Brigittes Großvater, Triebwagenführer bei der Reichsbahn, nutzt seine Kenntnisse, um die Familie in Sicherheit zu bringen, während der Vater immer noch an der Front kämpft. Am 25. Januar 1945 führt er die Familie mit nur wenig Gepäck über Mitarbeiterzugänge auf den gesperrten Bahnhof. Dort schaffen sie es, mit einem Lazarettzug nach Küstrin zu fahren. Bei unter 30 Grad minus sind sie fast zwei Tage unterwegs, um die nur rund 170 km zur Oderstadt zurückzulegen. Von Küstrin können sie ei-

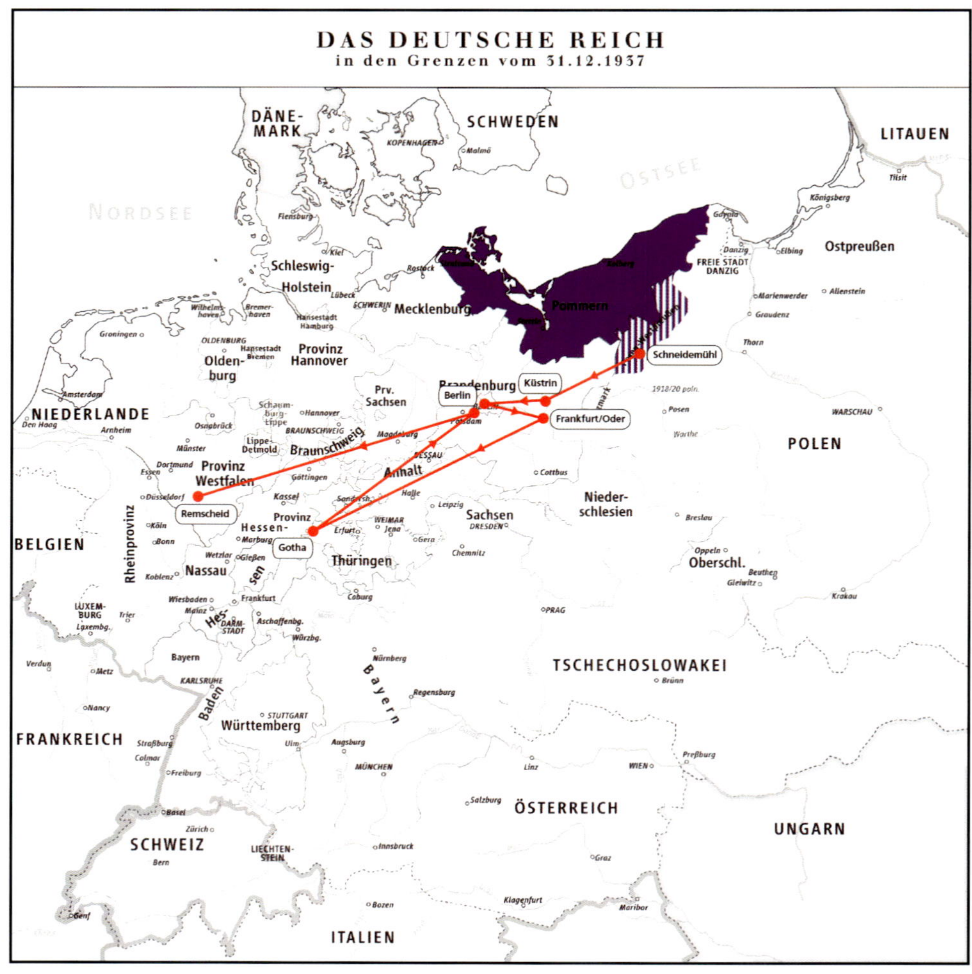

Karte aus dem Jahr 1937 – Fluchtweg von Brigitte Scharsitzki

nen weiteren Zug nach Berlin nehmen, wo Verwandte der Scharsitzkis leben. Die im Reich breit verstreuten Verwandten und Bekannten der Familie sind neben den guten Kontakten des Großvaters zur Reichsbahn ein weiterer glücklicher Umstand. Dadurch gelingt es den Scharsitzkis immer wieder, Zuflucht und Unterkunft zu finden – im harten Winter 1945 ist das ein lebensrettender Umstand. Zunächst geht es von Berlin nach Frankfurt an der Oder, also wieder ein kleines Stück zurück. „Man hat die ganze erste Zeit gehofft, bald in die Heimat zurückzukehren", sagt Brigitte Kiel heute. In Frankfurt muss die erst Zehnjährige sogar ihrer heimwehgeplagten Mutter ausreden, eine kurzfristige Rückkehr nach Schneidemühl zu riskieren. Stattdessen flüchten sie wenig später vor der Roten Armee südwestwärts Richtung Thüringen. Ende März kommen sie in einem Dorf in der Nähe von Gotha an, wo die Scharsitzkis Kontakte haben, die aus einer früheren Stationierung des Vaters resultieren. Ein weiterer bzw. dritter glücklicher Umstand im Unglück, denn somit kennt auch Brigittes Vater die Adresse. Ende 1945 gelingt es ihm tatsächlich, sich zu seiner Familie durchzuschlagen. Da Thüringen zunächst von amerikanischen Soldaten besetzt ist, können die Scharsitzkis hier nur wenige Monate relativ unbehelligt leben. Dann aber geraten sie unter sowjetische Herrschaft – trotz ihrer Flucht aus Pommern. Es kommt zu den üblichen Übergriffen russischer Soldaten, Brigitte Scharsitzki gelingt es, in einem Versteck hinter Holzverschlägen einer Vergewaltigung zu entgehen. Schon zu dieser Zeit reift der Entschluss, eine weitere Flucht nach Westdeutschland zu riskieren – zu Verwandten nach Wuppertal. Zunächst versucht Brigittes Vater, über die hessisch-thüringische Landesgrenze zu fliehen, seine Familie will er später nachholen. Doch die Flucht misslingt, er wird von Rotarmisten gestellt und festgenommen. Erst zehn Jahre später, 1955, wagt er es erneut, diesmal über Berlin – noch steht die Mauer nicht. Tatsächlich gelingt es ihm und ein Jahr später auch dem Rest der Familie, trotz der scharfen Grenzkontrollen über West-Berlin in die Bundesrepublik einzureisen.

Brigitte Kiel lebt heute in Remscheid bei Wuppertal. Im Jahre 1958 heiratet sie den Wuppertaler Wilhelm Kiel, dessen Mutter aus Danzig stammt. Nach Schneidemühl, das damals noch weit hinter dem Eisernen Vorhang in der Ferne liegt, kehrt sie erst 1988 zum ersten Mal zurück. Der Anblick des einstigen Hauses der Familie in der alten Heimat macht Frau Kiel bei aller Erleichterung über den vergleichsweise glücklichen Verlauf ihrer Flucht sehr traurig: Es steht nur noch die Eingangstreppe, die in einem eingezäunten Brachland im Nichts endet.

Literaturverzeichnis

Kapitel I: Pommersche Geschichte

- **Albrecht, Alois** (Hrsg.): Der heilige Otto. Bischof von Bamberg und Apostel der Pommern 1102–1139. Ein Bilder- und Lesebuch, zusammengestellt von Alois Albrecht anhand der Ottobilder in der Bamberger St.-Michaels-Kirche und der Ottovita des Michaelsberger Mönches Herbord. Bamberg 1989.
- **Barran, Fritz R.**: Städte-Atlas Pommern, 2. durchgesehene und aktualisierte Auflage. Leer 1993.
- **Branig, Hans:** Geschichte Pommerns, Teil I: Vom Werden des neuzeitlichen Staates bis zum Verlust der staatlichen Selbständigkeit 1300–1648. Köln 2000.
- **Branig, Hans:** Geschichte Pommerns, Teil II: Von 1648 bis zum Ende des 18. Jahrhunderts. Köln 2000.
- **Buchholz, Werner:** Deutsche Geschichte im Osten Europas – Pommern. Berlin 1999.
- **Buchholz, Werner/Mangelsdorf** (Hrsg.): Land am Meer. Pommern im Spiegel seiner Geschichte. Roderich Schmidt zum 70. Geburtstag. Köln u.a. 1995.
- **Buske, Norbert:** Pommern. Territorialstaat und Landesteil von Preußen. Schwerin 1997.
- **Diedrich, Waldemar:** Frag mich nach Pommern. Leer 1987.
- **Eggert, Oskar:** Geschichte Pommerns. Hamburg 1974.
- **Eitner, Hans-Jürgen:** Kolberg – Ein preußischer Mythos 1807–1945. Berlin 1999.
- **Evangelische Landeskirche Greifswald** (Hrsg.): Die pommersche Kirchenordnung von Johannes Bugenhagen 1535, hrsg. im Auftrag der evangelischen Landeskirche Greifswald von Norbert Buske. Greifswald 1985.
- **Grundmann, Herbert:** Wahlkönigtum, Territorialpolitik und Ostbewegung im 13. und 14. Jahrhundert. München 1988.
- **Hartnack, Wilhelm:** Pommern. Kitzingen/Main 1953.
- **Higounet, Charles:** Die deutsche Ostsiedlung im Mittelalter. Berlin 1986.
- **Hofmeister, Adolf** (Hrsg.): Der Kampf um die Ostsee vom 9. bis 12. Jahrhundert. Darmstadt 1959.
- **Hubatsch, Walther:** Im Bannkreis der Ostsee. Grundriss einer Geschichte der Ostseeländer in ihren gegenseitigen Beziehungen. Marburg 1948.
- **Krallert, Wilfried** (Hrsg.): Atlas zur Geschichte der deutschen Ostsiedlung. Bielefeld u.a. 1958.
- **Lemcke, Hugo** (Hrsg.): Die Bau- und Kunstdenkmäler der Provinz Pommern, hrsg. im Auftrage der Gesellschaft für Pommersche Geschichte und Alterthumskunde von Hugo Lemke. Zweiter Teil: Der Regierungsbezirk Stettin (Band I: Die Kreise Demmin, Anklam, Ückermünde und Usedom-Wollin, Stettin 1900, Band II: Die Kreise Randow, Greifenhagen und Pyritz, Stettin 1912, Band III: Die Kreise Saatig, Naugard und Regenwalde. Stettin 1912.
- **Lucht, Dietmar:** Pommern. Köln 1996.
- **Lucht, Dietmar:** Die Städtepolitik Herzog Barnims I. von Pommern 1220–1278. Veröffentlichungen der Historischen Kommission für Pommern, hrsg. von Franz Engel, Reihe V: Forschungen zur pommerschen Geschichte Heft 10. Köln/Graz 1965.
- **Marzahn, Wolfgang:** Die Zisterzienser in Pommern. Leer 1981.
- **Noffke, Arthur:** Das Völkchen der Kaschuben. Ein Stück ostpommerscher Volksgeschichte. Oldenborstel/Holstein 1988.
- **Pommersche Landsmannschaft** (Hrsg.): Pommern-Fibel. Wissenswertes über ein deutsches Land. Glückstadt/Elbe o.J.
- **Rothe, Hans:** Ostdeutsche Geschichts- und Kulturlandschaften. Teil III: Pommern. Köln 1988.
- **Schmidt, Roderich:** Das historische Pommern. Personen – Orte – Ereignisse. Köln u.a. 2009.
- **Schmidt, Roderich:** Tausend Jahre pommersche Geschichte. Köln 1999.
- **Treichel, Peter:** 800 Jahre Pommern und seine Nachbarn. Die Geschichte einer Provinz. Norderstedt 2009.
- **Völker, Eberhard:** Pommern und Ostbrandenburger. München 2000.
- **Wehrmann, Martin:** Geschichte von Pommern. Frankfurt/M. 1982 (Unveränderter Nachdruck der Ausgaben von 1919 und 1921).
- **Wernicke, Horst/Werlich, Ralf-Gunnar:** Pommern. Greifswald 1996.

Kapitel II: Vorgeschichte der Vertreibung

- **Arnold, Georg:** Gustav Stresemann und die Problematik der deutschen Ostgrenzen. Frankfurt a.M. 2000.
- **Broszat, Martin:** Zweihundert Jahre deutsche Polenpolitik. Frankfurt am Main 1972.
- **Fechner, Helmuth** (Hrsg.): Deutschland und Polen 1772–1945, unter Mitarbeit von Herbert Marzian. Würzburg 1964.
- **Fröschle, Hartmut:** Die Deutschen in Polen 1918 bis 1939. Brilon 2012.
- **Gehrke, Roland:** Der polnische Westgedanke bis zur Wiedererrichtung des polnischen Staates nach Ende des Ersten Weltkrieges. Marburg 2001.
- **Grulich, Rudolf:** „Ethnische Säuberung“ und Vertreibung als Mittel der Politik im 20. Jahrhundert. München 2002.
- **Hecker, Hans/Silke Spieler** (Hrsg.): Deutsche, Slawen und Balten. Aspekte des Zusammenlebens im Osten des Deutschen Reiches und in Ostmitteleuropa. Bonn 1989.
- **Höltje, Christian:** Die Weimarer Republik und das Ostlocarno-Problem 1919–1934. Würzburg 1958.
- **Kohn, Hans:** Die Slawen und der Westen. Die Geschichte des Panslawismus. Wien 1956.
- **Kees, Thomas:** „Polnische Greuel“: Der Propagandafeldzug des Dritten Reiches gegen Polen. Saarbrücken 1994.
- **Messerschmidt, Nadja:** Minderheitenpolitik und -soziologie in der deutschen und polnischen Demokratie der Zwischenkriegszeit. Berlin 2006.
- **Rasmus, Hugo:** Pommerellen/Westpreußen 1919-1939. München u.a. 1989.
- **Thurich, Eckart:** Schwierige Nachbarschaften. Deutsche und Polen – Deutsche und Tschechen im 20. Jahrhundert. Berlin/Köln 1990.
- **Schwartz, Michael:** Ethnische „Säuberungen“ in der Moderne. Globale Wechselwirkungen nationalistischer und rassistischer Gewaltpolitik im 19. und 20. Jahrhundert. München 2013.
- **Wollstein, Günter:** Das „Großdeutschland“ der Paulskirche. Nationale Ziele in der bürgerlichen Revolution 1848/49. Düsseldorf 1977.
- **Zloch, Stephanie:** Polnischer Nationalismus. Politik und Gesellschaft zwischen den beiden Weltkriegen. Köln u.a. 2010.

Kapitel III: Die Vertreibung der Pommern aus ihrer Heimat

- **Aischmann, Bernd:** Mecklenburg-Vorpommern, die Stadt Stettin ausgenommen. Eine zeitgeschichtliche Betrachtung. Schwerin 2009.
- **Berthold, Will:** Der große Treck. Die Vertreibung aus den deutschen Ostgebieten. München 1975.
- **Bundesarchiv (Hrsg.):** Vertreibung und Vertreibungsverbrechen 1945–1948. Bericht des Bundesarchivs vom 28. Mai 1974, Archivalien und ausgewählte Erlebnisberichte. Bonn 1989.
- **Bundesministerium für Vertriebene, Flüchtlinge und Kriegsgeschädigte** (Hrsg.): Dokumentation der Vertreibung der Deutschen aus Ost-Mitteleuropa. In Verbindung mit Werner Conze/Adolf Diestelkamp/Rudolf Laun/Peter Rassow und Hans Rothfels, bearbeitet von Theodor Schieder. 5 Bände, 3 Beihefte. Bonn 1956–1962.
- **De Zayas, Alfred:** 50 Thesen zur Vertreibung. London/München 2008.
- **De Zayas, Alfred M.:** Die Nemesis von Potsdam: Die Anglo-Amerikaner und die Vertreibung der Deutschen. München 2005 (Neuauflage, Ersterscheinung 1977).
- **Dorow, Ulrich:** Vergessene Vergangenheit. Der Untergang des pommerschen Gutsbesitzes am Beispiel des Landkreises Lauenburg, 2. überarbeitete Auflage. Münster 2006.
- **Douglas, R.M.:** ‚Ordnungsgemäße Überführung‘: Die Vertreibung der Deutschen nach dem Zweiten Weltkrieg. München 2012.
- **Gause, Fritz:** Deutsch-slawische Schicksalsgemeinschaft. Würzburg 1967
- **Granzow, Klaus** (Hrsg.): Letzte Tage in Pommern. Tagebücher, Erinnerungen und Dokumente der Vertreibung, 2. Auflage. München, Wien 1985.
- **Hartenstein, Michael A.:** Die Geschichte der Oder-Neiße-Linie. „Westverschiebung“ und „Umsiedlung“ – Kriegsziel der Alliierten oder Postulat polnischer Politik? 2. aktualisierte und überarbeitete Auflage. München 2007.
- **Hoffmann; Joachim:** Stalins Vernichtungskrieg 1941-1945. München 1995
- **Jahn, Hans** Edgar: Pommersche Passion. Preetz 1964.

- **Jungk, Robert:** Aus einem Totenland, in „Die Weltwoche" (Schweiz) vom 16.11.1945 (Redaktionsarchiv „Hinter dem Eisernen Vorhang")
- **Knopp, Guido:** Der Sturm. Kriegsende im Osten. Berlin 2004.
- **Knopp, Guido,** in Zusammenarbeit mit Stefan Brauburger, Maya Dähne, Christian Deick, Christiane Deuse, Peter Hartl, Holger Hillesheim, Michael Metzger, Jörg Müllner, Ursula Nellessen, Mike Nowak, Jaqueline Plum, Kristiana Ruhl, Marcus Schnöbel, Georg Schwarte, Klaus-Konstantin Sondermann: Damals 1945. Das Jahr Null. Stuttgart 1994.
- **Krockow, Christian Graf von:** Die Stunde der Frauen. Bericht aus Pommern 1944–1947, 5. Auflage. Stuttgart 1988.
- **Lindenblatt, Helmut:** Pommern 1945. Eines der letzten Kapitel in der Geschichte vom Untergang des Dritten Reiches. Leer 1984.
- **Moerler, Klaus/Sprunck, Arnulf Otto:** Kösliner berichten ... Erleben in schwerer Zeit. Eine Dokumentation der Jahre 1945/46 aus Pommern. Hamburg/Minden 2007.
- **Murawski, Erich:** Der Kampf um Pommern. Die letzten Abwehrschlachten im Osten, Neuauflage. Beltheim-Schnellbach 2010.
- **Murawski, Erich:** Die Eroberung Pommerns durch die Rote Armee. Boppard 1969.
- **Nawratil, Heinz:** Schwarzbuch der Vertreibung 1945 bis 1948. München 1999.
- **Nawratil, Heinz:** Die Vertreibung der Deutschen – unbewältigte Vergangenheit Europas. Kulturelle Arbeitshefte 29, hrsg. vom Bund der Vertriebenen, Vereinigte Landsmannschaften und Landesverbände, 3. Auflage. Bonn 1994.
- **Nawratil, Heinz:** Vertreibungsverbrechen an Deutschen. Tatbestand, Motive, Bewältigung. München 1982.
- **Reichling, Gerhard:** Die deutschen Vertriebenen in Zahlen, Teil I: Umsiedler, Verschleppte, Vertriebene, Aussiedler 1940–1985. Bonn 1986.
- **Rhode, Gotthold** (Hrsg.): Die Ostgebiete des Deutschen Reiches. Würzburg 1955
- **Thorwald, Jürgen:** Die große Flucht. Niederlage, Flucht und Vertreibung. München 2005.
- **Wagner, Wolfgang:** Die Entstehung der Oder-Neiße-Linie in den diplomatischen Verhandlungen während des Zweiten Weltkrieges, in: Schlenger, Herbert (Hrsg.): Die deutschen Ostgebiete. Ein Handbuch im Auftrage des Johann Gottfried Herder-Forschungsrates e.V., Band 2. Stuttgart 1959.
- **Wehrmann, Martin:** Geschichte der Stadt Stettin. Frankfurt/Main 1979.

Kapitel IV: Nach Flucht und Vertreibung

- **Bahr, Ernst:** Ostpommern unter polnischer Verwaltung. Frankfurt/Main, Berlin 1957.
- **Czaja, Herbert:** 40 Jahre Charta der deutschen Heimatvertriebenen 1950–1990. Kulturelle Arbeitshefte 22, hrsg. vom Bund der Vertriebenen, Vereinigte Landsmannschaften und Landesverbände, 1. Auflage. Bonn 1990.
- **Hoffmann, Egbert A.:** Pommern heute. Ein Reisebericht. München 1968.
- **Faulenbach, Bernd:** Die deutschen und die polnischen Auseinandersetzungen mit der jüngsten Geschichte seit 1989. In: Mein Neustettiner Land, hrsg. vom Heimatkreisausschuss Neustettin, Ausgabe 2, Dezember 2011. Köln 2011.
- **Kellermann, Volkmar:** Brücken nach Polen. Die deutsch-polnischen Beziehungen und die Weltmächte. Bonn 1973.
- **Kittel, Manfred:** Vertreibung der Vertriebenen? Der historische deutsche Osten in der Erinnerungskultur der Bundesrepublik (1961–1982). München 2007.
- **Kossert, Andreas:** Kalte Heimat. Die Geschichte der Vertriebenen nach 1945. München 2008.
- **Krockow, Christian Graf von:** Die Reise nach Pommern. Bericht aus einem verschwiegenen Land. Stuttgart 1985.
- **Müller, Reinhard:** Der „2 + 4"-Vertrag und das Selbstbestimmungsrecht der Völker. Frankfurt/M. 1997.
- **North, Michael:** Geschichte Mecklenburg-Vorpommerns. München 2008.
- **Pommerscher Kreis-** und Städtetag (Hrsg.): Die pommerschen Heimatkreise 1945–1995. 50 Jahre Arbeit für Pommern, zusammengestellt von Hans-Günter Cnotka. Lübeck 1998.
- **Pommersche Landsmannschaft** (Hrsg.): Die Pommern. Ihr Land und ihr Schicksal. Lübeck 1985.
- **Seiffert, Wolfgang:** Die Verträge zwischen Deutschland und seinen östlichen Nachbarn unter dem Gesichtspunkt des Selbstbestimmungsrechts der Völker sowie des Fehlens gemeinsamer eindeutiger Willensbekundungen in den Vertragstexten. Forschungsergebnisse der Studiengruppe für Politik und Völkerrecht, Bd. 18, hrsg. von der Kulturstiftung der deutschen Vertriebenen. Köln 1994.
- **Stickler, Matthias:** „Ostdeutsch heißt gesamtdeutsch". Organisation, Selbstverständnis und heimatpolitische Zielsetzungen der deutschen Vertriebenenverbände 1949–1972. Düsseldorf 2000.

S. 21: Karte der deutsche Ostkolonisation, Wikimedia Commons, lizenziert unter Creative Commons Attribution-Share Alike 3.0 Unported license, URL: http://creativecommons.org/licenses/by-sa/3.0/legalcode von Ziegelbrenner.

S. 40: Ernst Moritz Arndt, Wikimedia Commons, gemeinfrei, Lithografie von Carl Wildt nach einem Gemälde von Julius Roeting.

S. 46: Kurt Christoph Graf von Schwerin, Wikimedia Commons, gemeinfrei.

S. 47: Joachim Nettelbeck 1738-1824, zeitgenössisches Porträt, Wikimedia Commons, gemeinfrei.

S. 49: Albrecht Graf von Roon, Wikimedia Commons, gemeinfrei.

S. 57: Zug zum Hambacher Fest, Wikimedia Commons, gemeinfrei, von Erhard Joseph Brenzinger.

S. 64 links oben: Roman Dmowski, head-and-shoulders portrait, facing left, Wikimedia Commons, gemeinfrei.

S. 64 rechts oben: Józef Piłsudski between 1910 and 1920 von K. Pęcherski, Wikimedia Commons, gemeinfrei, von Airwolf.

S. 96: Yalta summit in February 1945 with (from left to right) Winston Churchill, Franklin Roosevelt and Joseph Stalin. Also present are USSR Foreign Minister Vyacheslav Molotov (far right); Field Marshal Alan Brooke, Admiral of the Fleet Sir Andrew Cunningham, RN, Marshal of the RAF Sir Charles Portal, (standing behind Churchill); George Marshall, Army Chief of Staff and Fleet Admiral William D. Leahy, USN, (standing behind Roosevelt), Wikimedia Commons, gemeinfrei, Photograph from the Army Signal Corps Collection in the U.S. National Archives.

S. 156: Dom zu Greifswald, Deutschland, Wikimedia Commons, gemeinfrei, von Greifen.

Vorstellung des Heimatpolitischen Arbeitskreises
der Pommerschen Landsmannschaft – Landesgruppe Nordrhein-Westfalen e. V.

Der Umgang in Politik und Gesellschaft, vor allem aber auch in den Medien, mit dem Schicksal der Vertriebenen, ihrer Geschichte und Kultur forderte politisch und historisch engagierte Landsleute heraus und führte im April 1997 zur Gründung des Heimatpolitischen Arbeitskreises (Kurzbezeichnung: HPAK) in der Pommerschen Landsmannschaft - Landesgruppe Nordrhein-Westfalen e.V.

Mitglieder des HPAK im Jahr der Gründung:

Else Fleischer	Jürgen Kolbe	Winfried Pöppel (†)
Irmtraud Holzinger	Rosemarie Lochner	Eckhard Schwenk
Brigitte Kiel	Wilhelm Mahn	Hans Georg Vehlow (†)

Die fehlende klare Darstellung der geschichtlichen Wahrheit in der deutschen Gesellschaft, in Politik und Medien, die ein Spiegel dieser Gesellschaft sind, sollte ihr Betätigungsfeld sein, das sie im Auftrag und im Sinne der Pommerschen Landsmannschaft bearbeiten wollten.

Der Einstieg und die erste große Aufgabe waren die „Heimatpolitischen Leitsätze“, die die Pommersche Abgeordnetenversammlung 1998 einstimmig verabschiedete und die neben der Charta der Vertriebenen und dem Manifest der Pommern zu den Grundlagen der Pommerschen Landsmannschaft für ihre Arbeit wurden.

Sie mischten sich ein! Sie schrieben an den Bundespräsidenten und andere führende Persönlichkeiten der Politik, Wissenschaft und Religion, legten der nordrhein-westfälischen Landesregierung eine ausführliche Studie über „Die Darstellung der deutschen Besiedlung des Ostens und der Vertreibung der Deutschen in den Geschichtswerken für die Schulen in NRW“ vor und betrachteten in einer kritischen Stellungnahme die sogenannte Streitschrift des polnischen Historikers Jan Piskorski „Vertreibung – und deutsch-polnische Geschichte“.

Doch ihr größtes Projekt lag noch vor ihnen.

Mit großer Mehrheit hatte die 2. Pommersche Delegiertenversammlung 2008 dem Antrag der Pommerschen Landsmannschaft - Landesgruppe NRW e.V. zugestimmt, eine Dokumentationsstätte und Ausstellung zum Thema „Flucht und Vertreibung der Pommern" zu errichten, weil das Projekt der Bundesregierung „Flucht, Vertreibung, Versöhnung" zeigte, dass die Geschichte der Vertreibung der deutschen Bevölkerung aus den angestammten deutschen Ostgebieten nur als ein begrenztes Element im Zusammenhang der Vertreibungen im europäisch/asiatischen Raum dargestellt werden soll.

Der HPAK wollte die Geschichte Pommerns und die Geschichte der Vertreibung der Pommern mit der Bekundung von Schicksalswegen mehrerer Vertriebener der breiten Öffentlichkeit vorstellen.

Das mit diesem Begleitbuch zur Ausstellung zum Abschluss kommende Projekt **„Vertrieben – und vergessen? - Pommern in der deutschen und europäischen Geschichte"**, das in Zusammenarbeit mit jungen Historikern verwirklicht wurde, erfüllt die Mitstreiter des HPAK mit Stolz.

Inzwischen ist das Projekt über die ursprüngliche Zielsetzung hinausgewachsen. **„Vertrieben - und vergessen?"** präsentiert dem Betrachter auf dreißig Schautafeln eine eindrucksvolle Darstellung, die den Zeitraum von der ursprünglichen Besiedlung Pommerns bis zur Vertreibung aus der Heimat und das Schicksal der Vertriebenen nach dem Krieg zeigt.

Viele Spender und Institutionen haben die Finanzierung des Projekts ermöglicht. Ihnen sowie allen, die das Projekt unterstützt oder positiv begleitet haben, gilt der Dank. Die Mitglieder des HPAK wünschen der Ausstellung **„Vertrieben - und vergessen?"** mit diesem Begleitbuch den großen Erfolg, der mithelfen soll, die unmenschlichen Ereignisse des Krieges und der Vertreibung aus unserer angestammten Heimat Pommern nicht zu vergessen.

Mitglieder des HPAK im Jahr 2013:

Karl-Christian Boenke	Rosemarie Lochner
Klaus Fleischmann	Wilhelm Mahn
Jürgen Kolbe	Eckhard Schwenk